ASSIM FOI AUSCHWITZ

PRIMO LEVI

com LEONARDO DE BENEDETTI

# Assim foi Auschwitz
*Testemunhos 1945-1986*

*Organização*
Fabio Levi e
Domenico Scarpa

*Tradução*
Federico Carotti

4ª reimpressão

COMPANHIA DAS LETRAS

Copyright © 2015 by Giulio Einaudi editor s.p.a., Turim
Proibida a venda em Portugal

*Grafia atualizada segundo o Acordo Ortográfico da Língua Portuguesa de 1990, que entrou em vigor no Brasil em 2009.*

Título original
Cosí fu Auschwitz: Testimonianze 1945-1986

Capa
Victor Burton

Foto de capa
© Hannibal Hanshke/ Reuters/ Latinstock

Preparação
Livia Lima

Revisão
Thaís Totino Richter
Ana Luiza Couto

---

Dados Internacionais de Catalogação na Publicação (CIP)
(Câmara Brasileira do Livro, SP, Brasil)

Levi, Primo, 1919-1987.
    Assim foi Auschwitz : testemunhos 1945-1986 / Primo Levi com Leonardo De Benedetti ; organização Fabio Levi e Domenico Scarpa ; tradução Federico Carotti. — 1ª ed. — São Paulo : Companhia das Letras, 2015.

    Título original: Cosí fu Auschwitz : Testimonianze 1945-1986
    Bibliografia.
    ISBN 978-85-359-2635-4

    1. Auschwitz (Campo de concentração) 2. Guerra Mundial, 1939-1945 - Atrocidades 3. Guerra Mundial, 1939-1945 - Campos de concentração - Polônia 4. Holocausto judeu (1939-1945) I. De Benedetti, Leonardo. II. Levi, Fabio. III. Scarpa, Domenico. IV. Título.

15-07503                                           CDD-940.5318

Índice para catálogo sistemático:
1. Holocausto judeu : Guerra Mundial, 1939-1945 : História    940.5318

---

Todos os direitos desta edição reservados à
EDITORA SCHWARCZ S.A.
Rua Bandeira Paulista, 702, cj. 32
04532-002 — São Paulo — SP
Telefone: (11) 3707-3500
www.companhiadasletras.com.br
www.blogdacompanhia.com.br
facebook.com/companhiadasletras
instagram.com/companhiadasletras
twitter.com/cialetras

# Sumário

Nota dos organizadores ............................ 7
Relatório sobre a organização higiênico-sanitária do campo de concentração para judeus de Monowitz (Auschwitz — Alta Silésia) [1945-6] — *Leonardo De Benedetti e Primo Levi* ...................................... 11
Relação de dr. Primo Levi número de matrícula 174517, sobrevivente de Monowitz-Buna [1945] .............. 41
Depoimento [c. 1946] ............................. 47
Depoimento sobre Monowitz [1946?] — *Leonardo De Benedetti* ......................................... 49
Declarações para o processo Höss [1947] ............... 54
Depoimento para o processo Höss [1947] — *Leonardo De Benedetti* ......................................... 57
Testemunho de um companheiro de prisão [1953] ....... 62
Aniversário [1955] ................................ 65
Denúncia contra dr. Joseph Mengele [c. 1959] — *Leonardo De Benedetti* ................................... 68
Carta à filha de um fascista que pede a verdade [1959] .... 73

Milagre em Turim [1959] .............................. 76
O tempo das suásticas [1960] .......................... 78
Depoimento para o processo Eichmann [1960] .......... 81
Testemunho para Eichmann [1961] .................... 85
Deportação e extermínio dos judeus [1961] ............. 92
Declarações para o processo Bosshammer [1965] ......... 101
A deportação dos judeus [1966] ........................ 103
Questionário para o processo Bosshammer [1970] —
   *Leonardo De Benedetti* ............................ 108
Questionário para o processo Bosshammer [1970] ....... 116
Depoimento para o processo Bosshammer [1971] ........ 123
A Europa dos campos de concentração [1973] ........... 131
Assim foi Auschwitz [1975] ........................... 135
Deportados políticos [1975] ........................... 139
Esboço de texto para o interior do Block italiano em
   Auschwitz [1978] .................................. 144
Em Auschwitz, um comitê secreto de defesa [1979] ....... 147
Aquele trem para Auschwitz [1979] .................... 150
Lembrança de um homem bom [1983] .................. 154
À nossa geração... [1986] ............................. 157

APÊNDICE

O trem para Auschwitz, 1971 — *Primo Levi e Leonardo De
   Benedetti* ........................................ 163
Uma testemunha e a verdade — *Fabio Levi e Domenico
   Scarpa* ........................................... 169

APARATOS

Documentação fotográfica ............................. 225
Notas sobre os textos — *Domenico Scarpa* ............. 235

*Agradecimentos* ..................................... 273

# Nota dos organizadores

*Fabio Levi e Domenico Scarpa*

Os leitores de Levi sabem que o primeiro capítulo de *Os afogados e os sobreviventes* começa com a frase "A memória humana é um instrumento maravilhoso, mas falaz". É natural que a atenção se concentre no adjetivo "falaz", no qual se condensam a acuidade e a honestidade de um escritor que, já de início, aponta os limites de todos os testemunhos, a começar pelo próprio. Ao reunir os documentos presentes neste livro, porém, quisemos dar aos adjetivos "maravilhoso" e "falaz" um peso diferente do habitual, que cabe aqui explicar.

*Assim foi Auschwitz* começa com o "Relatório sobre a organização higiênico-sanitária" do campo de Monowitz (Auschwitz III), que o cirurgião Leonardo De Benedetti e o doutor em química Primo Levi redigiram em Katowice, na primavera de 1945, a pedido do Comando Russo daquele campo para ex-prisioneiros. No ano seguinte, o texto foi publicado numa versão mais longa em italiano, na revista turinense *Minerva Medica*. A esse primeiro testemunho segue-se, em ordem cronológica, um conjunto de textos com gêneros e origens diversas que cobrem um período de 41 anos, de 1945 a 1986: artigos publicados em jornais e revistas, declarações dadas em público, depoimentos prestados em processos contra criminosos nazistas (aqui, a voz de Leonardo volta a se unir à do amigo), e relatórios oficiais encomendados a Levi como figura de autoridade entre os sobreviventes dos campos de concentração. A maioria desses documentos foi redigida pessoalmente por Primo Levi, que pôde também acompanhar sua publicação. No entanto, há muitos testemunhos de processos, cuja transcrição, feita por terceiros, não foi submetida à sua verificação. Por fim, alguns escritos (como se vê nas Notas sobre os textos) tiveram um caminho tortuoso.

Essa diversidade de suportes gerou duas consequências: 1) a voz de Levi se mostra sempre reconhecível ao longo dos anos, assim como o quadro de seu relato adquire forma no tempo e se consolida com coerência e pontos de vista, sempre novos; 2) uma série de pequenas inconformidades — variações ortográficas, erros materiais, lapsos de memória que podem afetar nomes, valores, datas, topônimos — encontra-se esparsa em alguns desses textos, com mais frequência nos de origem oral ou transmitidos por intermediários, a despeito de seus cuidados. Neste livro, retificamos os lapsus calami mais banais e as gralhas evidentes, mas, afora isso, optamos por reproduzir os textos exatamente como se apresentavam, assinalando as eventuais incongruências nas Notas, que reconstroem os acontecimentos de cada texto e esclarecem algumas referências; naturalmente, o mesmo se aplica aos textos de Leonardo De Benedetti que julgamos necessário incluir. Essa fidelidade aos documentos pareceu-nos uma maneira de colocar à disposição dos leitores, pelo menos em parte, sua textura material e a marca temporal de sua origem.

Nos últimos anos de vida, Levi manifestou preocupação quanto aos possíveis usos instrumentais de pequenos lapsos ou lacunas presentes nos testemunhos dos sobreviventes. Nossa escolha, portanto, também é ditada por este critério: o respeito pela verdade. Impôs-nos que mantivéssemos a máxima fidelidade filológica na edição dos textos e uma completa transparência historiográfica na reconstituição de sua gênese. Em contrapartida, o mesmo princípio nos sugeriu que dedicássemos igual atenção ao esforço empregado por Levi para restituir, mesmo que muitos anos depois, uma realidade de dificílima descrição. Graças a esse esforço, a descoberta de lapsos em si — insistimos em ressaltar — acaba por conferir um relevo ainda maior à coerência e à solidez do quadro que nos é oferecido depois de mais de quarenta anos de trabalho.

O empenho constante em corrigir também seus eventuais lapsos pessoais, com frequência adotando a posição mais de pesquisador do que de simples testemunha — como na extraordinária "Relação" de 1945, dedicada aos companheiros que estiveram na fatídica marcha de evacuação de Auschwitz —, permitiu que Primo Levi chegasse a verdades sempre mais claras. Mas não é tudo; este livro em especial, pelo perfil dos textos que o compõem, oferece a seus leitores outra oportunidade importante: fornece-lhes indicações para estabelecer os pesos que, quando se fala da memória, podem ser atribuídos a adjetivos à primeira vista tão irreconciliáveis quanto os apresentados em *Os afogados e os sobreviventes*: "maravilhosa" e "falaz".

# Relatório sobre a organização higiênico-sanitária do campo de concentração para judeus de Monowitz (Auschwitz — Alta Silésia)

Graças à documentação fotográfica e às declarações agora numerosas fornecidas por ex-internos dos diversos campos de concentração criados pelos alemães para a aniquilação dos judeus da Europa, talvez não exista mais ninguém que ainda ignore o que foram aqueles locais de extermínio e quais as torpezas lá praticadas. Todavia, com o objetivo de ampliar o conhecimento dos horrores, de que nós também fomos testemunhas e com frequência vítimas durante um ano, cremos ser útil trazer a público o relatório que apresentamos ao governo da URSS, por solicitação do Comando Russo do campo de concentração de Kattowitz para italianos ex-prisioneiros. Ficamos abrigados nesse campo após nossa libertação, efetuada pelo Exército Vermelho no final de janeiro de 1945. Aqui acrescentamos algumas informações de ordem geral, pois o relatório de então devia se restringir exclusivamente ao funcionamento dos serviços sanitários do Campo de Monowitz. O governo de Moscou também solicitou relatórios análogos a todos os médicos, de qualquer nacionalidade, que haviam sido libertados de outros campos.

\* \* \*

Partimos do campo de concentração de Fossoli, em Carpi (Módena), em 22 de fevereiro de 1944, num comboio de 650 judeus de ambos os sexos e de todas as idades. O mais velho ultrapassava oitenta anos, o mais novo era um bebê de três meses. Muitos estavam doentes, e alguns gravemente: um senhor de setenta anos, que tivera uma hemorragia cerebral poucos dias antes da partida, também embarcou no trem e morreu durante a viagem.

O trem era composto apenas por vagões de transporte de gado, fechados pelo lado de fora; em cada vagão, foram amontoadas mais de cinquenta pessoas, a maioria delas trazendo tudo o que conseguira de malas, porque um primeiro sargento alemão, empregado do campo de Fossoli, havia nos sugerido, com ar de quem dava um conselho desinteressado e afetuoso, que nos provêssemos de muitas roupas pesadas — malhas, cobertores, casacos de pele — porque seríamos levados para regiões de clima mais rigoroso do que o nosso. E acrescentara, com um sorrisinho benévolo e uma piscadela irônica, que, se alguém tivesse dinheiro ou joias escondidas, faria bem em levá-los, pois lá certamente seriam úteis. A maioria dos que partiam mordera a isca, seguindo um conselho que escondia uma cilada vulgar; outros, pouquíssimos, preferiram confiar seus bens a algum particular com livre acesso ao Campo; outros ainda, que no ato da prisão não tiveram tempo de providenciar mudas de roupa, partiram apenas com o que vestiam.

A viagem de Fossoli para Auschwitz durou exatamente quatro dias; e foi muito penosa, sobretudo por causa do frio, que era tão intenso, especialmente na madrugada. Ao amanhecer, as tubulações de metal no interior dos vagões estavam cobertas de gelo, devido ao vapor da respiração que se condensava sobre elas. Outro tormento era a sede, que só podia ser aplacada com a neve recolhida na única parada do dia, quando o comboio se detinha em território neutro e os viajantes eram autorizados a descer dos vagões, sob a rigorosíssima vigilância de numerosos soldados, com a metralhadora sempre apontada, prontos a abrir fogo contra qualquer um que fizesse menção de se afastar do trem.

Durante essas curtas paradas, a distribuição dos alimentos era feita de vagão em vagão: pão, geleia e queijo; nunca água nem outro líquido. As possibilidades de dormir eram reduzidas ao mínimo, pois as malas e trouxas se amontoavam no chão e não permitiam que ninguém se ajeitasse numa posição cômoda e propícia ao descanso; todo viajante devia se satisfazer em ficar agachado da maneira menos pior possível, num espaço reduzidíssimo. O piso dos vagões estava sempre molhado e não foi providenciado nem sequer um pouco de palha para cobri-lo.

Assim que o trem chegou a Auschwitz (eram aproximadamente 21 horas de 26 de fevereiro de 1944), os vagões foram rapidamente esvaziados por numerosos ss, armados com pistolas e cassetetes; e os viajantes, obrigados a colocar malas, trouxas e cobertas ao longo do trem. A comitiva foi logo dividida em três grupos: um primeiro de homens jovens e aparentemente aptos, integrado por 95 indivíduos; um segundo de mulheres, também jovens — grupo pequeno, composto de apenas 29 pessoas —, e um terceiro, o mais numeroso de todos, com crianças, inválidos e idosos. Enquanto os dois primeiros foram encaminhados separadamente para diversos campos, há razão para crer que o terceiro foi conduzido diretamente para a câmara de gás de Birkenau e seus integrantes, trucidados na mesma noite.

O primeiro grupo foi levado ao campo de concentração de Monowitz, que fazia parte da alçada administrativa de Auschwitz, de onde distava cerca de oito quilômetros. Esse campo fora constituído em meados de 1942 com a finalidade de fornecer mão de obra para a construção do complexo industrial Buna-Werke, subordinado à IG Farben. Ele abrigava de 10 mil a 12 mil prisioneiros, embora sua capacidade normal fosse de apenas 7 mil a 8 mil homens. A maioria era de judeus de todas as nacionalidades da Europa, mas havia uma pequena minoria de criminosos alemães e poloneses, de "políticos" poloneses e de "sabotadores".

Buna-Werke destinava-se à produção em grande escala de borracha e gasolina sintética, corantes e outros subprodutos de carvão e ocupava uma área retangular com cerca de 35 quilômetros quadrados. Uma das entradas dessa zona industrial, totalmente isolada por cercas altas de arame farpado, encontrava-se a poucas centenas de metros do campo de concentração dos judeus, enquanto, perto deste e adjacente à periferia da zona industrial, havia um campo de concentração para prisioneiros de guerra ingleses e, adiante, encontravam-se outros campos para trabalhadores civis de diversas nacionalidades. O ciclo produtivo de Buna-Werke, diga-se de passagem, jamais se iniciou: a data de inauguração, antes marcada para agosto de 1944, foi sendo postergada devido aos bombardeios e à sabotagem por parte dos operários civis poloneses, até a evacuação do território pelo Exército alemão.

Monowitz era, portanto, um típico "Arbeitslager" [campo de trabalho]: todas as manhãs, a população inteira do campo — exceto os doentes e os poucos designados para trabalhos internos — caminhava em formação perfeita, ao som de marchas militares e cançonetas alegres tocadas por uma banda, até os locais de trabalho, que, para algumas equipes, ficava a seis, sete quilômetros de distância: o trajeto era feito em ritmo acelerado, quase correndo. Antes da saída para o trabalho e depois do regresso, havia diariamente a cerimônia de chamada numa praça do campo própria para esse fim, onde todos os prisioneiros tinham de ficar em formação rígida, de uma a três horas, expostos ao tempo que fizesse.

Tão logo chegou ao campo, o grupo de 95 homens foi levado ao pavilhão de desinfecção, onde todos foram prontamente despidos e submetidos a uma completa e cuidadosa depilação: cabelos, barbas e tudo o mais caíram rapidamente sob tesouras, navalhas e máquinas. Depois disso, foram colocados na sala dos chuveiros e ali ficaram trancados até a manhã seguinte. Cansados, famintos, com sede e sono, atônitos com o que já haviam visto e inquietos com seu destino imediato, mas inquietos, acima de tudo, com o destino dos entes queridos dos quais tinham sido brusca e brutalmente separados poucas horas antes, com o espírito atormentado por obscuros e trágicos pressentimentos, eles tiveram de passar a noite inteira de pé, com os pés na água que, pingando das tubulações, corria pelo chão. Finalmente, por volta das seis horas da manhã seguinte, foram submetidos a uma limpeza geral com uma solução de lisol e a uma ducha quente; depois disso, receberam os uniformes do campo e, para vesti-los, foram levados a outro salão, ao qual tiveram de chegar pelo lado de fora do pavilhão, saindo nus na neve, com o corpo ainda molhado pela ducha recente.

Durante o inverno, o uniforme dos prisioneiros de Monowitz era composto de um casaco, um par de calças, um boné e um sobretudo de pano listrado; uma camisa, um par de cuecas de algodão, um par de meias; um pulôver; um par de botas com sola de madeira. Muitas meias e cuecas tinham sido visivelmente feitas a partir de alguns "talilot" — o manto sagrado com que os judeus costumam se cobrir durante as orações —, encontrados nas malas de alguns deportados e utilizados para aquela finalidade em sinal de desprezo.

Já no mês de abril, quando o frio, mesmo que mais brando, ainda não desaparecera, as roupas de pano grosso e pulôveres eram retiradas e as calças e casacos, substituídos por peças análogas de algodão, também listrado. E apenas por volta do fim de outubro voltavam a distribuir as roupas de inverno. Isso, porém, não ocorreu mais no outono de 1944, porque as roupas e casacos de pano grosso haviam chegado ao limite extremo de uso, de modo que os prisioneiros tiveram de enfrentar o inverno de 1944-5 usando algodão, como nos meses de verão; somente uma pequena minoria recebeu algum leve impermeável de gabardina ou um pulôver.

Possuir mudas de roupa e peças íntimas sobressalentes era rigorosamente proibido, de modo que era quase impossível lavar camisas ou cuecas: essas peças eram de praxe trocadas a cada trinta, quarenta ou cinquenta dias, de acordo com a disponibilidade e sem chance de escolha; as peças não vinham lavadas, apenas desinfetadas a vapor, pois não havia lavanderia no campo. Em geral eram cuecas curtas de algodão e camisas, de pano ou algodão, muitas vezes sem mangas, sempre de aspecto repugnante devido às manchas de todos os tipos, frequentemente reduzidas a farrapos; às vezes, em lugar delas, recebia-se o casaco ou as calças de um pijama ou mesmo alguma peça de roupa feminina. As repetidas desinfecções deterioravam os tecidos, acabando com a resistência da trama. Todo esse material consistia na parcela de pior qualidade das roupas subtraídas aos integrantes dos vários comboios que, como se sabe, não paravam de chegar ao centro de Auschwitz provenientes de todas as partes da Europa. Casacos, paletós e calças, tanto de verão quanto de inverno, eram distribuídos numa condição terrível, cheios de remendos e impregnados de sujeira (barro, graxa, tinta). Os prisioneiros deviam providenciar os próprios consertos, sem que recebessem linha ou agulha para isso. Era muito difícil conseguir uma substituição e isso só ocorria quando fosse de fato impossível qualquer tentativa de conserto. As meias não eram trocadas em hipótese nenhuma, e sua restauração dependia da iniciativa de cada um. Era proibido possuir lenço para assoar o nariz ou qualquer outro pedaço de tecido.

As botas eram feitas numa oficina própria que existia no campo; as solas de madeira eram pregadas em chapas de couro sintético ou de pano emborrachado provenientes dos calçados de pior qualidade retirados dos comboios que chegavam. Quando estavam em bom estado, constituíam uma defesa razoável contra o frio e a umidade, mas eram absolutamente inadequadas para as marchas, mesmo curtas, e causavam escoriações na sola dos pés. Era possível se considerar um afortunado quem tivesse botas do tamanho certo e que não fossem de dimensões diferentes entre elas. Quando estragavam, eram consertadas infinitas vezes, para além de qualquer limite razoável, de modo que era raríssimo ver calçados novos, e os distribuídos normalmente não duravam mais do que uma semana. Não se distribuíam cadarços, os quais cada um substituía por filetes de papel retorcido ou por um fio elétrico, quando era possível encontrar algum.

O estado higiênico-sanitário do campo parecia, à primeira vista, realmente bom: as ruas e ruelas que separavam os diversos "blocos" eram limpas e bem conservadas, até o permitido pelo chão lamacento; o exterior dos "blocos", de madeira, era bem pintado e o interior tinha os pisos cuidadosamente varridos e lavados todas as manhãs, com os chamados "castelos" [beliches] de três andares em perfeita ordem, as cobertas dos catres bem estendidas e alisadas. Mas tudo isso era apenas aparência, sendo a substância muito diferente: na verdade, nos "blocos", que deveriam abrigar normalmente de 150 a 170 pessoas, sempre se amontoavam não menos de duzentas, muitas vezes até 250 pessoas, por isso, em quase todas as camas dormiam duas pessoas. Nessas condições, o tamanho do alojamento era certamente inferior ao mínimo exigido pelas necessidades de respiração e hematose. Os catres eram providos de uma espécie de saco grande, mais ou menos cheio com serragem de madeira, praticamente reduzida a pó pelo uso prolongado, e duas cobertas. Estas, além de nunca serem trocadas nem submetidas a uma desinfecção, a não ser muito raramente e por motivos excepcionais, estavam, em sua maioria, em péssimo estado de conservação: gastas pelo longuíssimo uso, rasgadas, cheias de todo tipo de mancha. Apenas os catres mais à vista eram providos de cobertas mais decentes, quase limpas e às vezes até bonitas: eram os catres dos andares inferiores e mais próximos da porta de entrada.

Naturalmente, essas camas eram reservadas aos pequenos "líderes" do campo: chefes de equipe e seus assistentes, ajudantes do chefe de bloco ou simplesmente amigos de algum deles.

Assim se explica a impressão de limpeza, ordem e higiene que se tinha ao entrar num alojamento pela primeira vez, correndo um olhar superficial por seu interior. Nas armações dos "castelos", nas vigas de sustentação e nos estrados dos catres viviam milhares de percevejos e pulgas que impediam o sono dos prisioneiros à noite; nem mesmo as desinfecções dos alojamentos com vapores de ácido hidrazoico, efetuadas a cada três ou quatro meses, bastavam para destruir aqueles hóspedes que vegetavam e se multiplicavam quase sem impedimentos.

Contra os piolhos, no entanto, empreendia-se um enorme combate, a fim de prevenir o surgimento de uma epidemia de febre maculosa: todas as noites, ao voltar do trabalho, e com maior rigor nas tardes de sábado (dedicadas, entre outras coisas, a raspar o cabelo, a barba e às vezes outros pelos também), praticava-se o chamado "controle dos piolhos". Cada prisioneiro deveria se despir e submeter suas roupas ao exame minucioso de encarregados dessa função; caso se encontrasse mesmo que fosse um pequeno piolho na camisa de um deportado, todas as roupas de todos os ocupantes do alojamento eram imediatamente enviadas para desinfecção e os homens higienizados com lisol e depois submetidos a duchas. Então deviam passar a noite inteira nus, até as primeiras horas da manhã, quando suas roupas voltavam do barracão de desinfecção, totalmente úmidas.

No entanto, não se tomava nenhuma outra providência para a profilaxia das doenças contagiosas, que tampouco escasseavam: tifo e escarlatina, difteria e varicela, sarampo, erisipela etc., sem contar as numerosas afecções cutâneas contagiosas, como as epidermofitoses, os impetigos, as sarnas. É de fato surpreendente que, em vista de tanto desleixo em relação às normas higiênicas, numa promiscuidade tão grande entre as pessoas, jamais tenham surgido epidemias de rápida difusão.

Uma das maiores possibilidades de transmissão de doenças infecciosas consistia no fato de que uma razoável porcentagem de prisioneiros não dispunha de tigela nem de colher, de modo que três ou quatro pessoas eram obrigadas a comer sucessivamente no mesmo recipiente ou com o mesmo talher, sem poder lavá-lo.

A alimentação, de quantidade insuficiente, era de má qualidade. Resumia-se a três refeições: ao despertar de manhã, eram distribuídos 350 gramas de pão quatro vezes por semana e setecentos gramas três vezes por semana, portanto, uma média diária de quinhentos gramas — quantidade que seria razoável, se o próprio pão não trouxesse uma grande quantidade de resíduos, entre eles, muito visível, serragem de madeira —; além disso, ainda de manhã, 25 gramas de margarina com cerca de vinte gramas de salame ou uma colherada de geleia ou ricota. A margarina era distribuída somente seis dias por semana; mais tarde, essa distribuição se reduziria a três dias. Ao meio-dia, os deportados recebiam um litro de sopa de nabo ou de couve, absolutamente insípida devido à falta de qualquer tempero, e à noite, no final do trabalho, outro litro de sopa um pouco mais consistente, com algumas batatas ou, às vezes, ervilhas e grão de bico; mas ainda assim totalmente desprovida de componentes gordurosos. Raramente se podia encontrar algum fio de carne. Como bebida, de manhã e à noite distribuía-se meio litro de uma infusão de sucedâneo de café, sem açúcar; somente aos domingos vinha adoçado com sacarina. Em Monowitz faltava água potável; a que havia nos lavatórios só podia ser empregada para uso externo; de origem fluvial, chegava ao Campo sem ser filtrada e, por isso, era altamente duvidosa: tinha aspecto límpido, mas, quando vista em grande volume, era de cor amarelada; com um gosto entre metálico e sulfuroso.

Os prisioneiros eram obrigados a tomar uma ducha duas ou três vezes por semana. Esses banhos, porém, não eram suficientes para manter o asseio pessoal, pois a quantidade de sabão distribuído era parcimoniosa: distribuía-se apenas uma vez por mês um sabonete de cinquenta gramas, mas de péssima qualidade. Tratava-se de um pedaço de formato retangular, muito duro, desprovido de sustâncias graxas, porém rico em areia, que não fazia espuma e se esmigalhava com extrema facilidade, de modo que, após um ou dois banhos, estava totalmente consumido. Também não era possível esfregar nem enxugar o corpo, pois não havia toalhas; e, ao sair do chuveiro, os prisioneiros deviam correr nus, em qualquer estação do ano, quaisquer que fossem as condições atmosféricas, meteorológicas e de temperatura, até seus "blocos", onde as roupas ficavam guardadas.

Os trabalhos da grande maioria dos prisioneiros eram manuais e exaustivos, inadequados às condições físicas e à capacidade dos condenados; poucos eram empregados em trabalhos que tivessem alguma afinidade com a profissão ou com o ofício exercido durante a vida civil. Assim, nenhum dos dois signatários jamais pôde trabalhar no hospital ou no laboratório químico de Buna-Werke, tendo ambos sido obrigados a seguir a sorte de seus companheiros e se submeter a esforços superiores a suas forças, ora cavando com pá e picareta, ora descarregando carvão ou sacos de cimento, ou de maneiras ainda piores, todas extremamente pesadas; trabalhos que naturalmente eram executados ao ar livre, no inverno e no verão, sob neve, chuva, sol e vento, sem vestimenta suficiente para proteger das intempéries e das baixas temperaturas. Esses trabalhos, além do mais, deviam ser executados em ritmo acelerado, sem nenhuma pausa, exceto durante uma hora — do meio-dia à uma — para a refeição do meio do dia: e ai de quem fosse surpreendido parado ou em atitude de descanso durante as horas de trabalho.

Dessa nossa rápida descrição das modalidades de vida no campo de concentração de Monowitz, podem-se deduzir com facilidade as doenças mais frequentes que atingiam os prisioneiros e suas respectivas causas. Podem ser classificadas nos seguintes grupos:

1) doenças distróficas;
2) doenças do trato gastrointestinal;
3) doenças por frio;
4) doenças infecciosas gerais e cutâneas;
5) doenças cirúrgicas;
6) doenças de trabalho.

*Doenças distróficas* — Se do ponto de vista quantitativo a alimentação ficava muito aquém do necessário, do ponto de vista qualitativo era desprovida de dois importantes fatores: as gorduras e, principalmente, as proteínas animais, salvo os míseros vinte ou 25 gramas de salame que eram fornecidos duas ou três vezes por semana. Ademais, faltavam vitaminas. Assim se explica como essas e outras tantas carências alimentares eram o ponto de partida daquelas distrofias que atingiam quase todos os prisioneiros, desde as primeiras semanas de sua estada. Todos, de fato, emagreciam muito rapidamente e a maioria apresentava edemas cutâneos, localizados sobretudo nos membros inferiores; porém, não faltavam edemas do rosto. Da mesma forma, pode-se atribuir a essas distrofias a facilidade com que se contraíam diversas infecções, em especial as que atingiam o sistema epidérmico, e a tendência de se tornarem crônicas. Assim, certas escoriações dos pés, diretamente provocadas pelos calçados, com formato e tamanho antifisiológicos; os furúnculos, extremamente frequentes e numerosos na mesma pessoa; os "Ulcus cruris" [úlcera varicosa], também constantes, os fleimões etc. Não mostravam nenhuma tendência de cura, mas se transformavam em chagas dormentes, de fundo adiposo, com supurações soropurulentas intermináveis e, às vezes, com exuberantes granulações cinzento-amareladas, que não se curavam nem com pinceladas de nitrato de prata. E, enfim, uma proporção não insignificante de diarreia, que atingia quase todos os deportados, também podia ser atribuída à distrofia alimentar. Assim se explica como os internos perdiam rapidamente a força, pois a dissolução da camada de gordura era acompanhada pelo estabelecimento de uma notável atrofia dos tecidos musculares.

Agora devemos lembrar as vitaminas: pelo que expusemos até o momento, pareceria natural que surgissem frequentes síndromes de avitaminose — especialmente a carência das vitaminas B e C. No entanto, não temos notícia de que tenham ocorrido casos de escorbuto ou de polineurite, pelo menos em sua forma típica e completa; e cremos que isso está relacionado com o fato de que o período médio de vida da maioria dos prisioneiros era demasiado curto para que o organismo tivesse tempo de manifestar sinais clínicos evidentes de sofrimento por falta dessas vitaminas.

*Doenças do trato gastrointestinal* — Omitimos aqui as doenças que atingiam muitos prisioneiros, mas que não mantinham uma estrita dependência das modalidades da vida no campo, como as hipo e as hipercloridrias, as úlceras gastroduodenais, as apendicites, as enterocolites, as doenças hepáticas. Lembramos apenas que esses estados patológicos, persistentes em muitos deportados antes de sua chegada a Monowitz, se agravavam ou, se previamente curados, apresentavam recaídas. Aqui queremos mencionar em particular a diarreia, à qual já nos referimos, tanto por sua difusão quanto pela gravidade de seu decurso, muitas vezes rapidamente mortal. Em geral, eclodia de repente, algumas vezes precedida por distúrbios dispépticos após alguma circunstância cujo fator determinante era acidental, por exemplo, uma prolongada exposição ao frio ou o consumo de alimentos estragados (às vezes o pão estava mofado) ou de difícil digestão. Cabe lembrar a esse respeito que muitos prisioneiros, para aplacar as pontadas de fome, ingeriam cascas de batata, folhas de couve cruas, batatas e nabos podres que recolhiam entre os refugos da cozinha. Mas é provável que, na base das diarreias graves, estivessem outros múltiplos fatores, em especial dois, independentes entre si: uma indigestão crônica e a consequente distrofia alimentar. Os atingidos apresentavam numerosas descargas intestinais líquidas — de cinco ou seis vezes até vinte e talvez mais por dia —, cheias de muco, algumas vezes acompanhadas de sangue, precedidas e acompanhadas por dores abdominais agudas. O apetite podia persistir, mas em muitos casos os pacientes apresentavam uma anorexia crônica, em virtude da qual se recusavam a comer: estes eram os casos mais graves, que evoluíam rapidamente para um desfecho fatal. Havia sempre uma sede muito intensa. Se a doença tendia a se curar, o número de descargas diminuía, reduzindo-se a duas ou três por dia, enquanto a qualidade das fezes se modificava, adquirindo consistência pastosa. Os pacientes saíam dessas diarreias sempre em péssimo estado, com um notável agravamento de seu estado geral e visivelmente mais magros, devido à grande desidratação dos tecidos. O tratamento, padronizado, era duplo: alimentar e medicinal. Ao darem entrada no hospital, os doentes eram submetidos a um jejum absoluto de 24 horas, e depois recebiam uma alimentação especial, até uma visível melhora de suas condições, isto é, até que, diminuído o número de descargas e as fezes adquirido mais consistência, o prognóstico da doença se tornasse claramente favorável. Esse regime alimentar consistia no corte da ração de salame e da sopa ao meio-dia; o pão preto era substituído por pão branco e a sopa da noite por uma semolina doce, bastante consistente. Além disso, os médicos aconselhavam que os doentes ingerissem pouco ou, de preferência, nenhum líquido, embora de praxe não se reduzisse a quantidade de café pela manhã e à noite. O tratamento médico se baseava na administração de três ou quatro comprimidos de tanalbina e da mesma quantidade de carvão *pro die*; nos casos mais graves, os doentes recebiam também cinco gotas (!) de tintura de ópio junto com algumas gotas de cardiazol.

*Doenças por frio* — A longa exposição diária às baixas temperaturas, às intempéries, contra as quais os prisioneiros não dispunham de nenhuma proteção, e à umidade explica a frequência das doenças reumáticas ligadas ao sistema respiratório e às articulações, das nevralgias e dos congelamentos.

Mesmo durante o verão, bronquites, pneumonias, broncopneumonias estavam na ordem do dia; mas, como é natural, recrudesciam especialmente no inverno, no outono e na primavera. Eram tratadas de maneira muito simples: emplastros frios sobre o tórax, alguns comprimidos antipiréticos e, nos casos mais graves, sulfamidas em doses absolutamente insuficientes; além disso, um pouco de cardiazol. Contra as nevralgias — as mais frequentes eram os lumbagos e as ciáticas — e contra as artrites, os doentes eram submetidos a irradiações de calor; contra os congelamentos, não se praticava nenhum tratamento, a não ser a amputação da parte afetada quando o congelamento era de certa gravidade.

*Doenças infecciosas* — As mais frequentes eram representadas pelas doenças exantemáticas, em especial escarlatina, varicela, erisipela e difteria. De vez em quando também se manifestavam casos de tifo abdominal. Os atingidos por uma dessas doenças eram internados num pavilhão de isolamento, mas de modo promíscuo, isto é, sem que houvesse separação entre os doentes de diversas patologias. Assim, era fácil que um doente, dando entrada na enfermaria com uma forma infecciosa, fosse contagiado por outra, ainda mais porque as cobertas das camas e as tigelas em que se distribuía a sopa nunca eram desinfetadas. A escarlatina e a erisipela eram combatidas com as sulfamidas, porém ministradas sempre em doses reduzidas; os acometidos de difteria eram abandonados a si mesmos devido à absoluta falta de soro, e o tratamento se reduzia a gargarejos de uma solução muito diluída de quinosol e à administração de algum comprimido de acriflavina. Assim entende-se por que a mortalidade por difteria alcançava 100% dos casos, pois quem conseguia superar o período agudo sucumbia em seguida devido a uma parada cardíaca ou a alguma complicação ou sobreposição de quadros patológicos.

Não podemos apresentar dados sobre a incidência de sífilis, tuberculose e malária, pois os sifilíticos, tuberculosos e maláricos — estes últimos mesmo que curados desde longa data e descobertos casualmente por alguma incauta confissão — eram prontamente enviados para Birkenau e lá eliminados nas câmaras de gás. Não se pode negar que era um método profilático radical!

As infecções ligadas aos tegumentos eram generalizadas e dos mais variados tipos, em especial os furúnculos e os abcessos, que, como já relatamos, tinham um decurso sempre muito prolongado e sujeito a recaídas, com múltiplas localizações simultâneas; as sicoses de barba e as tricofitias. Contra os primeiros, praticavam-se somente tratamentos cirúrgicos, com incisão e drenagem dos focos de infecção, inexistindo a possibilidade de praticar estimuloterapias com tratamentos vacinoterápicos ou quimioterápicos; os pacientes só eram submetidos a auto-hemoterapia nos casos mais crônicos. Contra as segundas, as sicoses e as tricofitias, não existiam remédios específicos, como o iodo. Untava-se o rosto dos doentes com alguma das pomadas à disposição, cujo efeito terapêutico era menor que nada. Diante do alastramento constante dessas dermatites, por um lado adotaram medidas profiláticas, como a proibição aos doentes de fazerem a barba para evitar a transmissão da infecção pelas navalhas e pincéis e, por outro, intensificaram-se os tratamentos, submetendo os doentes a radiações ultravioleta. Os casos mais graves de sicose eram transferidos temporariamente para o hospital de Auschwitz, para serem submetidos à Roentgenterapia.

Sobre as doenças cutâneas, cabe ainda destacar a difusão da sarna, que era tratada com uma limpeza diária de mitigal num pavilhão exclusivo, onde os doentes eram internados apenas durante a noite, enquanto de dia deviam manter regularmente o trabalho na equipe a que estavam alocados; ou seja, não existia um "Kommando" para a sarna, a que se encaminhassem os infectados durante a doença; os contágios eram muito frequentes pois eles continuavam trabalhando entre indivíduos ainda não infectados, com utensílios comuns e convívio muito próximo.

*Doenças cirúrgicas* — Aqui também não nos deteremos nas patologias que demandavam intervenções cirúrgicas, mas que não derivavam das condições de vida no campo. Informamos apenas que era corrente a realização de cirurgias, mesmo que complexas, predominantemente abdominais, como gastroenteroanastomose para úlceras gastroduodenais, apendicectomia, resseção costal para empiemas etc., bem como intervenções ortopédicas para fraturas e luxações. Se as condições gerais do paciente não davam garantias suficientes de que ele resistiria a um trauma operatório, procedia-se antes da intervenção a uma transfusão de sangue, a qual também era realizada para combater anemias secundárias e hemorragias graves por úlcera gástrica ou traumas acidentais. Como doador, recorria-se a algum deportado, chegado em data recente e ainda em boas condições gerais; a doação de sangue era voluntária e o doador era premiado com quinze dias de descanso no hospital, durante os quais recebia alimentação especial. Por isso sempre havia um grande número de doações de sangue.

Não temos nenhum conhecimento — e, aliás, cremos ser possível excluir essa hipótese — de que se praticassem operações para fins de pesquisa científica no hospital de Monowitz, como se fazia em larga escala em outros campos de concentração. Sabemos, por exemplo, que em Auschwitz o hospital dispunha de uma seção adaptada para pesquisas sobre os efeitos da castração e do posterior enxerto de gônadas.

A sala de cirurgia era razoavelmente equipada com instrumentos, pelo menos o suficiente para as intervenções ali praticadas; suas paredes eram revestidas de azulejos brancos laváveis; havia uma maca cirúrgica articulada, de modelo um pouco antigo, mas em bom estado, que permitia colocar o paciente nas principais posições operatórias; uma estufa elétrica para a esterilização dos instrumentos; e a iluminação consistia em alguns holofotes móveis e um grande lustre central fixo. Numa parede, atrás de um biombo de madeira, havia pias e água corrente quente e fria para a lavagem das mãos do cirurgião e de seus assistentes.

Quanto à cirurgia asséptica, lembramos que regularmente também havia a operação de hérnias a pedido dos doentes, pelo menos até meados da primavera de 1944; a partir dessa época, essas intervenções foram suspensas — exceto em casos raríssimos de hérnias estranguladas —, mesmo que fossem hérnias volumosas e realmente impeditivas para o trabalho. Tomou-se essa decisão pela hipótese de que os doentes se submetiam à intervenção com o objetivo de obter um mês de descanso no hospital.

Os procedimentos mais frequentes eram as operações dos fleimões, que ocorriam no pavilhão próprio para cirurgia séptica. Os fleimões constituíam, com a diarreia, um dos capítulos mais importantes da patologia peculiar do campo de concentração. Localizavam-se predominantemente nos membros inferiores, sendo mais rara sua ocorrência em qualquer outra área. Normalmente, podia-se reconhecer sua origem em alguma lesão cutânea dos pés, provocada pelos calçados; escoriações de início superficiais e de extensão limitada, que se infeccionavam e se agravavam com um abcesso superficial ou profundo ou que provocavam infiltrações metastáticas a certa distância. Mas às vezes não se conseguia localizar o ponto de entrada dos germes patogênicos; o abcesso dos tecidos moles se dava sem que fosse possível identificar qualquer lesão cutânea em sua proximidade ou à distância: tratava-se muito provavelmente de uma localização de germes oriundos de algum *focus* e transportados pela corrente sanguínea. Os doentes eram precocemente operados com incisões múltiplas e amplas; mas a evolução posterior das lesões era sempre muito prolongada e as incisões, mesmo quando a supuração terminava, não tendiam a cicatrizar. Os cuidados pós-operatórios consistiam em simples drenagens da ferida cirúrgica; não se adotava nenhum tratamento para fortalecer as defesas orgânicas. Por isso as recaídas eram frequentes e, portanto, frequentes as intervenções "em série" no mesmo indivíduo para abrir e drenar as bolsas de pus, que se formavam na periferia das incisões anteriores. Quando o processo de cura finalmente mostrava ter chegado a um bom estágio, os doentes eram liberados do hospital, embora as feridas ainda não estivessem completamente fechadas, e encaminhados aos trabalhos; as medicações ulteriores eram administradas em ambulatório. É lógico que a maioria dos pacientes liberados nessas condições retornaria poucos dias depois ao hospital, pelas recaídas locais ou pela formação de novos focos em outros lugares.

As otites agudas também eram muito frequentes e acarretavam muitas complicações no processo mastoide; essas também eram regularmente operadas pelo especialista em otorrinolaringologia.

O tratamento das infecções cutâneas se baseava no uso padronizado de quatro pomadas, que eram sucessivamente aplicadas segundo o estágio das lesões. Num primeiro momento, na fase de abcesso, a lesão e a pele em torno eram recobertas com uma pomada à base de ictiol com finalidade resolutiva; a seguir, ocorrendo o agrupamento das partes e aberto o foco, cobria-se o fundo com uma pomada à base de colargol, com propósito desinfetante; então, cessada ou grandemente diminuída a supuração, utilizava-se uma pomada à base de pelidol como cicatrizante e, por fim, uma outra de óxido de zinco, como epitelizante.

*Doenças de trabalho* — Apesar do emprego majoritário da massa em trabalhos braçais, não consta que tenham ocorrido doenças profissionais específicas, se forem excluídas as cirúrgicas por acidentes, isto é, fraturas e luxações; mas podemos relatar um caso de nosso conhecimento.

Num certo período — agosto de 1944 — os homens alocados no chamado "Comando Químico" foram incumbidos de reorganizar um depósito que continha sacos de uma substância de natureza fenólica. Já no primeiro dia de trabalho, essa substância, um pó fino, aderiu ao rosto e às mãos dos trabalhadores e grudou-se devido ao suor; a posterior exposição ao sol provocou em todos eles, inicialmente, uma intensa pigmentação das partes expostas, acompanhada por forte ardor; a seguir, uma vasta descamação de grandes lâminas de pele. Embora a nova camada epidérmica, assim que exposta ao agente infectante, se apresentasse especialmente sensível e dolorida, prosseguia-se o trabalho por vinte dias sem se adotar nenhuma medida de proteção. E, embora todos os homens desse Comando — cerca de cinquenta — tivessem sido atingidos por essa dermatite dolorosa, nenhum deles foi internado no hospital.

Após essa revisão das doenças mais frequentes no Campo de Monowitz e suas causas, devemos confessar que é impossível fornecer números absolutos e relativos de suas respectivas frequências, pois nenhum de nós dois nunca pôde entrar no hospital, a não ser por doença. Tudo o que escrevemos e ainda diremos é fruto da observação cotidiana e do que ouvimos, fortuitamente ou não, em conversas com companheiros, médicos e atendentes da enfermaria que conhecíamos ou com quem tínhamos relações de amizade.

O hospital do Campo fora criado apenas alguns meses antes de nossa chegada a Monowitz, que ocorreu no final de fevereiro de 1944. Antes disso, não havia nenhum serviço sanitário e os doentes não podiam se tratar, mas eram obrigados a trabalhar da mesma forma, diariamente, até caírem exaustos. Naturalmente esses casos eram muito frequentes. Fato é que o óbito era constatado por um método singular: dois indivíduos, não médicos, empunhando chicotes "nervos de boi", deviam bater no caído durante alguns minutos. Se, depois disso, ele não reagisse, era considerado morto e seu corpo era imediatamente levado ao crematório; se, pelo contrário, se movesse, significava que não estava morto e, portanto, era obrigado a retomar o trabalho.

A seguir, foi instituída uma enfermaria, o primeiro núcleo de atendimento médico onde qualquer um podia ser consultado caso se sentisse doente; mas se essa condição não fosse reconhecida pelos médicos, o indivíduo era imediatamente punido pelas SS com castigos corporais severos. Por outro lado, se a afecção fosse julgada um impedimento para o trabalho, concediam-se alguns dias de descanso. Mais tarde, alguns blocos foram adaptados como enfermarias, que aos poucos cresceram e passaram a contar com novos serviços de atendimento; assim, durante nossa permanência no Campo, funcionavam os seguintes:

— ambulatório de clínica geral;
— ambulatório de cirurgia geral;
— ambulatório de otorrinolaringologia e oftalmologia;
— consultório odontológico (no qual também se executavam obturações e os trabalhos de prótese mais simples);
— pavilhão de cirurgia asséptica, com uma seção de otorrinolaringologia anexa;
— pavilhão de cirurgia séptica;
— pavilhão de medicina geral com seção de doenças nervosas e mentais, dotada de um pequeno aparelho de eletrochoque;
— pavilhão para doenças infecciosas e diarreias;
— pavilhão de repouso — *Schonungsblock* —, onde eram internados os distróficos, os edematosos e certos convalescentes;
— laboratório físico-químico, com lâmpadas de quartzo para radiação ultravioleta e lâmpadas para radiação infravermelha;
— laboratório para pesquisas químicas, bacteriológicas e sorológicas.

Não existia equipamento de raio X; quando era necessário um exame radiológico, o doente era enviado para Auschwitz, onde havia bons equipamentos, para obter um diagnóstico.

A partir dessa descrição, seria possível considerar que o hospital era certamente pequeno, mas completo em quase todos os setores e com bom funcionamento. Na verdade, como a Alemanha já se encontrava em uma situação grave — pressionada por um lado pelo avanço irrefreável das corajosas tropas russas e, por outro lado, diariamente bombardeada pela heroica aviação anglo-americana —, havia muitas deficiências, talvez intransponíveis, como a falta de medicamentos e a escassez de material para administrar a medicação. Essas deficiências, no entanto, poderiam ter sido solucionadas com um pouco de boa vontade e melhor organização dos serviços.

A primeira e a mais importante dessas deficiências era a pouca quantidade e a capacidade de lotação dos lugares: faltava, por exemplo, uma sala de espera para os doentes que compareciam aos ambulatórios. Eles eram obrigados a esperar ao ar livre, em "filas" intermináveis, em qualquer estação do ano e com qualquer clima, e já fatigados pela longa jornada de trabalho, visto que os ambulatórios só funcionavam depois do retorno dos trabalhadores ao Campo e no final da chamada noturna. Além disso, todos deveriam tirar os sapatos antes de entrar na enfermaria, de modo que eram obrigados a andar descalços em pisos que, como o do ambulatório cirúrgico, eram muito sujos, com materiais hospitalares usados entranhados de sangue e pus.

Nos pavilhões, a insuficiência de leitos era muito grave: cada catre precisava servir para duas pessoas, quaisquer que fossem as doenças e a gravidade; portanto, a possibilidade de contágio era elevadíssima, e se agravava também porque os doentes no hospital ficavam nus pela falta de camisolas hospitalares. Ao dar entrada no hospital, cada doente deixava todas as roupas no quarto de desinfecção. As cobertas e as enxergas dos catres eram imundas, com manchas de sangue e pus e frequentemente fezes, que os doentes em estado terminal excretavam sem querer.

As regras higiênicas eram completamente negligenciadas, a não ser aquele mínimo necessário para manter as aparências. Assim, por exemplo, não havendo tigelas suficientes, as refeições eram servidas em dois ou três turnos e os doentes dos últimos turnos precisavam tomar a sopa em recipientes mal enxaguados com a água fria de um balde. Não havia sistema de água corrente no chamado *Schonungsblock*, como, aliás, em nenhum outro pavilhão; mas, enquanto os pacientes dos outros pavilhões podiam se dirigir ao *Wascheraum* para se lavar sempre que tivessem vontade, os internados no primeiro só podiam se lavar uma vez ao dia, de manhã, sendo mais de duzentos a utilizar seis bacias, em que os enfermeiros despejavam um litro de água por vez, trazida de fora em baldes. Nessa mesma ocasião, o pão era trazido da sala de medicação, onde fora colocado na noite anterior, sobre um banco que, durante o dia, servia de apoio para os pés dos doentes durante as medicações, ao final das quais ficava sempre recoberto de sangue e de pus, sendo rapidamente asseado com um pano embebido em água fria.

Para serem admitidos no hospital, os doentes que os médicos do ambulatório consideravam dignos de internação deveriam apresentar-se de novo na manhã seguinte, logo depois do despertar. Eles eram submetidos a outra consulta, muito rápida, com o médico diretor dos serviços sanitários; se ele confirmasse a necessidade de internamento, os doentes seguiam para a sala das duchas. Então, depois de raspados todos os pelos, tomavam banho e, por fim, iam para o setor do hospital a que haviam sido destinados. Para chegar até lá, precisavam sair ao ar livre e caminhar cobertos apenas por uma manta, em qualquer estação do ano e com qualquer condição atmosférica e meteorológica, de cem a duzentos metros.

No interior das unidades médicas, o médico-chefe, auxiliado por um ou dois enfermeiros, fazia sua visita matinal sem se dirigir ao leito dos doentes, estes é que deveriam sair do leito e ir até ele, com exceção dos que estivessem absolutamente impedidos devido a condições de especial gravidade. À noite fazia-se uma segunda rápida visita.

Nos pavilhões de cirurgia, os curativos eram feitos de manhã e, como o dormitório era dividido em três corredores e cada corredor tinha seu turno de medicação, cada paciente era medicado apenas de três em três dias. Os curativos eram fixados com ataduras de papel, que em poucas horas se rasgavam e se desfaziam; por isso as feridas, assépticas ou não, ficavam sempre descobertas. Somente em casos raros e de especial importância, usava-se esparadrapo para prender os curativos, empregado com a máxima parcimônia devido à sua escassez.

O tratamento medicamentoso era reduzido ao mínimo; muitos produtos, mesmo os mais simples e de uso corrente eram totalmente escassos, enquanto outros existiam em quantidade muito limitada: havia um pouco de aspirina, piramidona, prontosil (único representante das sulfamidas), bicarbonato, algumas ampolas de coramina e de cafeína. Faltavam óleo canforado, estricnina, ópio e todos os seus derivados, exceto pequenas quantidades de tintura; beladona, atropina, insulina, expectorantes, como também sais de bismuto e de magnésia, pepsina e ácido clorídrico. Os purgantes e laxantes eram representados somente pela istizina. Eram raras também ampolas de cálcio e qualquer preparado com ação reconstituinte. No entanto, havia quantidades razoáveis de exametilentetramina, carvão medicinal e tanalbina, além de esobarbital para aplicação endovenosa e de ampolas de cloreto de etila para narcose: este também era amplamente empregado em intervenções simples, como a incisão de um furúnculo.

Quando chegavam novos comboios de prisioneiros, o armário farmacêutico era reforçado com produtos diversos, das mais variadas especialidades farmacêuticas, muitas inutilizáveis, provenientes de bagagens dos recém-chegados; mas, de modo geral, o necessário superava em muito o disponível.

A equipe de atendimento era recrutada exclusivamente entre os próprios deportados. Os médicos escolhidos, em exame prévio, entre os que tivessem anunciado, ao entrar no Campo, que tinham diploma em medicina, dando-se prioridade aos que dominassem o alemão ou o polonês. Como recompensa pelos serviços prestados, recebiam roupas, calçados e alimentos melhores. Os auxiliares e enfermeiros, porém, eram escolhidos sem qualquer critério de experiência profissional prévia; geralmente selecionavam indivíduos dotados de notável constituição física, que obtinham o cargo — naturalmente muito cobiçado — graças a relações com médicos já designados ou com a direção do Campo. Assim, enquanto os médicos geralmente demonstravam razoável competência e certo grau de civilidade, os auxiliares se distinguiam pela ignorância ou desprezo por qualquer norma higiênica, terapêutica e humanitária: chegavam ao ponto de trocar parte da sopa e do pão destinados aos doentes por cigarros, roupas e outras coisas. Os doentes recebiam surras frequentes por faltas irrisórias; a distribuição dos alimentos não ocorria com regularidade; doentes que se tornassem culpados de faltas mais graves — por exemplo, furtar o pão de algum companheiro — eram punidos com a dispensa imediata do hospital e pronto regresso ao trabalho, com a prévia aplicação de chibatadas nas costas (geralmente 25), ministradas com grande vigor com um tubo de pano revestido de borracha. Outro tipo de castigo consistia em ficar 45 minutos sobre uma banqueta com o assento bem estreito a razoável altura do chão, em posição de cócoras, na ponta dos pés com as pernas dobradas sob as coxas, e estas sobre a bacia, com os braços esticados em frente, na horizontal, na altura dos ombros. Normalmente, depois de poucos minutos, o paciente perdia o equilíbrio devido ao cansaço muscular e à fraqueza de seu organismo e caía no chão, para grande divertimento dos enfermeiros, que faziam círculo em torno dele e zombavam com chistes e pilhérias. O caído devia se levantar, subir outra vez na banqueta e manter-se na posição pelo tempo estabelecido; se não conseguisse mais, devido às sucessivas quedas, liquidava-se o restante do castigo com um determinado número de chicotadas.

A afluência dos doentes era sempre muito grande e superior à capacidade das instalações; por isso, para ceder lugar aos novos pacientes, diariamente liberava-se um determinado número de doentes, mesmo que ainda não estivessem plenamente recuperados e, apesar de grande fraqueza geral, deviam retornar ao trabalho no dia seguinte. Os portadores de doenças crônicas ou aqueles que permaneciam no hospital além de certo período, cerca de dois meses, ou que regressavam com excessiva frequência devido a recaídas de sua doença, eram enviados — como já relatamos a respeito dos tuberculosos, sifilíticos e maláricos — para Birkenau e liquidados nas câmaras de gás. A mesma sorte cabia aos que, fracos demais, não eram mais capazes de trabalhar. De vez em quando — por volta de uma vez por mês —, procedia-se nas várias seções do hospital à chamada "seleção dos muçulmanos" (essa expressão pitoresca designava os indivíduos extremamente esqueléticos), com a qual se escolhiam os doentes mais depauperados fisicamente para enviá-los às câmaras de gás. Essas seleções se davam com grande rapidez e eram realizadas pelo médico diretor dos serviços sanitários, diante do qual todos os pacientes desfilavam nus; com um olhar superficial, ele avaliava o estado geral dos indivíduos, decidindo imediatamente sua sorte. Alguns dias depois, os escolhidos sofriam um segundo exame, feito pelo capitão médico das ss, que era o diretor geral dos serviços sanitários de todos os Campos dependentes de Auschwitz.

A bem da verdade, devemos dizer que essa consulta era mais minuciosa do que a anterior e todos os casos eram avaliados e discutidos; no entanto, poucos tinham a sorte de ser descartados e readmitidos no hospital para tratamento subsequente ou remetidos aos trabalhos considerados leves em outros Comandos; a maioria era condenada à morte. Um de nós dois chegou a ser inscrito quatro vezes na lista dos "muçulmanos" e a cada vez escapou do destino fatídico, exclusivamente pelo fato de ser médico, pois os médicos — não sabemos se por uma disposição geral ou por iniciativa da direção do Campo de Monowitz — eram poupados de semelhante fim.

Em outubro de 1944, a seleção, até então limitada aos pavilhões do hospital, estendeu-se a todos os "blocos"; mas foi a última vez, porque depois disso essa seleção foi suspensa e as câmaras de gás de Birkenau foram desativadas. Contudo, naquele trágico dia, foram escolhidas 850 vítimas, entre elas oito judeus de cidadania italiana.

O funcionamento das câmaras de gás e do crematório anexo ficava a cargo de um Comando Especial, que trabalhava dia e noite em dois turnos. Os integrantes desse Comando viviam à parte, ciosamente isolados dos outros prisioneiros e do mundo exterior. Suas roupas exalavam um cheiro nauseabundo; estavam sempre sujos e tinham um aspecto absolutamente selvagem, de animais ferozes. Eram escolhidos entre os piores criminosos condenados por graves crimes de sangue.

Temos conhecimento de que, em fevereiro de 1943, inauguraram em Birkenau novas instalações de um crematório e de uma câmara de gás, mais racionais do que os que estavam em operação até aquele mês. Eram compostas de três partes: a câmara de espera, a "sala das duchas" e os fornos. No centro dos fornos erguia-se uma chaminé alta, ao redor da qual havia nove fornos, com quatro aberturas cada um, cada uma delas permitia a passagem simultânea de três cadáveres. A capacidade de um forno era de 2 mil cadáveres por dia.

As vítimas, introduzidas na primeira sala, recebiam ordem de se despir totalmente, porque — diziam-lhes — precisavam tomar banho; para disfarçar ainda mais o sórdido engano, entregavam-lhes um pedaço de sabão e uma toalha. Depois disso, eram conduzidas à "sala das duchas", um aposento grande, com um falso sistema de chuveiros nas paredes, onde se destacavam avisos como: "Lavem-se, porque limpeza é saúde", "Não economizem sabão", "Não esqueçam a toalha!", de modo que a sala podia dar a impressão de ser realmente um local de banhos. No teto plano havia uma abertura ampla, hermeticamente fechada por três grandes chapas de metal, que se abriam com uma válvula. Alguns trilhos atravessavam toda a extensão da câmara até os fornos. Quando todos entravam na câmara de gás, as portas eram fechadas (e vedadas contra a entrada de ar) e, pelas válvulas do teto, soltava-se um preparado químico em forma de pó grosseiro, de cor cinza-azulada, contido em latas, cujo rótulo especificava "Zyklon B — Para a destruição de todos os parasitas animais" e apresentava a marca de uma fábrica de Hamburgo. Tratava-se de um preparado de cianureto, que se evaporava a determinada temperatura. Em poucos minutos, todos os trancafiados na câmara de gás morriam; então as portas e janelas eram abertas e os encarregados do Comando Especial, usando máscaras, entravam em ação para transportar os cadáveres até os crematórios.

Antes de introduzir os corpos nos fornos, havia indivíduos encarregados de cortar os cabelos de quem ainda os tinha, isto é, dos cadáveres daqueles que, recém-chegados num comboio, tinham sido imediatamente levados para o abate, sem entrar nos Campos; e de extrair os dentes de ouro de quem os tivesse. As cinzas, como se sabe, eram usadas como fertilizantes em campos e hortas.

Por volta do final de 1944, chegou ao Campo de Monowitz a determinação de que todos os médicos no Campo fossem exonerados dos trabalhos nos Comandos e fossem alocados como médicos ou, na falta de vagas disponíveis, como enfermeiros. Antes de assumir as novas tarefas, deveriam fazer residência de um mês nas diversas seções hospitalares, médicas e cirúrgicas, seguindo um rodízio, e ao mesmo tempo deveriam fazer um curso sobre a organização sanitária dos Campos de concentração, seu funcionamento, as patologias características dos Campos e os tratamentos a serem aplicados aos doentes. Essas disposições foram cumpridas regularmente e o curso teve início nos primeiros dias de janeiro de 1945; mas foi interrompido em meados do mesmo mês, devido à esmagadora ofensiva russa sobre a linha Cracóvia-Katowice-Breslávia, diante da qual as forças armadas alemãs se puseram em fuga precipitada. O Campo de Monowitz, como todos os da região de Auschwitz, também recebeu ordens de evacuação e os alemães arrastaram com eles cerca de 11 mil prisioneiros, que, conforme as notícias recebidas mais tarde por alguns que sobreviveram por milagre, foram quase todos trucidados com rajadas de metralhadora poucos dias depois, quando os soldados de guarda perceberam que estavam completamente cercados pelo Exército Vermelho e não tinham, portanto, nenhuma possibilidade de retirada. Já haviam percorrido a pé cerca de setenta quilômetros, quase ininterruptamente, sem alimentos, pois antes de partir do Campo tinham recebido apenas um quilo de pão, 75 gramas de margarina, noventa gramas de salame e 45 gramas de açúcar. A seguir, foram postos em diversos trens que, despachados em várias direções, não conseguiram chegar a nenhum destino. A esse esforço sobre-humano, sucedeu o massacre dos sobreviventes; cerca de 3 mil ou 4 mil — que haviam parado por pura exaustão ao longo do caminho — já tinham sido exterminados no local pelos soldados da escolta, a tiros de pistola ou com a coronha dos fuzis.

No Campo, enquanto isso, haviam permanecido não mais de mil prisioneiros inaptos, doentes ou convalescentes, incapazes de caminhar, sob a vigilância de algumas ss, que tinham recebido ordens de fuzilá-los antes de abandoná-los. Ignoramos por que esta última determinação não chegou a ser executada; mas, qualquer que seja a razão, foi exclusivamente por causa disso que os signatários ainda estão vivos. Ambos foram mantidos no hospital, um designado para a assistência médica dos internados, o outro por estar em convalescença. A ordem de atender aos doentes só podia ser cumprida em termos morais, o atendimento real era impossível, visto que os alemães, antes de abandonar o Campo, mandaram remover todos os medicamentos e instrumentos cirúrgicos do hospital: não restava nem sequer um comprimido de aspirina, nem uma pinça para curativos, nem uma compressa de gaze.

Seguiram-se dias extremamente dramáticos; muitos doentes morreram por falta de cuidados, muitos de exaustão, pois os alimentos começaram a faltar. Tampouco havia água, os encanamentos tinham sido destruídos por um bombardeio aéreo recente. Foi apenas a descoberta fortuita de um depósito de batatas, enterrado num campo para protegê-las do frio, que permitiu aos menos debilitados se alimentarem e resistirem até o dia em que os russos finalmente chegaram e providenciaram uma pródiga distribuição de alimentos.

*Leonardo De Benedetti e Primo Levi*
[1945-6]

# Relação de dr. Primo Levi número de matrícula 174517, sobrevivente de Monowitz-Buna

Os documentos reunidos em *Assim foi Auschwitz* estão entregues aos leitores sem nenhuma apresentação. Quem quiser saber mais a respeito poderá ler o ensaio "Uma testemunha e a verdade" ou consultar as "Notas sobre os textos" no final do livro. Mas é necessário abrir uma exceção para este texto, imediatamente subsequente ao "Relatório sobre a organização higiênico-sanitária do campo de concentração para judeus de Monowitz", e para a reprodução dos documentos acrescentados no apêndice com o título de "O trem para Auschwitz". Nesses dois casos, cabem algumas palavras introdutórias.

Inédita até hoje, a "Relação de dr. Primo Levi número de matrícula 174517, sobrevivente de Monowitz-Buna" — encontrada no Arquivo Hebraico Terracini de Turim — é um dos testemunhos mais antigos de Levi, provavelmente o primeiro que ele escreveu após seu retorno a Turim (19 de outubro de 1945); por várias razões apontadas em "Notas sobre os textos", é possível remontá-lo às semanas entre meados de novembro e meados de dezembro de 1945. Em "Relação", o exercício da memória com vistas a recuperar nomes e acontecimentos pessoais ergue-se num trabalho de pesquisa e de dedução lógica dos fatos, o qual, por sua vez, tem como base o exame crítico de informações recolhidas por Levi em momentos e ambientes diversos: em Auschwitz após a libertação, durante a aventura de regresso através da Europa, em Turim pouco depois do retorno, e na precoce correspondência com ex-companheiros de deportação, sobreviventes como ele.

De todo modo, a fonte primeira desse documento continua a ser o testemunho ocular, preservado na memória. Ele reconstitui, com a precisão que foi possível, uma lista de trinta nomes, acompanhados por breves informações que permitem um eventual reconhecimento posterior da pessoa. Entre esses nomes, o leitor de *É isto um homem?* encontrará — além de Jean Samuel, o "Pikolo", e Alberto — muitos outros que lhe são conhecidos, talvez com alguma variação ortográfica: por exemplo, o engenheiro Aldo Levi, pai da menina Emilia enviada para a câmara de gás ao chegar no Campo de concentração (no capítulo "A viagem"), ou Clausner, que gravara no fundo da tigela a frase "Ne pas chercher à comprendre" [Não tente entender] (no capítulo "Prova de química"), ou os dois químicos Brackier e Kandel que, junto com Primo Levi, vieram a formar *"Die drei Leute vom Labor"*. E também, "Glucksmann Eugenio", mais corretamente Glücksmann, não é senão o "sargento Steinlauf" do capítulo "Iniciação", ao passo que "Alfred Rosenfeld" corresponde ao inefável "Alfred L." de "Os submersos e os salvos". Por fim, há também Bandi (cujo nome era Endre Szantó), que aparece em "Um discípulo" em *Lilith*.


Dos judeus italianos deportados para a Alemanha em várias épocas, cerca de quarenta pessoas sobreviviam no campo de Buna no começo de janeiro de 1945.

No dia 17 de janeiro, as SS do campo subitamente receberam ordens de transportar para o interior da Alemanha todos os prisioneiros (judeus ou não) capazes de caminhar.

Foram abandonados no hospital do campo cerca de oitocentos prisioneiros doentes ou incapazes de se locomover, entre eles talvez vinte italianos (o signatário estava entre eles).

Os saudáveis, aproximadamente 10 mil, foram enviados a pé para Gleiwitz em péssimas condições de alimentação e equipamentos. Entre eles, encontravam-se as seguintes pessoas:

> ABENAIM toscano, sabia trabalhar como relojoeiro
> ASSUM de Milão, nascido entre 1925 e 1930
> BARUCH de Livorno, nascido em Esmirna há cerca de 25 anos
> CARMI CESARE de Gênova
> DALLA VOLTA ALBERTO de Brescia, cerca de 24 anos
> HALPERN de Zagábria, cerca de 25 anos
> MANDEL HINKO cunhado do anterior de Zagábria
> SACERDOTI FRANCO de Turim
> GLUCKSMANN EUGENIO de Milão
> ISRAEL LIKO de Zagábria
> ORVIETO de Florença, rabino, cerca de 25 anos
> LEVI Sergio di Alessandro, de Turim
> LEVI ENG. Aldo, de Milão
> LEVI CONT [sic para contador] ALDO de Milão
> LEVI MARIO comerciante, cerca de 26 anos, de Milão
> ZELIKOWIC de Zagábria, alfaiate
> KLAUSNER ISIDOR holandês, nº de matrícula 169xxx, estudante de física (a mulher morava em Zurique) nascido por volta de 1920
> ROSENFELD ALFRED nascido na Romênia, residente em Lorena, engenheiro químico e diretor de instalações frigoríficas com cerca de 42 anos

SILBERLUST ARNOLD cerca de 24 anos estudante de matemática, nascido na Polônia, antes residente em Leipzig

KAMPLAN deportado de Borgo S. Dalmazzo, nascido nos Países Bálticos, antes comerciante em Milão

KANDEL JEAN cerca de quarenta anos, nascido na Romênia, antes residente em Paris (tem mulher na França), químico

KAUFMANN GJURI de Grosz Kansza [sic para Grosz Kanizsa] (Hungria) cerca de 26 anos, químico

SZANTO ANDREJ (BANDI) eslovaco, estudou e se formou em Praga, farmacêutico com cerca de trinta anos, antes deportado pelos alemães para a Ucraina [sic] para o serviço de trabalho

SCHLESENGER nascido por volta de 1919 na Iugoslávia

BRACKIER PALPTIL nascido na Rússia Branca (Bielorrússia), cidadão belga, nº de matrícula 175(884?), residente em Liège?, químico com cerca de 35 anos

JEAN SAMUEL de Estrasburgo, nascido por volta de 1921, doutor em matemática

KOSMANN ALFRED de Metz, ex-correspondente da Reuters em Clairmont Ferrant [sic para Clermont-Ferrand]

GRUSZDAS médico de Alexandria, nascido em Riga (Letônia), nº de matrícula 174001, partido em transporte em boas condições

HIRSCH ERIK nascido por volta de 1921, muito alto

BARABAS SILVIO de Sarajevo, químico nascido por volta de 1921 residia na Itália

Sobre o destino da coluna arrastada pelos alemães em retirada, o signatário teve os seguintes relatos:

[1 —] Relato do sr. Joe Saltiel de Marselha (confirmado pelo sr. Erich Schlochoff de Turim). A coluna caminhou por

24 horas seguidas até Gleiwitz; um grande número de prisioneiros que ficava para trás foi morto pela escolta ao longo da estrada. Na manhã seguinte, vários trens partiram da estação de Gleiwitz, abarrotados de prisioneiros (oitenta por vagão de carga). O trem em que Saltiel estava se deteve depois de vinte quilômetros e os prisioneiros foram obrigados a descer numa floresta e foram metralhados. Saltiel acredita que o número de sobreviventes é muito pequeno. Ignora o total de prisioneiros em seu trem e afirma que alguns camponeses poloneses recolheram piedosamente o número de matrícula dos cadáveres.

II — O relato de um dr. Eugenio?, dito Geneg, polonês cristão, coincide com o informe anterior. Geneg conseguiu se fingir de morto na floresta e assim escapou à vistoria posterior das ss para liquidar os eventuais sobreviventes.

III — Enzo Levy de Turim: depois da marcha a pé desde Gleiwitz, a coluna que Levy estima totalizar pelo menos 18 mil prisioneiros foi dividida de modo não muito claro. Levy estava num comboio de vagões de carga que foi metralhado diversas vezes. O grupo de Levy viajou pela Boêmia durante vários dias, parando aqui e ali em Campos abandonados.

Durante todo o trajeto, um grande número de prisioneiros não mais capazes de caminhar foi morto e abandonado no local.

Levy se lembra de ter passado por Flossemburg [sic para Flossenbürg].

IV — Por uma carta enviada ao signatário pelo sr. Charles Conreau, ex-prisioneiro político francês, cristão, conclui-se que nenhum dos colegas do referido sr. Conreau (que foram deportados em centenas da região dos Vosges para Dachau e de lá para

Auschwitz no inverno de 1944) havia retornado para a França em setembro de 1945.

v — Hinko Mandel de Zagábria relata fatos mais ou menos semelhantes. Ele foi carregado num comboio que chegou perto de Berlim sem ser metralhado. Afirma, porém, que um número indeterminado, mas grande, de prisioneiros morreu durante a viagem devido ao frio e à fome. Ele não se lembra de ter visto prisioneiros italianos.

vi — Um operário italiano civil de Brescia, repatriado alguns meses atrás, relatou que se encontrou com Alberto Della [sic] Volta, de Brescia, no dia 20 ou 21 de janeiro, num campo de concentração a cerca de noventa quilômetros de Auschwitz já ocupado e administrado pelos russos (Della [sic] Volta fora deportado de Auschwitz junto com o transporte de 17 de janeiro). O operário retornou à Itália antecipadamente e por meios próprios, e relata que Della [sic] Volta, em boas condições de saúde, pretendia continuar na região para empreender buscas ao pai, previamente desaparecido.

À espera de eventuais novos depoimentos, por ora pode-se considerar que uma parte considerável dos prisioneiros em Auschwitz e campos próximos pode ter escapado ao extermínio. Talvez alguns deles ainda se encontrem nas mãos dos russos ou dos iugoslavos, ou internados em algum hospital, sem condições, portanto, de mandarem notícias à Itália.

[1945]

# Depoimento

De dr. PRIMO LEVI
filho de Cesare e Ester Luzzati
nascido em Turim (Itália) em 31 de julho de 1919
residente em Turim em Corso Re Umberto, 75

Fiquei no Campo de concentração de Monowitz (Auschwitz) de 26 de fevereiro de 1944 a 27 de janeiro de 1945, na qualidade de Häftling (nº de matrícula 174517).

Durante esse período, não tive como saber os nomes dos comandantes do Campo e dos responsáveis pelo tratamento desumano que nos era reservado. Todavia, considero que a responsabilidade recai coletivamente sobre todos os soldados, suboficiais e oficiais das Waffen-SS encarregados de nosso campo, em especial sobre a direção geral e sanitária.
Como já é notório, somente um quinto de cada comboio de deportados dava entrada no campo, isto é, aqueles que à primeira vista eram julgados aptos para o trabalho braçal. Os demais (velhos, crianças, doentes e a maioria das mulheres) eram imediatamente levados às câmaras de asfixia e seus corpos eram cremados.
Todos os que ingressavam eram completamente despidos e despojados de objetos pessoais, sem exceção. As estatísticas inter-

nas do campo de concentração demonstram que apenas excepcionalmente era possível sobreviver por três ou quatro meses. A alimentação insuficiente, a falta de roupas adequadas, o trabalho duríssimo e os espancamentos venciam até mesmo as constituições mais robustas.

As SS faziam inspeções periódicas, em busca de doentes crônicos e dos indivíduos inaptos para o trabalho ("Seleções"). Estes, por sua vez, também eram transferidos, com pleno conhecimento de seu destino, para as câmaras de asfixia e o crematório.

Quaisquer tentativas de fuga e infrações disciplinares, mesmo leves, eram punidas com a forca; por isso, não mais de 2% dos italianos do Campo de Monowitz (Auschwitz) chegou a voltar para a pátria.

Como resultado de minhas pesquisas, evidentemente desenvolvidas após a libertação, posso afirmar que, mesmo na escolha do modo de eliminação, os carrascos do centro de Auschwitz demonstraram uma ferocidade deliberada e inconcebível. Nas câmaras de gás utilizavam um produto chamado "Zyklon B". Esse veneno não era produzido especificamente para essa finalidade; era um antiparasitário e desinfetante, usado principalmente para livrar os porões dos navios e os depósitos de ratos. Era constituído de ácido prússico, com adição de substâncias irritantes e lacrimogêneas a fim de tornar sua presença mais sensível no caso de vazamento ou rompimento das embalagens em que era armazenado. Por conseguinte, é de se presumir que a agonia dos infelizes destinados à morte tenha sido incrivelmente dolorosa.

Dos cadáveres, extraíam-se as próteses dentárias de ouro e cortavam-lhes os cabelos, que eram conservados à parte para usos não identificados até agora. As cinzas dos corpos eram utilizadas como fertilizante agrícola.

Em fé.

*Primo Levi*
[*c.* 1946]

# Depoimento sobre Monowitz

Em 27 de agosto de 1945, perante nós, coronel Vitale Massimo Adolfo, filho de Giuseppe, presidente do Comitê de Investigações de Deportados Judeus, na sede do próprio comitê, Lungo Tevere Sanzio, 9, em Roma, compareceu o sr. dr. LEONARDO DE BENEDETTI — portador da carteira de identidade nº 520790 — o qual prestou o seguinte depoimento sobre o período de detenção nos campos de concentração alemães de fevereiro de 1944 a janeiro de 1945:

No início de dezembro de 1943 tentei passar com minha mulher e outras pessoas para a Suíça, mas, chegando a Lanzo d'Intelvi, fomos avistados e imediatamente detidos pela milícia de fronteira que nos conduziu a seu quartel. Poucos dias depois, os policiais nos transferiram para as prisões de Módena, e dali, em 21 de dezembro de 1943, para o campo de Fossoli. Em 22 de fevereiro de 1944, partimos desse campo e, cerca de oito dias depois, chegamos a Auschwitz.

Na noite de nossa chegada, minha mulher Iolanda, outras trezentas mulheres e algumas centenas de homens foram levados para as câmaras de gás.

Durante o período de quarentena, fui tatuado com o número 174489 e enviado ao campo de Monowitz, onde permaneci exatamente onze meses, até os russos nos libertarem em 26 de janeiro de 1945.

Não me lembro dos nomes dos comandantes do campo, a não ser o do dr. MENGELE, médico capitão das SS, que realizava a última consulta dos infelizes destinados às câmaras de gás. Foi justamente ele que me descartou quatro vezes, pois ao ser consultado eu dizia que era médico. Mas não creio dever a vida a seu espírito de coleguismo, e sim ao fato de que havia ordens para poupar os médicos deportados.

Monowitz era um dos cem "Campos de concentração" dependentes do centro administrativo de Auschwitz. Como em todos os outros campos, cometiam-se contínua e corriqueiramente, os mais pavorosos horrores e torpezas por determinação da direção geral.

Monowitz não era um *Vernichtungslager*, isto é, um campo onde os deportados ficavam poucos dias, ao cabo dos quais eram barbaramente trucidados com fuzilamentos em massa ou com gás; era um *Arbeitslager*, ou seja, um campo de trabalho forçado, no qual a destruição dos judeus era confiada às condições de vida impossíveis, à alimentação insuficiente, aos esforços sobre-humanos, às poucas defesas contra as intempéries e os rigores das estações; como complemento, os que não morriam de doença, mas chegavam a um ponto de exaustão física em que não eram mais capazes de executar os trabalhos impostos, eram liquidados nas câmaras de gás. Por fim, os acusados de infrações do regulamento disciplinar eram enforcados, pena monstruosa e desproporcional à culpa, que era absolutamente ínfima ou mesmo inexistente. Quem poderia julgar a tentativa de fuga de um prisioneiro como um "crime"? No entanto, por esse motivo um número expressivo de infelizes foi enforcado publicamente, diante de todos os outros deportados!!!!

Vivia-se na mais imunda promiscuidade, na mais nauseante sujeira, sem nenhuma possibilidade de cuidado higiênico consigo, expostos a todas as infecções e infestações; desde a chegada, tomavam nossas roupas e nos vestiam pessimamente como prisioneiros, com uniformes listrados que quase não protegiam contra o frio, a umidade, a chuva, a neve. Insuficientemente nutridos com duas porções de sopa ao dia à base de nabo e couve, com quantidades mínimas de um pão composto de vários elementos entre os quais predominavam os menos digeríveis e assimiláveis.

Além disso, desde os primeiros dias no campo, éramos obrigados a executar, sem um período razoável de treinamento, trabalhos variados para os quais ninguém tinha experiência suficiente nem preparo físico adequado.

As condições do ponto de vista psíquico e moral eram igualmente terríveis, pois as ordens dos comandantes se destinavam a anular, antes do homem, sua própria personalidade, começando pelo nome que, como se sabe, era substituído por um número, tatuado no antebraço esquerdo. Nenhum valor humano psíquico ou cultural era levado em conta, todos passávamos indistintamente a fazer parte de uma massa amorfa, mantida em ordem pelo medo e pelos castigos físicos. Em poucos dias, todo deportado se reduzia a um animal, cuja única razão de vida era a ração de pão ou a tigela de sopa.

Entende-se facilmente como muitos sucumbiram poucos dias depois de sua chegada; dominados pelo mais profundo desespero, preferiram uma morte imediata e voluntária a uma morte procrastinada depois de uma série de sofrimentos e de violências, e por isso se aproximaram deliberadamente dos arames farpados, pelos quais passava eletricidade, para morrer eletrocutados.

Ter levado alguém a essa condição psíquica não é crime menor do que tê-lo matado com as próprias mãos.

Até o final de 1943, os deportados, independentemente de sua condição física, mesmo que gravemente doentes, eram obrigados a trabalhar, sem nunca receber qualquer cuidado.

Depois dessa data, instituiu-se o primeiro esboço de serviço sanitário, ao qual foram destinados os médicos deportados do campo, sob a direção de médicos alemães. Fazia-se uma consulta médica sumária para dar alguns dias de descanso aos temporariamente incapacitados; para os doentes mais graves e, de todo modo, irrecuperáveis para o trabalho, a enfermaria era a sala de espera das câmaras de gás. Lá se faziam as seleções por meio das quais se escolhiam os mais debilitados ou sem condições de saúde para serem utilizados como trabalhadores. Esses infelizes eram enviados às câmaras de gás e, com eles, os tuberculosos, maláricos, sifilíticos, mesmo que clinicamente curados e descobertos por alguma incauta e ingênua confissão. A higiene da enfermaria era absolutamente insuficiente e os lugares demasiado pequenos para o número de doentes; estes, desprovidos de qualquer peça de vestuário, jaziam nus, dois no mesmo catre, com um par de cobertas rasgadas, puídas, horrivelmente sujas e com manchas nojentas. Num pavilhão de isolamento amontoavam-se em desordem doentes com os males mais contagiosos: tifo, difteria, sarampo, escarlatina, erisipela etc., afecções sempre endêmicas no campo. Esse pavilhão hospedava aqueles miseráveis por poucos dias ou pouquíssimas horas antes de serem enviados para a morte, nas câmaras de gás.

Havia falta quase completa de medicamentos, e os poucos existentes eram distribuídos com uma parcimônia que tornava seu uso quase inútil. Os doentes ficavam praticamente abandonados a si mesmos e a sorte não era melhor para a maioria dos que sobreviviam, pois a saída da enfermaria representava a entrada nas câmaras de gás.

Para lá também se encaminhava, não sei com quais critérios de escolha, parte dos prisioneiros recém-chegados. Os viajantes dos comboios provenientes de todas as partes da Europa, tão logo desciam dos trens, eram prontamente divididos em duas filas, uma das quais, a menos numerosa, era enviada para um dos campos de concentração, enquanto a outra era conduzida imediatamente ao extermínio.

*Leonardo De Benedetti*
[1946?]

# Declarações para o processo Höss

Turim, 3 de março de 1947

Ao Comitê de Investigações de Deportados Judeus, Roma

Respondendo à V. missiva de 28 páginas, apresso-me em atender à vossa solicitação, resumindo a seguir o que poderei apresentar de pessoal e específico perante o Tribunal de Varsóvia.

I — Assisti pessoalmente ao seguinte episódio: depois que meu Campo de concentração (Monowitz, junto a Auschwitz) foi abandonado pela guarnição da ss, fugindo in extremis do avanço russo, dezoito prisioneiros se esconderam em uma pequena caserna abandonada, para esperar os libertadores. Poucos dias depois, um grupo de ss dispersos, também em fuga, passou por acaso perto do campo; após uma sumária inspeção, com certeza mataram os dezoito prisioneiros, com tiros de revólver à queima-roupa, e puseram os cadáveres ao longo da estrada. Evidentemente, não haviam recebido ordens nesse sentido, e agiam por iniciativa própria. Sou capaz de reconhecer seus rostos.

II — Como já mencionei em meu primeiro relatório, o veneno usado nas câmaras de gás de Auschwitz, e por mim examinado, não fora criado pela indústria alemã para esse fim específico. Ele continha, além do princípio tóxico, uma substância corrosiva e irritante para as mucosas, que, portanto, devia tornar os últimos minutos das vítimas cruelmente penosos.

III — Os prisioneiros de meu campo eram forçados a trabalhar na fábrica Buna-Monowitz, a sete quilômetros de Auschwitz, sob a direção do citado dr. Ingenieur PANNWITZ, engenheiro químico da IG Farben. Ignoro se ele consta entre os acusados, mas considero-o culpado, por ter sido sempre extremamente rigoroso e severo, sobrecarregando os prisioneiros com trabalho além dos limites razoáveis e denunciando sem piedade qualquer pequena falta às SS.

IV — Entre o pessoal encarregado do campo em sentido estrito, lembro-me do nome e da fisionomia de dr. MENGELE, superintendente sanitário de todos os campos do complexo de Auschwitz. Poderia, além disso, identificar facilmente dois dos responsáveis diretos por todos os maus-tratos e iniquidades cotidianas de meu campo: o *Lagerälteste*, criminoso profissional alemão, natural da Breslávia, e o *Lagerkapo*, pretenso político, também alemão. Eu mesmo fui espancado várias vezes pelo primeiro até sangrar. Ignoro os nomes de ambos.

Permito-me, enfim, acrescentar algumas notas pessoais: sou formado em química; trabalhei em Monowitz-Auschwitz de fevereiro de 1944 até janeiro de 1945; nunca ocupei cargos, tampouco colaborei com a direção do campo de concentração. Falo francês, inglês e alemão. Já possuo um passaporte.

Anexo o comprovante de residência solicitado. Com plena observância.

*Dr. Primo Levi*
[1947]

# Depoimento para o processo Höss

Embora minha estada no Campo de Concentração de Monowitz — um dos cem "Campos" dependentes do centro administrativo de Auschwitz — tenha durado onze meses exatos (de 26 de fevereiro de 1944 a 26 de janeiro de 1945), não sou capaz de precisar atos específicos em relação ao citado Hoess, mas posso relembrar e denunciar os horrores e torpezas genéricas de que fui testemunha e com frequência vítima, sem poder afirmar se se deviam a determinações precisas da direção geral dos "Campos", como é bastante verossímil, ou à iniciativa pessoal do Comando de Monowitz. Mas como tudo de infame, torpe, violento, feroz e oposto às mais elementares leis da humanidade a que eram submetidos os prisioneiros de Monowitz era totalmente similar ao que ocorria nos outros 99 campos dependentes de Auschwitz, é muito fácil e simples sustentar que isso era organizado e executado conforme ordens taxativas provenientes de um órgão central único.

Monowitz não era, teoricamente, um *Vernichtungslager*, isto é, um daqueles Campos onde os deportados ficavam por poucos dias, ao cabo dos quais eram barbaramente trucidados por fuzilamento em massa ou com o gás; era um *Arbeitslager*, ou seja, um Campo de trabalho forçado, no qual a prefixada destruição dos judeus ficava a cargo das impossíveis condições de vida, da alimentação insuficiente, do esforço sobre-humano, das poucas defesas contra as intempéries e os rigores da estação; como complemento, os que não morriam de doença, mas chegavam a ponto de exaustão física em que já não eram capazes de executar os trabalhos impostos, eram eliminados nas câmaras de gás. Por fim, os acusados de infrações ao regulamento disciplinar do Campo eram enforcados: pena monstruosamente desproporcional à culpa que, pela lógica e pelo espírito de humanidade, era absolutamente ínfima ou até inexistente. Quem poderia julgar a tentativa de fuga de um prisioneiro como "crime"?

Qualifiquei de "impossíveis" as condições de vida impostas aos prisioneiros; "impossíveis" não só do ponto de vista material, pois vivia-se na mais imunda promiscuidade, na mais nauseante sujeira, sem nenhuma possibilidade de ter algum cuidado higiênico consigo, expostos sem defesas a infecções e a infestações; privados, desde a chegada, de todas as suas roupas, vestidos com os uniformes listrados dos prisioneiros, que quase não protegiam contra o frio, a umidade, a chuva e a neve; insuficientemente nutridos com duas sopas ao dia à base de nabo e couve e com quantidades ínfimas de um pão composto de vários elementos, entre os quais predominavam os menos digeríveis e assimiláveis, os deportados eram obrigados a executar, desde os primeiros dias de sua chegada ao Campo, sem um período razoável de treinamento, trabalhos braçais para os quais, pode-se dizer, nenhum deles tinha experiência suficiente nem preparo físico adequado. Mas as condições de vida eram igualmente impossíveis do ponto de vista psicológico e moral, pois a organização do Campo estava voltada para anular, antes do homem, sua própria personalidade, a começar pelo nome, que era substituído por um número, tatuado no antebraço esquerdo. Nenhum valor humano psíquico ou cultural era levado em conta, todos passavam indistintamente a fazer parte de uma massa amorfa, mantida em ordem pelo medo e pelos castigos físicos. Em poucos dias, todo prisioneiro se reduzia a um animal, para quem a única razão de vida era a ração de pão e a tigela de sopa. Nessas condições, talvez a principal atividade cerebral de cada deportado fosse o estudo dedicado de como obter, de modo mais ou menos legal, um suplemento de pão ou de sopa e como escapar por alguns instantes à vigilância dos supervisores nos trabalhos para descansar um pouco.

É facilmente compreensível que muitos indivíduos, poucos dias após sua chegada, tenham sido vítimas do mais profundo desespero e tenham preferido uma morte imediata voluntária a uma morte procrastinada após uma série de sofrimentos e de violências; e, portanto, tenham deliberadamente se aproximado dos arames farpados, pelos quais passava alta tensão elétrica, para morrer eletrocutados: ter levado alguém a essa condição psíquica não é crime menor do que tê-la matado com as próprias mãos.

Dentro do Campo funcionava uma enfermaria, instituída por volta do final de 1943; antes, não havia nenhum serviço sanitário e os prisioneiros não só eram impossibilitados de se tratar em caso de doença, como também eram obrigados ao trabalho habitual, quaisquer que fossem suas condições físicas. Provavelmente a criação de um primeiro esboço de serviço sanitário deve-se mais a iniciativa individual de alguns médicos confinados, ansiosos em realizar um trabalho condizente com seus hábitos e sua cultura, do que ao empenho do Comando do Campo; mais tarde, em torno desse serviço assistencial, que consistia num ambulatório onde os doentes se apresentavam para uma consulta médica sumária — a partir da qual, caso fosse reconhecido que estavam temporariamente incapacitados, obtinham alguns dias de descanso —, surgiu uma verdadeira enfermaria; a qual, ainda que, de uma maneira ou outra, atendesse aos doentes menos graves e, em todo caso, recuperáveis para o trabalho, não representava para a maioria dos enfermos mais que a sala de espera para as câmaras de gás. De fato, era principalmente na enfermaria que ocorriam as chamadas "seleções", por meio das quais se escolhiam os prisioneiros mais debilitados e sem condições de saúde para serem utilizados como trabalhadores. Eram encaminhados às "câmaras de gás"; e com eles os tuberculosos, maláricos, sifilíticos: estes dois últimos mesmo que clinicamente curados e descobertos apenas por alguma incauta e ingênua confissão.

A higiene da enfermaria era insuficiente: lugares demasiado pequenos para o número de doentes; estes, desprovidos de qualquer peça de vestuário, jaziam nus, dois num mesmo catre, com um par de cobertas rasgadas, puídas, horrivelmente sujas e com manchas nojentas. Num pavilhão de isolamento amontoavam-se em desordem doentes acometidos pelas doenças mais contagiosas: tifo, difteria, sarampo, escarlatina, erisipela, afecções sempre endêmicas no campo.

Talvez seja supérfluo lembrar que faltava a maioria dos medicamentos indispensáveis, enquanto os demais, sendo escassos, eram distribuídos com tal parcimônia que tornava seu uso quase inútil. Os doentes ficavam praticamente abandonados a si mesmos; e a sorte não era melhor para a maioria dos que sobreviviam, pois a saída da enfermaria representava a entrada nas câmaras de gás.

Para lá também se encaminhava, não sei com quais critérios de escolha, parte de prisioneiros recém-chegados. Os viajantes dos comboios provenientes de todas as partes da Europa, tão logo desciam dos trens, eram prontamente divididos em duas filas, uma das quais, a menos numerosa, era enviada para um dos campos de concentração, enquanto a outra era conduzida imediatamente ao extermínio.

*Leonardo De Benedetti*
[1947]

# Testemunho de um companheiro de prisão

Vanda Maestro, desde 25 de julho de 1943 em contato com elementos do Partito d'Azione, encontrava-se em dezembro daquele ano no vale de Aosta, integrando o grupo partidário então em formação, com encargos variados (contatos com a região, distribuição de jornais, missões ocasionais para exploração dos presídios alemães e fascistas). Tinha 24 anos; diplomara-se pouco tempo antes.

Quem a viu então, subindo aqueles caminhos já ocultados pela neve, não pode esquecer seu rosto miúdo e gentil, marcado pelo esforço físico e por uma tensão mais profunda: pois para ela, como para os melhores daquela condição na época, a escolha não fora fácil, alegre, nem isenta de problemas.

Órfã de mãe desde idade prematura, Vanda era dominada e muitas vezes subjugada por uma sensibilidade extremamente aguçada, que lhe permitia ler os pensamentos mais recônditos de quem estava a seu redor. Sua mente era sincera e direta, e ignorava ou desprezava todos os artifícios, névoas, esquecimentos deliberados e ilusões com que nos defendemos da melhor maneira possível contra as ofensas do mundo. Por isso, ninguém estava mais exposto do que ela ao sofrimento, e para o sofrimento tinha uma capacidade quase ilimitada. Percebia-se nela um fundo de dor contínua, consciente e aceita, e fortemente reprimida, e com isso conquistava respeito imediato da parte de todos.

Não era uma mulher naturalmente forte: temia a morte e, mais ainda, temia o sofrimento físico. A força que demonstrava naqueles dias amadurecera aos poucos, fruto de um propósito renovado a cada momento.

Mas sua experiência como membro da Resistência foi breve. Em 13 de dezembro, foi surpreendida por uma busca que se destinava a capturar um grupo mais importante, que operava numa região próxima. Foi capturada, levada a Aosta, interrogada por longo tempo. Respondeu habilmente, de um modo que não conseguiram obter nada de concreto sobre suas atividades; mas, por ser judia, foi enviada a Fossoli e, de lá, para o Campo de concentração de nome já tristemente famoso: o campo feminino de Birchenau-Auschwitz.

Ali, para aquela mulherzinha delicada, leal e generosa, iria se cumprir com horrível lentidão, mês a mês, o mais pavoroso destino que um homem, num paroxismo de ódio, poderia conceber e desejar ao pior dos inimigos. Quem retornou de Birchenau contou-nos sobre Vanda, desde os primeiros dias prostrada pelo esforço, pelas dores e por uma clarividência terrível, que lhe impunha recusar os piedosos enganos a que se cede de tanto bom grado perante o dano supremo. Descreveram-nos sua pobre cabeça raspada, os membros desfeitos pela doença e pela fome, todas as etapas do nefando processo de destroçamento, de extinção que, no Campo de concentração, antecedia a morte física.

E sobre seu fim sabemos tudo, ou quase tudo: o anúncio de

seu nome entre as condenadas, a descida do catre da enfermaria, a caminhada (em plena lucidez) até a câmara de gás e, por fim, o forno crematório.

*Primo Levi*
[1953]

# Aniversário

A dez anos da libertação dos Campos de concentração, é triste e significativo ter de constatar que, pelo menos na Itália, o tema desses locais de extermínio, longe de ter ingressado na história, segue no mais completo esquecimento.

É supérfluo, aqui, recordar os números; que essa foi a mais gigantesca carnificina da história, a ponto de reduzir quase a zero, por exemplo, a população judaica de nações inteiras da Europa Oriental; relembrar que, se a Alemanha nazista tivesse sido capaz de levar seu plano a termo, a técnica experimentada em Auschwitz e em outros locais teria sido aplicada, com a conhecida seriedade dos alemães, a continentes inteiros.

Atualmente é indelicado falar dos Campos de concentração. Corremos o risco de sermos acusados, na melhor das hipóteses, de vitimismo ou de amor gratuito pelo macabro; na pior, de pura e simples mentira ou, talvez, de ultraje ao pudor.

Esse silêncio é justificado? Devemos tolerá-lo, nós, os sobreviventes? Devem tolerá-lo aqueles que, petrificados pelo espanto e pela repugnância, assistiram, entre golpes, blasfêmias e gritos desumanos, às partidas de vagões lacrados; e, anos mais tarde, ao regresso dos pouquíssimos sobreviventes, alquebrados de corpo e espírito? É justo que se considere cumprido o dever da declaração que fora tida como necessidade e obrigação imediata?

Uma única resposta é possível. Não é lícito esquecer, não é lícito calar. Se calarmos, quem falará? Certamente não os culpados e seus cúmplices. Se não dermos nosso testemunho, num futuro próximo as ações da barbárie nazista, por sua própria enormidade, poderão ser relegadas às lendas. Portanto, é preciso falar.

No entanto, o silêncio predomina. Parte dele é fruto de uma consciência insegura, ou mesmo de uma má consciência: é o silêncio daqueles que, solicitados ou forçados a exprimir um juízo, tentam se desviar a todo custo da discussão e invocam as armas nucleares, os bombardeios indiscriminados, o processo de Nuremberg, os problemáticos campos de trabalho soviéticos: argumentos não desprovidos de peso em si, mas totalmente irrelevantes para os fins de uma justificativa moral dos crimes fascistas, que constituem, eles próprios, um monumento de ferocidade sem paralelo em toda a história da humanidade.

Mas não é descabido mencionar outro aspecto desse silêncio, dessa reticência, dessa evasão. Que se calem na Alemanha, que se calem os fascistas, é natural, e no fundo não nos desagrada. Suas palavras não nos servem para nada, não esperamos risíveis tentativas de justificação da parte deles. Mas o que dizer sobre o silêncio do mundo civilizado, da cultura, nosso próprio silêncio, diante de nossos filhos, dos amigos que regressam de longo exílio em países distantes? Ele não se deve apenas ao cansaço, ao desgaste dos anos, à atitude normal do *primum vivere*. Não se deve à vileza. Existe em nós uma instância mais profunda, mais digna, que em muitas circunstâncias aconselha-nos a calar sobre os Campos de concentração ou, pelo menos, a atenuar, a censurar suas imagens, ainda tão vivas em nossa memória.

É a vergonha. Somos homens, pertencemos à mesma família humana de nossos carrascos. Diante da enormidade de sua culpa, também nos sentimos cidadãos de Sodoma e Gomorra; não conseguimos ser alheios à acusação de um juiz extraterreno que, na esteira de nosso próprio testemunho, levantaria contra a humanidade toda.

Somos filhos dessa Europa onde está Auschwitz: vivemos nesse século em que a ciência se rendeu e gerou o código racial e as câmaras de gás. Quem pode se dizer seguro de estar imune à infecção?

E há ainda mais a dizer: coisas dolorosas e duras que, para quem leu *Les Armes de la nuit*, não impressionariam. Considerar gloriosa a morte das inumeráveis vítimas dos campos de extermínio é vaidade. Não era gloriosa: era uma morte indefesa e nua, ignominiosa e imunda. Assim como não é honrosa a escravidão; houve quem soube sofrê-la incólume, exceção a ser considerada com um reverente assombro; mas ela é uma condição essencialmente ignóbil, fonte de degradação quase inevitável e de naufrágio moral.

É bom que essas coisas sejam ditas, porque são verdadeiras. Mas que fique bem claro que isso não significa associar vítimas e assassinos: isso não alivia, pelo contrário, centuplica a culpa dos fascistas e dos nazistas. Eles demonstraram para todos os séculos vindouros as insuspeitas reservas de perversidade e de loucura que jazem latentes no homem depois de milênios de vida civilizada, e esta é uma obra demoníaca. Trabalharam com tenacidade para criar sua gigantesca máquina geradora de morte e de corrupção: um crime maior não seria concebível. Construíram seu reino com insolência, por meio do ódio, da violência e da mentira: seu fracasso é um alerta.

*Primo Levi*
[1955]

# Denúncia contra dr. Joseph Mengele

O signatário, dr. Leonardo DE BENEDETTI, nascido em Turim em 15 de setembro de 1898 e ali residente em Corso Re Umberto, 61, médico-cirurgião, a pedido do COMITÊ INTERNACIONAL DE AUSCHWITZ, que pretende depositar minha denúncia na Procuradoria do Tribunal de Freiburg bei Br. a fim de facilitar as práticas por ela instituídas para obter a extradição da Argentina do ex-ss *Hauptsturmfuehrer* dr. Joseph MENGELE, antes médico do Campo de Auschwitz, declaro o seguinte:

Fui deportado da Itália, em minha qualidade de judeu, em 20 de fevereiro de 1944 e cheguei à estação de Auschwitz na noite de 26 de fevereiro de 1944. Eu fazia parte de um comboio composto por 650 pessoas, entre as quais a mais velha tinha 85 anos e a mais nova seis meses. Assim que desci do trem, na própria plataforma da estação deu-se a primeira seleção; tive a sorte de ser julgado suficientemente jovem e ainda apto para o trabalho, enquanto minha mulher (que estava comigo e da qual fui brusca e violentamente separado) foi enviada nessa mesma noite para a câmara de gás, como soube depois da libertação por algumas de suas companheiras que sobreviveram. Nessa mesma noite eu, com outros 95 companheiros, fui transportado diretamente para o Campo de MONOWITZ-BUNA, onde recebi o nº de matrícula 174489 e onde permaneci até 17 de janeiro de 1945, quando fui libertado pelo Exército Vermelho. Durante esses onze meses, tive de realizar trabalhos braçais em diversos *Kommandos*, todos muitos penosos; eram sempre serviços de descarga e transporte. Nunca consegui fazer valer junto à *Arbeitsdienst* minha formação e por isso não foi possível entrar como médico ou nem sequer como simples enfermeiro no *Krankenbau*.

Minhas condições físicas sofreram, naturalmente, um grave e acelerado declínio devido ao duríssimo esforço ao qual — como todos os outros prisioneiros — estava submetido e que não vem ao caso descrever, mesmo porque as circunstâncias dos Campos de concentração já são conhecidas. Assim, como todos sabem, de vez em quando aconteciam as chamadas "Seleções", isto é, o exame das condições físicas dos prisioneiros para verificar sua aptidão ao trabalho: aqueles que, após os esforços, os maus-tratos, a fome ou as doenças, estavam reduzidos a um estado de definhamento que os impedia de resistir ao massacrante trabalho, eram enviados às câmaras de gás.

No Campo de Monowitz, essas seleções ocorriam em duas etapas: a primeira escolha era feita por um oficial da SS assistido pelos próprios médicos do *Kr.Bau* [Kr. = *Krematorium*; Bau = prédio] do Campo e, alguns dias depois, o dr. Mengele corroborava, com uma segunda consulta, igualmente rápida e superficial, as escolhas realizadas pelo primeiro. Ambos os exames eram, como disse, ridiculamente sumários: bastava uma olhada para estabelecer um juízo; e se, depois da primeira escolha, persistisse nos mais otimistas uma esperança de se salvar, mesmo que muito frágil e ingênua, a segunda, realizada por dr. Mengele, era definitiva e representava um parecer irrecorrível e uma sentença de morte irrevogável.

Dr. Mengele sempre se apresentava com uniforme impecável, muito elegante e quase refinado, com botas de cano alto perfeitamente engraxadas, luvas de couro e um chicote na mão; durante o terrível exame, assumia um ar sorridente e quase gentil; conforme os examinandos corriam nus diante de seu olhar e se detinham um instante à sua frente, totalmente indiferente, ele indicava com o chicote o grupo para o qual seu juízo infalível designara o prisioneiro: à esquerda os condenados, à direita os pouquíssimos afortunados que ele julgava ainda aptos para o trabalho, pelo menos até a próxima seleção.

A esse ponto, devo lembrar o que me diz respeito nas seleções e como consegui me salvar de um juízo fatal nas quatro vezes em que passei pelo exame de dr. Mengele. Para isso, preciso antes expor o episódio feliz que me ocorreu num dos primeiros dias no campo de Monowitz, quando minha boa sorte me permitiu ter como companheiro de trabalho, no *Kommando* ao qual eu fora designado, um colega já veterano, que me colocou a par de todos os regulamentos, proibições e perigos de sua atividade: era um médico alsaciano, de Estrasburgo, creio eu, um certo dr. Klotz, que infelizmente acabei aos poucos perdendo de vista e não tive mais ocasião de encontrar, nem soube mais nada dele; o que me dói muito porque não pude lhe agradecer por seus preciosos conselhos, a um dos quais, em especial, creio dever minha vida. De fato, entre outras coisas, ele me recomendou que, em qualquer situação adversa, eu declarasse minha qualidade de médico e, que a anunciasse especialmente se fosse incluído em alguma lista de prisioneiros para transferência, sobretudo se tivesse sido atraído pela promessa de ser enviado para um dito campo de trabalhos leves.

Sem especificar do que se tratava, ele sugeriu o perigo desses "transportes" e, talvez para não me assustar demais, não quis confirmar — apesar de não ter negado a possibilidade — a existência das câmaras de gás, de que eu já tivera indícios; disse-me apenas que em Monowitz certamente não havia câmaras de gás; até podia ser que houvesse em outros locais, embora ele nunca as tivesse visto; em todo caso, era bom tentar permanecer a qualquer custo em Monowitz e, assim, a única possibilidade de salvação, em caso de perigo, consistia em anunciar que eu era médico.

Não esqueci esse conselho; e, todas as vezes em que tive de desfilar perante o dr. Mengele, tive forças para dizer em voz alta: "*Ich bin ein Italiener Arzt*"; a isso, meu juiz me dirigia algumas perguntas para se certificar da veracidade de minha afirmação, e depois me mandava para o grupo dos salvos.

Ignoro se essa atenção aos médicos era fruto de uma iniciativa pessoal de dr. Mengele ou se, salvando os colegas, estava apenas obedecendo às diretrizes superiores; não tenho nenhuma condição de defender mais uma hipótese do que outra, embora considere a segunda mais plausível, e isso devido a algumas considerações de ordem lógica. Ou seja, não considero que dr. Mengele, ss *Hauptsturmfuehrer*, pudesse se abstrair de sua mentalidade de ss e levar em conta uma determinada posição profissional de um grupo de pessoas para proferir um juízo em lugar de outro: médicos ou não médicos, diante dele estavam apenas judeus e, como tais, deveriam ser suprimidos quando suas condições físicas os incapacitavam como trabalhadores; e ele — ss *Hauptsturmfuehrer* — não poderia se deixar enternecer por uma banal coincidência de coleguismo profissional sem trair os princípios fundamentais das teorias nazistas, às quais jurara inflexível fidelidade.

Por isso, é bem mais provável que, ao salvar os médicos judeus, ele estivesse apenas obedecendo às ordens recebidas de superiores em vista da possível utilidade, em circunstâncias imediatas ou futuras, desses indivíduos específicos.

Em todo caso, mesmo que essa hipótese fosse infundada e, ao contrário, a primeira fosse válida, isso não diminuiria a enormidade do crime cometido pelo citado dr. Joseph Mengele; com isso, ele não salvaria senão a vida de pouquíssimos indivíduos contra milhares e milhares de desgraçados, que um pequeno gesto indiferente e feito com um sorriso nos lábios enviara para a morte.

Não tenho informações de algo mais a respeito do dr. Mengele que possa denunciar por conhecimento direto; ignoro qual a parte que lhe coube, por exemplo, na organização das pesquisas ditas científicas usando "cobaias" humanas, nem sua participação pessoal nessas pesquisas; sei que foram movidas acusações contra ele nesse sentido, mas não possuo elementos para corroborá-las com um testemunho. No entanto, a parte assumida por ele na organização e determinação do extermínio de tantas pessoas (sobre a qual tenho pleno conhecimento) parece-me que, por si só, representa um crime tão gigantesco que justifica a mais severa e implacável condenação de dr. Mengele.

*Leonardo De Benedetti*
[c. 1959]

# Carta à filha de um fascista que pede a verdade

Uma leitora nos escreve:

"Frequento o ginásio e, como tantas colegas minhas, fui visitar a exposição dos campos de concentração alemães que se encerra no domingo. Depois surgiram discussões. Há quem duvide e diga que a exposição é apenas propaganda antialemã. Há quem diga que é exagero e quem garanta que é tudo verdade.
Uma de minhas colegas diz que 'se aquelas coisas tivessem realmente acontecido, haveria algum sinal em nossos livros de história'. Outra diz: 'Se aquelas fotos fossem realmente verdadeiras, acho que poderiam ter ampliado para fazer uma exposição como aquela sobre a família no Palazzo Madama'. Outras dizem que não querem que estudemos a última guerra justamente porque aconteceram coisas feias demais. Os professores dão razão a quem pensa assim. Suspiram e dizem: 'infelizmente', mas eu queria que alguém me dissesse algo mais. Eu, filha de um

fascista, fiquei assustada com o que vi e rezei a Deus que meu pai seja inocente desse massacre.

Além disso, gostaria de dizer aos que fazem as exposições para organizá-las com mais espaço. Eu, tive de ir três vezes para poder vê-la (e ainda assim não consegui observar bem muitos dos quadros que estavam altos demais)."

A filha de um fascista que gostaria de saber a verdade.
[*La Stampa*, seção "Specchio dei tempi", 29 de novembro de 1959]

Primo Levi, autor de *É isto um homem?*, um livro sobre os campos de extermínio já traduzido em todas as línguas, escreve-nos:

"Em nome da Associação dos ex-Deportados, que organizou a exposição dos campos de concentração alemães, quero agradecer à leitora 'que gostaria de saber a verdade', porque a carta publicada no 'Specchio dei tempi' é a que esperávamos receber.

Não, senhorita, não há como duvidar da verdade dessas imagens. Essas coisas realmente aconteceram, e ocorreram assim: não séculos atrás, não em países remotos, mas há quinze anos, e no coração desta nossa Europa. Quem tem dúvidas pode tomar um trem e ir visitar o que resta desses tristes locais. Mas não é necessário: aqui, em nossa cidade, há dezenas de testemunhas oculares; são milhares os que (também mulheres e crianças: crianças!) acabaram misturados naqueles montes de ossos e que testemunham, com sua ausência, o vazio que deixaram.

Compreendemos, mas não poderíamos aprovar, os professores que 'suspiram e dizem *infelizmente*'. São homens, como nós, e como os autores e os responsáveis pelas carnificinas: não é estranho que muitos, mesmo inocentes, sintam vergonha diante dos fatos e prefiram o silêncio. Mas o silêncio, nesse caso, é um erro, quase um crime: o próprio sucesso (inesperado) da exposição confirma-o. Apesar de tudo, anseia-se pela verdade: portanto, ela não deve ser ocultada. A vergonha e o silêncio dos inocentes podem mascarar o silêncio culpado dos responsáveis, podem adiar e evitar o juízo histórico sobre eles.

Eu também espero que o pai da leitora seja inocente, e é bem provável que o seja, pois na Itália as coisas se desenvolveram de outra maneira. Mas a exposição não foi dedicada aos pais, e sim aos filhos, e aos filhos dos filhos, com a finalidade de demonstrar as reservas de perversidade que jazem no fundo do espírito humano e os perigos que ameaçam, tanto hoje como ontem, nossa civilização."

*Primo Levi*
[*La Stampa*, seção "Specchio dei tempi", 3 de dezembro de 1959.]

# Milagre em Turim

Ninguém esperava o sucesso que tiveram em Turim a Exposição da Deportação e as duas palestras seguintes, dedicadas à juventude e realizadas nas dependências da União Cultural no Palazzo Carignano. Não só os jovens, mas sobretudo eles acorreram em grande número, ouviram com visível interesse, fizeram perguntas refletidas e pertinentes, e nas duas noites, após a apresentação, abordaram os palestrantes. Procuravam saber, pessoalmente, algo diferente das aulas na escola; pelas perguntas que formularam, era clara a necessidade não só de informação, como também de penetração no emaranhado (não só para eles obscuro) de "comos" e "porquês".

"Quem é responsável pelos massacres?", "Como pôde acontecer isso?", "Por que os nazifascistas exterminaram os judeus?", "Por que tão poucos se defenderam nessas situações desesperadoras?", "Existem precedentes históricos dos Campos de concentração?".

Como se vê, são perguntas muito importantes. Em conjunto, parecem indicar uma mentalidade predominante definida, qual seja, a de jovens essencialmente ignorantes, mas ansiosos por saber; alheios à violência e à acomodação; distantes, mais do que o previsto, daquele mundo feroz de então e, justamente por isso, desarmados e indefesos contra o que de cruel e sorrateiro persiste no mundo de hoje.

Evidentemente trata-se apenas de uma impressão, que, ademais, não deve ser estendida a toda a juventude italiana. A "amostragem" no Palazzo Carignano não era uma amostragem média; mesmo assim, é importante poder constatar que, ao lado da juventude rebelde e da juventude amalucada, também existe essa juventude limpa, atenta e curiosa. Além do mais, todos nós sabemos como é importante que determinadas noções e disposições de espírito comecem a circular, entrem em ambientes específicos e passem a ter vida própria.

Talvez tenha sido necessário que se passassem quinze anos, meia geração, para encontrar o tom correto nesses contatos; mas agora a impressão geral de todos os presentes é que o tempo amadureceu, não é mais hora de calar. Outras palestras foram prometidas aos jovens do Palazzo Carignano: fazemos votos de que esse silêncio tão longo e inatural seja definitivamente rompido.

*Primo Levi*
[dezembro de 1959]

# O tempo das suásticas

A Exposição da Deportação, inaugurada em Turim (pode-se dizer) em tom menor, alcançou inesperado sucesso. Durante todos os dias de abertura, em todas as horas, uma densa multidão comovida deteve-se diante daquelas terríveis imagens; a data de encerramento teve de ser adiada duas vezes. A acolhida do público turinês aos dois colóquios seguintes destinados aos jovens, que ocorreram nas dependências da União Cultural no Palazzo Carignano, foi igualmente surpreendente: um público numeroso, atento, pensativo. Esses dois resultados, em si positivos e dignos de profunda atenção, contêm em princípio uma censura: talvez tenhamos esperado demais; talvez tenhamos desperdiçado anos, calando quando era tempo de falar, desiludindo uma expectativa.

Mas eles trazem também um ensinamento (na verdade, já sabido, no entanto, a história dos costumes é uma série de redescobertas): nesta nossa época ruidosa e superficial, cheia de propaganda explícita e de sugestões ocultas, de retórica automática, de acomodações, de escândalos e de cansaço, a voz da verdade, em vez de se perder, adquire novo timbre, uma ênfase mais nítida. Parece bom demais para ser verdade: a ampla desvalorização da palavra, oral e escrita, não é definitiva, não é geral, algo se salvou. Mesmo que pareça estranho, ainda hoje quem diz a verdade recebe atenção e crédito.

É de se alegrar; mas essa manifestação de confiança implica, impõe um exame de consciência para todos. Nessa questão espinhosa, como ao transmitir a nossos filhos um patrimônio moral e sentimental que consideramos importante não teremos errado também? Provavelmente erramos, sim. Pecamos por omissão e por comissão. Calando, pecamos por preguiça e descrença na virtude do verbo; e, quando falamos, pecamos frequentemente adotando e aceitando uma linguagem que não era a nossa. Como sabemos, a Resistência teve e ainda tem inimigos, e estes, como é natural, fazem manobras para que dela se fale o menos possível. Mas desconfio que essa asfixia também se dá, de modo mais ou menos consciente, por outros meios mais sutis, a saber, embalsamando a Resistência antes do tempo, relegando-a obsequiosamente ao nobre castelo da história nacional.

Ora, receio que nós também contribuímos para esse processo de embalsamamento. Muitas vezes adotamos uma linguagem retórica, hagiográfica e, portanto, vaga para descrever e transmitir os fatos de ontem. Que à Resistência se outorgue o título de "Segundo Risorgimento" é algo que se pode defender ou rejeitar com ótimos argumentos: mas eu me pergunto se devemos acentuar esse aspecto ou se, pelo contrário, não seria melhor insistir no fato de que a Resistência continua, ou pelo menos deveria continuar, pois seus objetivos foram apenas parcialmente alcançados. Dessa maneira, efetivamente, afirma-se uma continuidade ideal entre os fatos de 1848, 1860, 1918 e 1945, em prejuízo da continuidade muito mais candente e óbvia entre 1945 e o presente: a interrupção do vintênio fascista perde relevo.

Para concluir, acredito que, se quisermos que nossos filhos sintam essas coisas e, portanto, se sintam nossos filhos, devemos lhes apresentar um pouco menos de glória e vitória, de heroísmo e solo sagrado, e um pouco mais da vida dura, arriscada e ingrata, do desgaste cotidiano, dos dias de esperança e de desespero, de nossos companheiros que morreram em silêncio aceitando seu destino, da participação do povo (mas não de todo ele), dos erros cometidos e evitados, da experiência conspirativa e militar arduamente conquistada, por meio de falhas que eram pagas ao preço de vidas humanas, da trabalhosa concórdia (não espontânea e nem sempre perfeita) entre facções de diversos partidos.

Apenas assim os jovens poderão compreender nossa história mais recente como um tecido de eventos humanos, e não como um *pensum* a ser acrescentado aos muitos outros dos programas ministeriais.

*Primo Levi*
[1960]

# Depoimento para o processo Eichmann

Roma, 14 de junho de 1960

DEPOIMENTO DO DR. PRIMO LEVI residente em TURIM — C. Vittorio, 67

Em 9 de setembro de 1943, refugiei-me com alguns amigos no vale de Aosta, mais precisamente em BRUSSON, acima de St. Vincent, a 54 quilômetros da capital da região.

Havíamos constituído um grupo de Resistência do qual participavam diversos judeus, entre eles recordo de GUIDO BACHI — hoje em Paris na qualidade de representante da Soc. OLIVETTI —, CESARE VITA, LUCIANA NISSIM — depois casada com Momigliano e atualmente residente em Milão e autora do livro *Donne contro il mostro* [Mulheres contra o monstro] —, e WANDA MAESTRO — deportada e morta num campo de extermínio.

Juntou-se a nós um indivíduo que se apresentava como MEOLI e que, sendo um espião, não tardou em nos denunciar. Com exceção de CESARE VITA, que conseguiu fugir, fomos todos presos em 13 de setembro de 1943 e transferidos para

AOSTA no quartel da milícia fascista. Ali encontramos o centurião FERRO, o qual, sabendo que todos nós tínhamos diploma universitário, tratou-nos benevolamente; em 1945, ele foi morto pelos membros da Resistência. Devo confessar que, como resistentes, éramos um tanto inexperientes, assim como pareceram as milícias fascistas, que forjaram uma espécie de processo. Havia entre eles um italiano do Alto Adige que falava alemão perfeitamente; um certo CAGNI que já denunciara outro grupo da Resistência e ali estava também "nosso" MEOLI. Queriam que déssemos os nomes de outros resistentes, principalmente dos chefes. Mesmo usando documentos falsos, logo declaramos que éramos judeus, o que resultou em vantagem: a revista em nossos quartos foi tão superficial que, no meu, nem encontraram os panfletos clandestinos e o revólver escondidos. O centurião, ao tomar conhecimento de que éramos judeus e não "verdadeiros resistentes", disse-nos: "Não acontecerá nenhum mal a vocês; vamos enviá-los para o campo de Fossoli, perto de Módena".

Recebíamos regularmente as rações destinadas aos soldados e no final de janeiro de 1944 levaram-nos para Fossoli num trem de passageiros.

Naquele campo, passava-se razoavelmente bem na época; não se falava em matanças e a atmosfera era suficientemente serena; permitiram-nos ficar com o dinheiro que leváramos conosco e receber mais enviado de fora. Trabalhamos em turnos na cozinha e fizemos outros serviços no campo; organizou-se inclusive um refeitório, na verdade um tanto escasso!!

Em Fossoli, encontrei ARTURO FOÀ, de Turim, para quem olhávamos com desconfiança, pois conhecíamos sua simpatia pelo fascismo; todos os mendigos do gueto de Veneza e os velhos daquele asilo. Lembro-me de uma Scaramella e de uma USIGLI.

Havia também de dois a trezentos iugoslavos e alguns ingleses.

Em 18 de fevereiro, ficamos alarmados quando soubemos que as SS alemãs haviam chegado ao vilarejo e, de fato, no dia seguinte avisaram-nos que partiríamos em 24 horas. Ninguém tentou fugir.

Transportaram-nos em vagões de gado nos quais estava escrito: "Auschwitz", nome que não nos dizia absolutamente nada naquele momento... A viagem durou três dias e meio; havíamos preparado uma reserva coletiva de alimentos que tivemos autorização de levar. Éramos 650 judeus...

Durante a viagem, a escolta da SS se demonstrou dura e desumana; muitos foram espancados até sangrar. Na chegada em Auschwitz, perguntaram-nos quem estaria apto para trabalhar. Entre nós, 96 respondemos afirmativamente e a seguir levaram-nos para BUNA-MONOWITZ, a sete quilômetros do campo: 26 mulheres aptas ao trabalho foram transferidas para o campo de trabalho de Birkenau; todos os outros foram enviados para as câmaras de gás!!!

Em nosso campo de trabalho, havia alguns médicos judeus. Lembro-me de dr. COENKA, de Atenas, dr. WEISS, de Estrasburgo, dr. ORENSZTEJN, polonês, que se comportaram muito bem; não posso dizer o mesmo do dr. SAMUELIDIS, de Salonica, que não ouvia os seus pacientes e os denunciava às SS alemãs!!! Diversos médicos franceses de nome LEVY, porém, se mostraram muito humanos!

Nosso chefe de repartição era o judeu holandês JOSEF LESSING, cuja profissão era de instrumentista de orquestra; teve sob suas ordens de vinte a sessenta homens e, como responsável pela 98ª seção, demonstrou-se não apenas duro, como também cruel.

Entre os trabalhadores daquele campo, lembro-me de um certo DI PORTO, de Roma, um PAVONCELLO, LELLO PERUGIA, também de Roma, EUGENIO RAVENNA, comerciante, e GIORGIO COHEN, de Ferrara, além de um meio grego de Trieste conhecido como VENEZIA. Dos trabalhadores daquele campo, 95% eram judeus!! A direção da fábrica, na qual prestei serviços, não quis reconhecer os rendimentos que nos deviam por lei e assim, quando retornei à pátria após muitos anos, foram-me reconhecidas e quitadas 800 mil liras, por meio de ação judicial coletiva impetrada pelos sobreviventes!!!

Depois da chegada das tropas soviéticas, fomos novamente transferidos para o campo de Auschwitz, à espera da autorização para retornar à pátria.

A odisseia do regresso foi bastante longa; os russos nos disseram que só poderiam nos fazer voltar por via marítima, embarcando-nos nada menos do que em Odessa!!

Transferiram-nos primeiro para Katowice, depois para Minsk, em seguida para Sluck e, quando Deus quis, finalmente regressamos à Itália.

*Primo Levi*
[1960]

# Testemunho para Eichmann

Já se passou muito tempo desde o fim dos Campos de concentração nazistas. Foram anos repletos de acontecimentos para o mundo, e para nós, os sobreviventes, de esclarecimento e decantação. Assim, hoje temos condições de dizer coisas que, no momento em que fomos libertados, ofuscados, por assim dizer, pela vida reconquistada, não teríamos dito com clareza. Em nós e em todos, as reações imediatas, o desdém, a piedade, o assombro incrédulo, deram lugar a uma disposição mais ampla, mais aberta. Nossas trajetórias individuais, que eram crônicas agitadas, estão em vias de se tornar história.

Penso que é a isso que se deve o interesse renovado que os jovens manifestam por nossas palavras: criou-se uma nova atmosfera, os tempos estão maduros para um juízo.

Ficamos felizes em constatá-lo: nenhuma pessoa normal tomou partido contra nós, ninguém justifica abertamente nossos perseguidores de então (alguns anormais sim: mas, justamente, são anormais). Todavia, nos encontros públicos cada vez mais numerosos, frequentemente levantam-nos duas objeções. Por que são parciais, por que falam dos Campos de concentração nazistas, e não dos outros capítulos obscuros da história recente? Ou, de modo geral: por que continuam a nos falar de horrores?

A resposta à primeira objeção me parece imediata, obrigatória: falamo-lhes dos Campos de concentração nazistas porque foi lá que nós estivemos, e porque constituem a página mais torpe da história humana. Essas imagens que vocês viram nas exposições, também aqui em Turim, fazem parte de nossa experiência direta, estão impregnadas em nossas memórias, agem sobre nós; essas provações nos enriqueceram, converteram-nos em juízes. Sabemos que se cometeram e ainda se cometem outros males no mundo: nossa condenação se estende a todos eles. Isso deve ficar claro; toda notícia que nos chega, de massacres, torturas, trens lacrados, sofrimentos gratuitamente infligidos a inocentes, injustiças propositais, cada uma dessas notícias nos diz respeito e somos sensíveis a elas: nossa condenação se estende a todas. Quem narra matanças de mulheres e crianças, seja qual for o responsável, em qualquer terra, em nome de qualquer ideologia, é nosso irmão, e somos solidários com ele.

Mas é nosso dever apresentar testemunho, em primeiro lugar, sobre o que vimos, e então chegamos à segunda objeção. Por que falar ainda de atrocidades? Não são coisas passadas? Os alemães de hoje não mostraram que renegam seus erros? Por que semear mais ódio? Por que turvar o conhecimento de nossos filhos?

Essas perguntas nascem da má-fé ou da consciência dúbia, mas nem sempre; em todo caso, pode-se responder de muitas maneiras. Pode-se sustentar, corretamente, que devemos contar o que vimos para que a consciência moral de todos permaneça atenta e se oponha com firmeza, para que qualquer veleidade futura seja asfixiada ao nascer, de modo que nunca mais se ouça falar de extermínio. Pode-se relembrar, também sem cometer erros, que esses crimes inacreditáveis foram reparados apenas em parte, que muitos responsáveis escaparam a qualquer sanção e só por acaso caem nas malhas de uma justiça distraída; que os próprios sobreviventes e incontáveis famílias de vítimas não receberam nenhum reconhecimento ou, pelo menos, ajuda e indenizações irrisórias.

Mas não me parece que esse seja o centro da questão. Parece-me que, mesmo num mundo reerguido por milagre sobre as bases da justiça, onde hipoteticamente nada mais ameaçasse a paz, as violências tivessem desaparecido, as ofensas reparadas, os réus punidos e as vítimas ressarcidas, mesmo num mundo assim tão distante do nosso, seria um erro e uma insensatez calar sobre o passado. A História não pode ser mutilada. Foram acontecimentos demasiado indicativos, entreviram-se os sintomas de uma doença muito grave para que seja lícito calar sobre eles.

Pensem: há não mais de vinte anos, e no coração dessa civilizada Europa, sonhou-se um sonho demente, o de edificar um império milenar sobre milhões de cadáveres e de escravos. O verbo foi banido das praças: pouquíssimos recusaram e foram destruídos; os demais consentiram, em parte com aversão, em parte com indiferença, ou ainda com entusiasmo. Não foi apenas um sonho: o império, mesmo que efêmero, foi edificado; os cadáveres e os escravos existiram.

Construíram-se campos diferentes de qualquer coisa que a humanidade concebera até então: chamavam-se campos de trabalho, ou até de reeducação, mas tinham a finalidade precisa de fazer morrer dolorosamente. No entanto, mais tarde, a Alemanha tem nas mãos o que Eichmann chamava de "as origens biológicas do judaísmo" (note-se o jargão zoológico: os judeus são uma raça de animais, insetos, um vírus, têm aparência humana por acaso, por uma aberração da natureza); e então é preciso inventar algo mais rápido, mais industrial.

E os dóceis técnicos alemães iniciam o trabalho: projetam e constroem as câmaras de gás, encontram o veneno ideal, econômico, certeiro. Um gás originalmente destinado a exterminar ratos em porões de navios, que o exército das SS encomenda em quantidades exorbitantes à IG Farben. Essa indústria despacha diligentemente os pedidos, recebe as faturas e não se preocupa com mais nada. Estará em curso uma invasão de ratos? Melhor não perguntar para não saber: os industriais alemães salvam a consciência e lucram com o veneno.

A empresa Topf & Söhne, de Erfurt, especializada em construções com ferro (ainda há plaquetas nos fornos de Buchenwald; não nos de Auschwitz porque foram explodidos), aceita a encomenda de um crematório capaz de destruir mil cadáveres por hora. As instalações são projetadas, construídas, testadas na presença do engenheiro-chefe da empresa: entra em funcionamento no início de 1943 e trabalha em ritmo pleno até outubro de 1944. Façam as contas. Mas há ainda algo pior: a demonstração despudorada da facilidade com que o mal prevalece. Isso, note-se bem, não só na Alemanha, mas em qualquer lugar onde os alemães pisaram; em toda parte, como demonstraram, é brincadeira de criança encontrar traidores e transformá-los em déspotas, corromper consciências, criar ou restaurar a atmosfera de consenso ambíguo ou de terror explícito que era necessária para colocar seus desígnios em prática.

Assim foi a dominação alemã na França, antiga inimiga; e também na livre e forte Noruega; na Ucrânia, apesar dos vinte anos de disciplina soviética; e as mesmas coisas ocorreram, narra-se com horror, dentro dos próprios guetos poloneses: por fim, até nos Campos de concentração. Foi uma irrupção, uma violência caudalosa, fraude e servidão: nenhuma barragem resistiu, exceto as ilhas esporádicas das Resistências europeias.

Nos próprios Campos de concentração, disse eu. É preciso

recuar diante da verdade, não devemos nos comprazer com a retórica, se realmente queremos nos imunizar. Os Campos de concentração foram zonas de perdição, além de tormento e morte. Jamais a consciência humana foi tão violentada, ofendida, distorcida como nesses ambientes: em nenhum lugar foi mais clamorosa a demonstração, que mencionei acima, da grande instabilidade de qualquer consciência, do quanto é fácil subvertê-la e afogá-la. Não admira que um filósofo, Jaspers, e um literato, Thomas Mann, tenham desistido de explicar o hitlerismo em termos racionais e falado, literalmente, em "dämonische Mächte", potências demoníacas.

Nesse plano, muitos detalhes da técnica totalitária, que seriam desconcertantes em outro contexto, adquirem sentido. Humilhar, degradar, reduzir o homem ao nível de suas vísceras. Daí as viagens nos vagões fechados, deliberadamente caóticos e privados de água (não se tratava de razões econômicas). A estrela amarela no peito, a raspagem dos cabelos, também para as mulheres. A tatuagem, a roupa bizarra, os sapatos que faziam tropeçar. Por isso, e não seria compreensível de outra maneira, a cerimônia típica, predileta, cotidiana, da marcha dos homens-trapo diante da banda, uma visão mais grotesca do que trágica. Na supervisão, além dos chefes, estavam as seções da *Hitlerjugend*, rapazes entre catorze e dezoito anos, e é evidente quais deviam ser suas impressões. São estes, então, os judeus de que nos falaram, os comunistas, os inimigos do nosso país? Mas não são homens, são fantoches, animais: são sujos, andrajosos, não se lavam, quando espancados não se defendem, não se rebelam; só pensam em encher a barriga. Está certo fazê-los trabalhar até morrer, está certo matá-los. É ridículo compará-los a nós, aplicar a eles nossas leis.

Por outra via, chega-se ao mesmo objetivo de aviltamento e degradação. Os funcionários do campo de Auschwitz, mesmo os mais graduados, eram prisioneiros: muitos deles judeus. Não pense que isso abrandava as condições do campo, pelo contrário. Era uma seleção ao inverso: escolhiam-se os mais torpes, mais violentos, os piores, e conferiam-lhes todo o poder, alimentos, roupas, isenção do trabalho, liberação inclusive da morte no gás, desde que colaborassem. E colaboravam, de modo que o comandante Höss pode se eximir de qualquer remorso, levantar a mão e dizer: "estou limpo", não somos mais culpados do que vocês, nossos próprios escravos trabalharam conosco. Releiam a terrível página do diário de Höss, na qual ele fala do *Sonderkommando*, o esquadrão encarregado das câmaras de gás e do crematório, e entenderão o que é o contágio do mal.

Mas o contágio não segue apenas numa direção. Ter pensado em edificar uma nação, aliás, um mundo, sobre essas bases, foi não só uma abominação, mas uma loucura bestial. Era insano almejar um povo de senhores, dotados de todas as virtudes do olimpo germânico, servidos por um rebanho de escravos esfomeados e embrutecidos.

Não havia na Alemanha nada mais corrupto e mais sórdido do que as SS e os órgãos do Partido. A notícia dos extermínios dos judeus, dos poloneses, dos russos, dos doentes mentais na própria Alemanha, se difundia entre o povo e o Exército, e contribuía (além de qualquer juízo moral) para criar em torno do nacional--socialismo uma aura de desconfiança e desunião. A essa aura estão associados, em alguma medida, os reveses militares e o colapso do Eixo e do sistema de alianças: os alemães não se dispõem de bom grado a convidar os outros líderes para conhecer as instalações de morte; mesmo assim, a notícia se difunde e eles passam a se afigurar como aliados perigosos, além de desequilibrados. Todos os militares italianos que regressaram do front russo relatam com horror as cenas que presenciaram, as valas comuns, as crianças e mulheres perseguidas nos campos como animais selvagens, trens inteiros de prisioneiros russos abandonados para morrer de frio e de fome.

Assim se fecha o círculo. A consciência de lutar por uma causa abjeta extenua os combatentes: são cada vez mais numerosos os soldados alemães que, mesmo continuando a servir, como é de sua natureza, interpretam como ironia atroz o lema que trazem no cinturão: "Deus está conosco". Essa não é a causa do desastre, mas contribui para ele.

Todos nós sabemos que a História nem sempre é justa, a Providência nem sempre está operante. Mas todos nós amamos a justiça. Por que deveríamos esconder de nossos filhos este insigne exemplo de justiça histórica? Por que não lhes dizer a verdade: que Hitler criou os campos da morte e foi derrotado por ter desejado criar a civilização da morte — talvez exatamente por causa disso?

*Primo Levi*<br>[1961]

# Deportação e extermínio dos judeus

Quando foram promulgadas as leis raciais, eu tinha dezenove anos. Estava matriculado no primeiro ano do curso de química em Turim. Uma disposição transitória providencial e misteriosa ainda me concedia terminar os estudos. Devo confessar que não me sentia mal no ambiente asfixiante da universidade de então. Entre os estudantes, eram poucos os fascistas entusiastas e, em geral, não eram perigosos. Eles também ficaram perplexos diante das novas leis, que desde o início pareciam um arremedo tolo de leis alemãs análogas e bem mais severas; mas dominava um ceticismo geral que inclusive me contagiou: era um clima de surdez e cegueira ao qual todos sucumbiam, estudantes e professores, fascistas, antifascistas e vítimas do fascismo. Sentia-se a guerra chegando e a guerra chegou; mas, para nós, as coisas não mudaram muito. Pude continuar a estudar em meio a humilhações legais, pequenas e grandes, das quais, porém, não era difícil se defender.

Entre os professores e colegas, eu não encontrava manifestações de solidariedade nem de hostilidade. Mas, uma a uma, as amizades arianas foram se desfazendo, salvo os raros que não temiam passar por pietistas ou por "judeus honorários", como dizia a terminologia fascista oficial. Mas, no plano privado, os próprios chefetes do GUF [Grupo Universitário Fascista] nos olhavam com ar de culpa e constrangimento.

Formei-me em 1941 com a melhor nota do curso. Muitas vezes pensei que essa nota, merecida apenas em parte, constituía um gesto de não conformismo extremamente tímido e cauteloso por parte de meus professores. Nenhum deles, porém, me aceitara como estagiário: seria uma imprudência muito grande.

Naqueles anos, devo admitir, nem de longe me passara a ideia de uma oposição ativa, e tampouco aos outros jovens em minhas condições. Nisso o fascismo havia sido eficiente: não conseguira conquistar as consciências, mas conseguira adormecê-las. Vangloriara-se de penetrar profundamente nos costumes, mas, na verdade, promovera um gravíssimo relaxamento, uma suspensão íntima e geral do juízo moral. Dizíamo-nos antifascistas, mas as ligações com a geração democrática anterior haviam sido cortadas. Vivíamos nossos dias de estudo, trabalho, discussões políticas — acadêmicas —, mas estéreis e cheias de veleidades.

Tive facilidade para encontrar emprego em Milão, pois muitos jovens estavam no serviço militar e havia falta de técnicos. As coisas mudaram bruscamente em 1943. Em primeiro lugar, em março houve greves operárias em Turim: uma notícia inusitada, uma greve em pleno fascismo e em plena guerra. A reação do governo foi estranhamente tímida. Não se podia mais fechar os olhos; enfim estava acontecendo algo diferente, inédito, não programado; era mentira que, na Itália, tirando o fascismo, havia apenas o vazio.

A confirmação veio cinco meses depois, em 25 de julho, com o inacreditável desmantelamento imediato do governo e das estruturas fascistas. Seguiram-se semanas febris: partido socialista, partido comunista, Partito d'Azione, partido liberal, discursos, programas, novos nomes, novas coisas; a urgência e, ao mesmo tempo, a falta de critérios para uma escolha, e ainda, ao mesmo tempo, os alemães em Brenner, na nossa casa, e a voz ambígua de Badoglio: "A guerra continua".

A catástrofe — prevista, mas inesperada — veio em 8 de setembro, e foi a ruína definitiva. Assistimos em silêncio à irrupção imediata e aterrorisante da máquina de guerra alemã pelas ruas de Milão. Perdi todos os contatos. Sem programa definido, regressei a Turim e fui ao vale de Aosta. Não tinha dúvidas de que precisava tomar uma atitude, mas, apesar de ouvir e também falar muito sobre o que fazer, estava extremamente confuso. Outros jovens se dirigiam para aquelas montanhas: resistentes ao serviço militar, desertores, operários, moradores do vale. Constituímos um grupo. Conseguimos bons contatos com focos da Resistência em Turim, mas não tínhamos dinheiro, armas ou experiência.

Pouco tempo depois, em 13 de dezembro, após uma denúncia, uma grande busca da milícia fascista nos apanhou totalmente desprevenidos. Muitos conseguiram fugir; eu fui capturado. Tinha documentos falsos e talvez pudesse ter ocultado o fato de ser judeu. Mas admiti, no segundo ou terceiro interrogatório. Avaliando retrospectivamente, sem dúvida foi um erro tosco, mas naquele momento pareceu-me a melhor justificativa para ter passado a clandestinidade. E, além disso, parecia-me uma desonra renegar minhas origens (como podem ver, eu era muito jovem e ingênuo!).

Fui mandado para Fossoli, para onde iam todos os judeus capturados no norte da Itália. Havia homens, mulheres, crianças; saudáveis, doentes, moribundos; milionários e mendigos; todos à espera de algo terrível; mas ninguém podia imaginar o que se seguiria. Quando chegamos a um total de 650 pessoas, as SS apareceram e anunciaram que em dois dias partiríamos, todos, sem exceção. Para onde? Não se sabia. A viagem durou três dias. Creio que não é necessário descrever uma viagem de três dias num vagão lacrado: frio, sede, cansaço, insônia e, sobretudo, pavor.

Chegamos à noite num lugar remoto. Nenhum de nós conhecia o significado daquele nome: Auschwitz. Fizeram-nos descer dos vagões e nos interrogaram rapidamente: "É saudável? Pode trabalhar?". Com base nas respostas e num exame extremamente sumário, dividiram-nos em três grupos: 96 homens aptos (eu entre eles); 29 mulheres aptas e todos os demais. As mulheres partiram a pé para o campo de Birkenau. Das 29, retornaram quatro. Quanto a nós, fomos enviados para o campo de Monowitz: dez retornaram. Dos incapacitados para o trabalho, não retornou ninguém. Eram idosos, doentes, crianças e mães que não quiseram abandonar seus filhos. Soubemos muito tempo depois; foram amontoados nas câmaras de gás e queimados nos crematórios. Para isso existia Auschwitz, para isso servia Auschwitz. Assim, de 650, regressamos catorze.

O Campo de concentração de Monowitz, para onde os homens foram enviados, fazia parte do grupo de campos dependentes de Auschwitz, e ficava a sete quilômetros de distância da sede. Devo logo dizer que se tratava, naquela época, de um dos campos menos duros. *Sanatorium*, chamavam-no com escárnio os prisioneiros mais antigos, que tinham conhecido tempos bem piores. Não havia razões humanitárias nisso: o sistema nacional--socialista não conhecia essas razões. Havia outras. O Campo de concentração de Monowitz fazia parte de um gigantesco canteiro onde se estava construindo um complexo industrial da IG Farben, o grande truste químico alemão. Era um canteiro de três por dois quilômetros, algo imenso. O Campo de concentração era parte integrante dele, também territorialmente: estava incluído dentro do perímetro da fábrica. No canteiro trabalhavam

40 mil operários. Destes, 10 mil éramos nós, os escravos de Monowitz. Não era exceção nem segredo para ninguém: nossa mão de obra fazia parte oficial dos planos de trabalho alemães e estava prevista no orçamento; aliás, no canteiro, estávamos em contato diário com civis alemães, os mesmos civis que hoje não sabem e não se lembram de nada. Nosso trabalho era pago, mas não para nós; por cada dia a Farben pagava seis marcos a nossos donos, as SS, das quais dependíamos.

Muitas vezes me perguntei o que era cálculo frio e o que era loucura e sadismo nessa organização. Era evidente que, do ponto de vista das SS, nossa prestação de serviços não representava senão um mero adicional, um subproduto de outra atividade, que era a atividade de extermínio. Pois é claro que nenhum industrial, melhor dizendo, nenhum feitor de escravos ou empreiteiro da época dos faraós teria pensado que realmente obteria algum lucro com trabalhadores como nós. Quase todos nós éramos encaminhados para trabalhos pesados de desaterro e transporte, mas tínhamos menos forças do que uma criança e a grande maioria nem sequer havia pegado em uma pá antes. Alguns, pouquíssimos, que possuíam uma especialização útil, por exemplo, eletricistas, mecânicos, químicos etc., eram incumbidos de serviços mais delicados; mas é fácil supor qual era a produtividade de um engenheiro com fome crônica, coberto de farrapos, cheio de pulgas e chagas infeccionadas, sujo porque nunca se lavava, que morreria dentro de poucos meses, e sabia disso, que talvez morresse amanhã mesmo e que, enfim, não tinha nem podia ter nenhum amor ou interesse no próprio trabalho, pelo contrário, o odiava porque ele pertencia a seus inimigos mortais.

Não é fácil transmitir com palavras o que é viver num campo de concentração. Pior ainda é ser breve. Dizemos fome, mas é uma coisa diferente do que todos conhecem, é uma fome crônica que não reside mais nas vísceras, mas no cérebro, transformou-se em obsessão, que não se esquece em nenhum instante do dia ou da noite, do início ao fim do sono, só se sonha em comer ou, melhor, que se está prestes a comer, mas como no mito de Tântalo, no último instante alguma coisa faz com que o alimento desapareça. Dizemos cansaço, mas na vida comum ninguém sente esse cansaço, que é o dos animais de tração, é cansaço acrescido de desprezo, cansaço sem saída, sem piedade por parte de quem o impõe, acompanhado da noção de inutilidade, bruto, extenuante, desprovido de finalidade. Dizemos frio, mas até o mendigo mais humilde encontra uma maneira de se cobrir de trapos, encontra um leito quente, um copo de vinho. No Campo de concentração não há defesa: passa-se a longuíssima jornada de trabalho usando algodão em meio à neve, num clima que não é o nosso, debaixo de chuva, e o sangue nas veias é frio, ralo, não dá proteção. Assim, fome, frio, cansaço desembocam facilmente em doença. Há uma enfermaria no campo — *Krakenbau* — mas os medicamentos são só dois: para todas as doenças leves, aspirina e urotropina; e para as doenças graves ou até não graves, mas incuráveis, como o edema por fome, que é generalizado, há apenas um remédio radical que todos conhecem. Chama-se, como dizem simplesmente, "a lareira": é o forno de Birkenau.

Mas os raros momentos de parada, de ausência de dor física e desconforto, como, por exemplo, os excepcionais dias de descanso (tive somente cinco em um ano), são repletos de outro gênero de dor, não menos angustiante: a dor humana, que nasce do retorno à consciência, da percepção de quão longe está o lar, quão improvável é a liberdade, da lembrança das pessoas que estimamos, vivas e inacessíveis, ou enviadas para a morte como animais ao abate.

Monowitz, no entanto, era um bom campo, e digo isso sem

ironia. Por ser um *Arbeitslager*, um campo de trabalho e não um de extermínio propriamente dito, a média de vida era de três meses. Nos campos de Chelmno, Sobibór, Treblinka, Maidanek, vivia-se de uma a duas semanas. Se não se fala deles, é porque nenhum judeu retornou desses locais para contar sua história.

Fiquei em Monowitz durante um ano, e saí vivo graças a uma combinação de circunstâncias providenciais. Em primeiro lugar, sempre precisei de pouca comida e por isso a ração do campo de concentração, apesar de não ser suficiente, não era tão assustadoramente deficitária quanto para muitos outros. Cabe notar que as primeiras vítimas da fome de fato eram justamente os indivíduos mais vigorosos, mais atléticos. Vi camponeses extremamente robustos da Hungria e da Transilvânia reduzirem-se a esqueletos no decorrer de um mês e tomarem o caminho da "lareira". Além disso, eu era acostumado com a vida na montanha, e talvez por isso pude resistir ao frio, ao desconforto e ao cansaço sem adoecer. Eu sabia um pouco de alemão e desde os primeiros dias me empenhei em aprendê-lo ao máximo possível.

Aqui devo abrir parênteses e lembrar o quanto o caos linguístico contribuiu para aquele inferno. Era um esbravejar de ordens, ameaças, imprecações gritadas em alemão ou em polonês; de regulamentos, proibições, prescrições estapafúrdias, algumas até grotescas, que era preciso entender ou adivinhar na hora. Não é exagero dizer que a elevadíssima mortalidade de gregos, franceses e italianos no campo de concentração se devia à sua ignorância da língua. E não era fácil adivinhar, por exemplo, que aquela descarga de socos e pontapés que de repente nos derrubava ao chão decorria do fato de termos quatro ou seis botões no casaco, em vez de cinco, ou que fôramos vistos na cama, em pleno inverno, com o gorro na cabeça.

Mas o conhecimento do alemão também foi muito importante para mim em outro aspecto. Em junho de 1944, os alemães da Farben precisavam de químicos para seus laboratórios. Muitos, inúmeros de nós se apresentaram. Era preciso conferir quem era realmente químico. Os alemães são "gente séria" e organizaram um exame rigoroso, em alemão, naturalmente. Eles não se importavam minimamente que os candidatos fossem fantasmas ambulantes, que mal conseguissem se manter em pé: o que lhes interessava era a produção e, portanto, queriam encontrar técnicos presumivelmente úteis. Encontraram três, e eu fui um deles.

Não creio ter sido muito útil à Farben. Aqueles eram meses de bombardeios aéreos incessantes, e por isso meu trabalho de *Spezialist* limitou-se a levar os delicados instrumentos de medição do laboratório para o subterrâneo três ou quatro vezes ao dia e vice-versa. Mas, acima de tudo, eu não tinha a menor intenção de me tornar útil. Em todo caso, tive assim o raro privilégio de passar os gélidos meses do inverno entre 1944 e 1945 num local abrigado e quente, sem sofrer demais.

Devo minha salvação a uma última milagrosa intervenção do destino. Como comentei, não tive nenhuma doença durante todo o meu ano no campo de concentração, mas, por volta de 10 de janeiro de 1945, quando já se ouviam as artilharias russas, caí doente de escarlatina e fui internado na enfermaria. Poucos dias depois, o campo inteiro foi evacuado, assim como todos os campos da Alta Silésia, Auschwitz inclusive. É este, talvez, o capítulo mais terrível e menos conhecido da história de Auschwitz. A operação, aparentemente decidida pelo próprio Hitler, ocorreu em poucas horas: todos os prisioneiros capazes de andar — e na área de Auschwitz eram mais de 150 mil — foram obrigados a caminhar na neve, com um frio polar, sem comida, sem pausa, por sete dias e sete noites, em direção a Mauthausen, Buchenwald e Dachau: são centenas de quilômetros, e deviam ser percorridos em estradas congestionadas por soldados em debandada, civis em fuga e colunas militares em marcha.

As finalidades dessa marcha absurda eram duas: recuperar mão de obra para uma contraofensiva imaginária e não deixar testemunhas para trás. Por isso, quem atrasasse a marcha era abatido. Apenas um décimo sobreviveu àquela pavorosa deportação dentro da deportação. E estes foram agregados aos outros campos de concentração que citei, já lotados a um grau inverossímil, e tiveram de retomar imediatamente o trabalho. Eu, com os doentes, fiquei na enfermaria de Monowitz, e assim me foi poupada essa aventura infernal.

As ss haviam recebido ordens de incendiar nossos barracões e de metralhar quem tentasse fugir. Já estavam prontas para executar as ordens, quando um violento bombardeio aéreo abalou o campo. No final da incursão os alemães haviam fugido. Nós, os doentes, ficamos dez dias abandonados a nós mesmos, sem comida e sem atendimento, nos barracões demolidos. Quando os russos chegaram, em 27 de janeiro de 1945, mais da metade tinha morrido de fome ou de doença.

*Primo Levi*
[1961]

# Declarações para o processo Bosshammer

5 de dezembro de 1965

*Preparação dos transportes.* Em 27 de janeiro de 1944, fui designado para o campo de Fossoli, que se encontrava sob a vigilância da Segurança Pública italiana; no momento de minha chegada, eram aproximadamente 350 judeus italianos e estrangeiros. Por volta de 15 de fevereiro, cerca de dez militares das SS alemãs chegaram a Fossoli, entre os quais um sargento, também das SS; eles desautorizaram os funcionários italianos e organizaram a deportação. Disseram-nos, por meio dos intérpretes, que todos os judeus partiriam para uma região fria, e que por isso era conveniente levarmos roupas pesadas, cobertas e casacos de pele, além de, naturalmente, objetos valiosos, dinheiro e valores. A deportação ocorreu quando o número de judeus chegou a 650; passageiros com doenças muito graves também foram deportados, entre os quais uma moribunda de noventa anos. Porém, os doentes infecciosos e alguns judeus de nacionalidade inglesa foram deixados na Itália. Da parte alemã, não prepararam nem distribuíram reservas de alimentos para a viagem, mas fomos autorizados a comprá-las no campo.

De Fossoli fomos transportados para a estação ferroviária em 22 de fevereiro de 1944, em ônibus dirigidos por italianos, mas escoltados pelos militares alemães supracitados; eles se comportaram com grande brutalidade, espancando-nos com socos e pontapés para apressar nossa entrada e saída dos veículos e o embarque nos vagões. Nos vagões em si (vagões de carga lacrados), não havia água para beber nem para serviços higiênicos; o piso estava coberto por uma fina camada de palha.

Ao que me consta, esse foi o primeiro transporte de judeus de Fossoli para a Alemanha: partiu em 22 de fevereiro e chegou a Auschwitz na noite de 26 de fevereiro.

*Escolta da viagem.* Era constituída por alemães em uniforme das SS, dos quais pelo menos dois estavam entre os dez citados acima.

*Destino do transporte.* Estava claramente indicado ("Auschwitz") no cartaz colado no quadro do lado de fora de cada vagão.


Entre os funcionários da Segurança Pública incumbidos da vigilância e administração do campo de Fossoli, lembro-me dos seguintes nomes: Avitabile, Tedesco, Taglialatela. Agiram conosco com correção e humanidade; suponho que conhecem e lembram os nomes dos alemães que realizaram a deportação de nosso comboio.

*Primo Levi*
[1965]

# A deportação dos judeus

Por volta de 8 de setembro, sendo judeu e, portanto, excluído do Exército e da universidade, integrei-me a um grupo da Resistência. Encontrávamos massas de militares italianos provenientes da França e de toda a Itália que seguiam em sentido contrário; alguns iam para casa, outros estavam em busca de armas ou de liderança.

Todos esses ex-militares tinham apenas uma coisa a dizer: não se devia guerrear com os alemães, pois tinham estado no front na Grécia, na Iugoslávia, na Rússia e viram o que tinham feito. Diziam ainda: "Isso não é uma guerra, esses não são aliados, não são soldados, não são homens". O que nos uniu foi essa humaníssima constatação, a da humanidade pura e simples que ainda existe na Itália, apesar de muitos defeitos dos italianos. Esse me parece ser um primeiro elemento que não deve ser negligenciado na hora de delinear a contribuição dos internos militares.

O segundo é este: embora eu tenha sido capturado como resistente, declarei-me judeu tola ou ingenuamente, como quiserem, e acabei no campo de Auschwitz.

O campo em que eu trabalhava ficava ao lado de outro onde estavam ingleses, americanos, prisioneiros russos, poloneses, franceses, e também prisioneiros italianos: alguns militares, outros civis capturados, outros ainda chamados de "operários voluntários". Os prisioneiros italianos não estavam muito melhor do que nós; é verdade que seus campos não tinham câmaras de gás com crematórios, e esse é um detalhe muito importante, mas nos primeiros tempos as condições ambientais e de vestuário não eram muito diferentes das nossas.

Todavia, aqueles militares italianos encontravam-se em condições melhores porque eram trabalhadores especializados, tinham uma profissão; recebemos ajuda de todos eles e também dos prisioneiros italianos civis. Era tocante a sensibilidade de nossos compatriotas. Não só nós italianos, mas todos reconheceram esse fato. Os alemães sabiam que os italianos eram "gente boa", como diziam em tom de escárnio; e era verdade, era uma coisa reconhecida. Creio que isso condiz com o fato de que quase todos os militares italianos se recusaram a aderir à RSI [República Social Italiana], pois isso representava uma adesão ao nazismo e à desumanidade de seus sistemas.

Dito isso, e embora eu tenha sido preso como membro da Resistência, trago aqui o testemunho de todos que não tinham nenhuma alternativa, enquanto para os jovens da minha geração, podia haver uma opção (que, no meu caso, foi posterior): a escolha do *não*, do não aderir.

Trago o testemunho daqueles que não podiam escolher, isto é, de todos os cidadãos judeus italianos e estrangeiros. Entre eles, mulheres e idosos que viviam na clandestinidade e que, desde 1939, haviam sido excluídos de qualquer contato com o mundo externo; para eles a escolha era evidentemente impossível. Na verdade, devo dizer *quase* impossível, porque apesar das enormes dificuldades e da ausência de uma organização, houve uma resistência, não apenas no interior das minorias judaicas, polonesas, russas, ucranianas, como nos próprios campos de concentração nasceram e viveram grupos com fusão e apoio de outros movimentos clandestinos.

Naturalmente, as questões para os que estavam nos campos de concentração para políticos são diferentes das dos que estavam em Auschwitz, onde a maioria era judaica. As razões são evidentes: num campo de políticos, ou com maioria deles, os prisioneiros tinham às costas uma escola rigorosa com temas de preparação política. Em geral, eram homens no vigor da idade, e para muitos deles a deportação se dera no auge de sua carreira. Além do mais, facilmente criava-se uma solidariedade, entre grupos nacionais ou por afinidades políticas. No campo de Auschwitz, as coisas eram diferentes; era uma Babel, pelo menos para nós italianos, era cairmos no escuro, isto é, sermos lançados num mundo que não se compreendia e que nós não compreendíamos por muitas razões. Tanto pela língua quanto porque o campo era regido por um regulamento férreo que ninguém nos ensinava e tínhamos de aprender com a intuição, falando pouco, errando, morrendo. E também porque o mosaico de nacionalidades, proveniências e ideologias era tão complicado e confuso que realmente eram necessários meses para se orientar dentro dele, e em meses vinha a morte.

Em Auschwitz, havia 95% de judeus e cerca de 5% entre políticos e os chamados "triângulos verdes", isto é, criminosos comuns. Legalmente, não havia diferença; na prática, a distinção era enorme: os políticos e os "triângulos verdes" eram quase todos alemães, coisa que os próprios alemães nunca esqueciam. Mesmo os comunistas alemães, cuja maioria fora exterminada por Hitler, eram considerados, por raça e língua, profundamente diferentes dos judeus. Os políticos alemães que frequentemente se comportaram muito bem conosco, eram prisioneiros fazia cinco, dez, doze anos, e todos sabem o que significa "fazer carreira"; estes a fizeram; quem não a fez, já não existia mais. Por isso, à margem de todos os regulamentos, mesmo que não lhes coubesse, recebiam um tratamento diferente ou organizavam uma maneira de ganhá-lo.

A média de vida no campo onde estive, que era bom por ser de trabalho, era de três meses; nesse período, a população caía pela metade, mas era recomposta com novas chegadas. Afirmei que era um bom campo por ser de trabalho e porque havia muitas ocasiões de contato com militares italianos e até com militares ingleses, ou seja, a barreira que nos separava do mundo não era totalmente impermeável, havia alguma passagem, alguma fresta. Mas todos sabem o que era Birkenau: um campo de onde não se saía, onde não se falava de média de vida, que servia apenas para destruir.

Não digo isso para estabelecer uma prioridade ou uma hierarquia entre os prisioneiros, longe de mim ter essa intenção; quero apenas dizer que, apesar dessa condição, mesmo no campo de Auschwitz nasceu um movimento de resistência; não só clandestino, pois veio à luz com o episódio que ainda hoje continua excluído da história — pois não restaram sobreviventes —, que é o da sabotagem dos fornos crematórios.

É de se esperar que se consiga de alguma maneira, com base em alguma testemunha ainda viva ou em vistorias no local, esclarecer inteiramente a forma como se deu. Um núcleo de pessoas conseguiu naquelas condições de *zero*, de nada, não só explodir os fornos crematórios, como também encontrar armas, combater os alemães, matar vários deles e tentar a fuga.

Cabe ainda lembrar que cerca de trinta homens conseguiram atravessar a fronteira, mas foram reentregues aos alemães pelos poloneses, que tinham um pavor medonho dos próprios alemães. E assim essas poucas dezenas de heróis, que haviam conseguido pela primeira vez abrir uma passagem em Auschwitz que serviria não só a eles, mas para toda a população do campo, viram sua tentativa malograr miseravelmente.

*Primo Levi*
[1966]

# Questionário para o processo Bosshammer

*Fragebogen/* Questionário

1) *Wo lebten Sie bis zu Ihrer Verhaftung in Italien?*
   Onde viveu até sua prisão na Itália?

Em Turim.

2) *Wann und von wem wurden Sie verhaftet?*
   Quando e por quem foi preso?

Em 3 de dezembro de 1943, em Lanzo d'Intelvi. [Como] pela Milícia Fascista na fronteira com a Suíça; eu fora barrado na Suíça, onde tentara refugiar-me com minha mulher.

3) *Warum werden Sie verhaftet?*
   Por que foi preso?

Por ser judeu.

4) *Wohin kamen Sie nach Ihrer Verhaftung?*
   Para onde foi transportado após sua prisão?

Primeiro para o cárcere de Como, depois para o de Módena e então para o Campo de Concentração de Fossoli.

5) *Waren Sie im Polizei-Durchgangslager Fossoli di Carpi (bei Modena)?*
   Esteve no campo de trânsito policial de Fossoli di Carpi (perto de Módena)?
   *Wenn ja, wann und von wo aus kamen Sie dorthin und wie lange blieben Sie in Fossoli?*
   Em caso afirmativo, quando e de onde foi transportado, e por quanto tempo ficou?

Permanência no Campo de Fossoli: de 21 de dezembro de 1943 a 21 de fevereiro de 1944.

   *Wie wurden Sie und Ihre Leidensgenossen dort behandelt?*
   Como o senhor e seus companheiros de desventura foram tratados?

Não muito mal enquanto o Campo esteve sob a direção da Polícia Italiana, isto é, até dois dias antes da partida para Auschwitz.

6) *Haben Sie in Italien den damaligen SS-Sturmbannführer Friedrich Boßhammer kennengelernt?*
   Na Itália você conheceu o ex-*Sturmbannführer* das SS Friedrich Bosshammer?

Não sei; jamais soubemos os nomes dos oficiais e dos militares das SS.

> *Falls ja, bei welcher Gelegenheit und unter welchen Umständen?*
> Em caso afirmativo, em que ocasião e em que circunstâncias o conheceu?

7) *Wann sind Sie aus Fossoli di Carpi (oder gegebenenfalls aus einen anderen Ort Italiens) nach Auschwitz deportiert worden (Daten bitte so genau wie möglich angeben)?*
   Quando foi deportado de Fossoli de Carpi (ou eventualmente de algum outro lugar na Itália) para Auschwitz (pedimos que indique os dados com a maior precisão possível)?

Parti de Fossoli na noite de 21 de fevereiro de 1944, cheguei a Auschwitz na noite de 26 de fevereiro de 1944.

8) *Wußten Sie bei Ihrem Abtransport aus Italien, wohin Sie gebracht wurden?*
   Na partida da Itália, soube para onde estava sendo transportado?

Sim, para Auschwitz.

9) *War Ihnen <u>vor</u> Ihrer Deportation bekannt, daß den deportierten Juden der Tod drohte oder hegten Sie mindestens entsprechende Befürchtungen?*
   <u>Antes</u> de sua deportação, soube que os judeus deportados eram ameaçados de morte, ou pelo menos assim temia?

Sabia-o com certeza.

> *Falls ja, wie kamen Sie zu Ihren Wissen oder wodurch wurden Ihre Befürchtungen hervorgerufen?*
> Em caso afirmativo, como veio a sabê-lo e o que provocou seu temor?

Notícias recebidas de judeus iugoslavos, alemães, poloneses, austríacos refugiados na Itália, e que estavam plenamente a par do que ocorria nos Campos de Concentração Alemães.

10) *Wie kamen Sie nach Auschwitz (Art des Abtransportes, Ein- und Ausladebahnhof, Fahrtroute des Zuges usw.)?*
De que modo foi transportado para Auschwitz (meio de transporte, estação de carga e descarga, itinerário do trem etc.)?

De trem, vagão de carga, com quarenta a cinquenta pessoas em cada vagão, sem colchões nem cobertas. Itinerário: Fossoli-Brenner-Viena-Moraska Ostrava-Auschwitz.

11) *Wie lange waren Sie von Italien nach Auschwitz unterwegs?*
Por quanto tempo percorreu a Itália até Auschwitz?

Cinco dias.

12) *Schildern Sie bitte die näheren Umstands Ihrer Fahrt nach Auschwitz (Personen- oder Güterwagen, Belegung Ihres Waggons, Verpflegungsausgabe, etwa warmes Essen und Getränke bei Antritt und während der Fahrt, Aussteigemöglichkeiten bei Zwischenaufenthalten, Todesfälle während der Fahrt usw.).*
Relate, por favor, as circunstâncias precisas de sua viagem a Auschwitz (trem de passageiros — trem de carga, quantas pessoas ocupavam o vagão, fornecimento de refeições, por exemplo, comida e bebida quentes antes e durante a viagem, possibilidade de descer durante uma parada, mortandade durante a viagem etc.).

Nunca comida quente, nem antes nem durante a viagem, nem à chegada; como refeição, pão preto, queijo, um pouco de geleia;

para beber, água fresca distribuída com a comida uma vez ao dia; possibilidade de descer do trem uma vez ao dia em campo aberto para satisfazer as necessidades físicas diante de todos, companheiros de viagem e soldados de escolta; mortandade um velho de 75 anos. Era muito sofrido pelo frio terrível e sede.

13) *Wie viele Menschen wurden nach Ihrer Schätzung mit Ihrem Transport nach Auschwitz deportiert (Anhaltspunkte fur Ihre Schätzung können die Länge des Zuges, die Anzahl und die Belegung der einzelnen Waggons sowie Ihre Beobachtungen beim Einladen in Italien und Ausladen in Auschwitz sein)?*
Segundo a sua avaliação, quantas pessoas foram deportadas para Auschwitz com o mesmo transporte (pode se basear, por exemplo, no comprimento do trem, no número e grau de ocupação de cada vagão, e também nas observações feitas durante o embarque na Itália ou desembarque em Auschwitz)?

Com certeza, meu transporte era composto por 650 pessoas; o mais velho com 75 anos (morto em viagem); o mais novo com três meses.

14) *Wo kamen Sie in Auschwitz an und wo wurden Sie ausgeladen?*
Onde chegou em Auschwitz e onde foi descarregado?

Chegando na estação ferroviária de Auschwitz às 21 horas de 26 de fevereiro de 1944, o grupo foi imediatamente dividido: de um lado mulheres e crianças, do outro homens, e depois cada grupo subdividido em mais dois: jovens e saudáveis para um lado; idosos, crianças com menos de catorze anos e doentes para outro.

15) *Fand eine Selektion statt? Wie ging Sie vor sich?*
    Houve uma seleção e como ocorreu?

A seleção foi muito rápida e brutal; fui colocado no grupo dos saudáveis, que ficou com 95 homens e foi prontamente transportado com diversos caminhões para o Campo de Trabalho de Monowitz (dito "BUNA"); o grupo das mulheres admitidas no Campo para trabalho (doze mulheres), por sua vez, foi levado para Birkenau.

16) *Wie viele Männer und Frauen kamen nach der Selektion zur Arbeitseinsatz im Lager? Was wurde aus den übrigen?*
    Depois da seleção, quantos homens e quantas mulheres foram empregados no trabalho no campo? O que aconteceu com os outros?

Noventa e cinco homens e doze mulheres; todos os outros foram levados imediatamente na mesma noite para as câmaras de gás de Birkenau. Dos 95 homens e doze mulheres admitidos ao trabalho, retornaram à Itália no final da guerra oito e quatro, respectivamente.

17) *Welche Häftlingsnummer erhielten Sie in Auschwitz?*
    Qual número de detido lhe foi dado em Auschwitz?

174489.

18) *Wann und wodurch erfuhren Sie, was in Auschwitz mit den Juden geschah?*
    Quando e em que ocasião veio a saber o que teria acontecido aos judeus em Auschwitz?

Desde o inverno de 1942-3, quando prestava meus serviços de médico numa organização judaica de assistência aos judeus estrangeiros refugiados na Itália.

19) *Wie viele Teilnehmert Ihres Transportes haben außer Ihres das Kriegsende uberlebt? Geben Sie bitte gegebenenfalls Namen und Adressen der Ihren bekannten Überlebenden an? Welche Ihnen namentlich bekannten Teilnehmer Ihres Transportes sind in Auschwitz ermordet worden?*
   A) Afora o senhor, quantos participantes de seu transporte sobreviveram ao final da guerra?
   B) Peço-lhe que indique eventualmente nome e endereço dos sobreviventes de seu conhecimento.
   C) Quais dos participantes que o senhor conhecia pelo nome foram assassinados em Auschwitz?

A) Sete homens e quatro mulheres.
B) Dr. Primo LEVI — Turim — Corso Re Umberto, 75
   Dr. Aldo MOSCATI — PISA — Lungarno Buozzi, 2
   Dra. Luciana NISSIM — MILÃO — Via????
   Stella VALABREGA —?????????
   Eugenio RAVENNA — FERRARA — Via Bologna
   Luciano MARIANI — MILÃO — (faleceu em dezembro de 1968)
   Leo Zelicowski — ARCO (Trento) — Via Capitelli, 49
   ? ZELICOWICH — ?????
C) Jolanda DE BENEDETTI em DE BENEDETTI, de ALBA (Cuneo).
   Franco SACERDOTE, de Nápoles
   Renato Ortona, de Turim
   Guido Melli, de Módena
   Eng. Mario Levi, de Milão, com mulher e filha
   Giuseppe (?) LURIA, de Turim
   Guido Valabrega, de Turim, e mulher
   Enrico MARIANI, de Veneza, com mulher, filho, pai, mãe e duas primas
   ? GLUKSMANN, de Viena

? ISRAEL e mulher, de Sarajevo
Sigra? Kabilio
Família Valabrega, de Gênova (pai, mãe, filho, filha)
Família Maggiore BASSANI, de Udine (pai, mãe, filho, filha)
Família Ravenna, de Ferrara (pai, mãe, filha)
Família TEDESCO, de Veneza (pai, mãe, dois filhos)

                          Turim, 5 de agosto de 1970.
                                          (data)

                            *Dr. Leonardo* DE BENEDETTI
                                   (assinatura)

                                          [1970]

# Questionário para o processo Bosshammer

*Fragebogen/* Questionário

1) *Wo lebten Sie bis zu Ihrer Verhaftung in Italien?*
   Onde viveu até sua prisão na Itália?

Sempre na Itália, em Turim e Milão.

2) *Wann und von wem wurden Sie verhaftet?*
   Quando e por quem foi preso?

Em 13 de dezembro de 1943, pela milícia fascista (Centurião Ferro), perto de BRUSSON (Aosta).

3) *Warum werden Sie verhatet?*
   Por que foi preso?

Por atividade na Resistência. Minha qualidade de judeu veio à luz mais tarde.

4) *Wohin kamen Sie nach Ihrer Verhaftung?*

Para onde foi transportado após sua prisão?

Antes na caserna da milícia fascista em Aosta, depois (perto do final de janeiro de 1944) para o campo de Fossoli de Carpi.

5) *Waren Sie im Polizei-Durchgangslager Fossoli di Carpi (bei Modena)?*
Esteve no campo de trânsito policial de Fossoli de Carpi (perto de Módena)?

Sim.

*Wenn ja, wann und von wo aus kamen Sie dorthin und wie lenge blieben sie in Fossoli?*
Em caso afirmativo, quando e de onde foi transportado, e por quanto tempo ficou?

De Aosta (ver acima); permanecei em Fossoli até 22 de fevereiro de 1944.

*Wie wurden Sie und Ihre Leidensgenossen dort behandelt?*
Como o senhor e seus companheiros de desventura foram tratados?

Durante o período de nossa permanência, o campo estava sob a administração da polícia italiana. Não sofremos maus-tratos, mas a alimentação, para quem não tinha dinheiro, era escassa.

6) *Haben Sie in Italien den damaligen SS-Sturmbannführer Friedrich Boßhammer kennengelernt?*
Conheceu na Itália o ex-*Sturmbannführer* das SS Friedrich Bosshammer?

Não.

> *Falls ja, bei welcher Gelegenheit und unter welchen Umständen?*
> Em caso afirmativo, em que ocasião e em que circunstâncias o conheceu?

7) *Wann sind Sie aus Fossoli di Carpi (oder gegebenenfalls aus einen anderen Ort Italiens) nach Auschwitz deportiert worden (Daten bitte so genau wie möglich angeben)?*
Quando foi deportado de Fossoli de Carpi (ou eventualmente de algum outro lugar na Itália) para Auschwitz (pedimos que indique os dados com a maior precisão possível)?

Fui deportado de Fossoli para Auschwitz em 22 de fevereiro de 1944.

8) *Wussten Sie bei Ihren Abtransport aus Italien, wohin Sie gebracht wurden?*
Na partida da Itália, soube para onde estava sendo transportado?

Não nos foi comunicado nada. Os vagões do comboio levavam cartazes com a indicação "Auschwitz": mas nenhum de nós sabia onde ficava Auschwitz e o que significava esse nome.

9) *War Ihnen vor Ihrer Deportation bekannt, daß den deportierten Juden der Tod drohte oder hegten Sie mindestens entsprechende Befürchtungen?*
Antes de sua deportação, soube que os judeus deportados eram ameaçados de morte, ou pelo menos assim temia?

Temia.

> *Falls ja, wie kamen Sie zu Ihren Wissen oder wodurch wurden Ihre Befürchtungen hervorgerufen?*
> Em caso afirmativo, como veio a sabê-lo e o que provocou seu temor?

Por notícias da Rádio Londres e por conversas mantidas com numerosos judeus estrangeiros (principalmente croatas) que haviam se refugiado na Itália para escapar à ocupação nazista.

> 10) *Wie kamen Sie nach Auschwitz (Art des Abtransportes, Ein- und Ausladebahnhof, Fahrtroute des Zuges usw.)?*
> De que modo foi transportado para Auschwitz (meio de transporte, estação de carga e descarga, itinerário do trem etc.)?

Em vagões de carga, da estação de Carpi à de Auschwitz, passando por Mântua, Verona, Brenner, Salzburgo, Viena, Brno.

> 11) *Wie lange waren Sie von Italien nach Auschwitz unterwegs?*
> Por quanto tempo percorreu a Itália até Auschwitz?

Quatro dias.

> 12) *Schildern Sie bitte die näheren Umstünds Ihrer Fahrt nach Auschwitz (Personen- oder Güterwagen, Belegung Ihres Waggons, Verpflegungsausgabe, etwa warmes Essen und Getränke bei Antritt und während der Fahrt, Aussteigemöglichkeiten bei Zwischenaufenthalten, Todesfälle während der Fahrt usw.).*
> Relate, por favor, as circunstâncias precisas de sua viagem a Auschwitz (trem de passageiros — trem de carga, quantas pessoas ocupavam o vagão, fornecimento de

refeições, por exemplo, comida e bebida quentes antes e durante a viagem, possibilidade de descer durante uma parada, mortandade durante a viagem etc.).

O trem era composto de doze vagões, com 45 a sessenta pessoas por vagão. Não recebemos comida nem bebida de nenhuma espécie durante a viagem; apenas foi-nos permitido levar pão, geleia e água. Permitiram-nos descer dos vagões uma vez por dia; era proibido pedir alimentos pelas janelinhas nas estações. Segundo meu conhecimento, pelo menos uma mulher morreu durante a viagem: foi proibido descarregar o cadáver.

13) *Wie viele Menschen wurden nach Ihrer Schätzung mit Ihrem Transport nach Auschwitz deportiert (Anhaltspunkte fur Ihre Schätzung können die Länge des Zuges, die Anzahl und die Belegung der einzelnen Waggons sowie Ihre Beobachtungen beim Einladen in Italien und Auslanden in Auschwitz sein)?*
Segundo sua avaliação, quantas pessoas foram deportadas para Auschwitz com o mesmo transporte (pode se basear, por exemplo, no comprimento do trem, no número e grau de ocupação de cada vagão, e também nas observações feitas durante o embarque na Itália ou desembarque em Auschwitz)?

Os deportados naquele comboio eram 650.

14) *Wo kamen Sie in Auschwitz an und wo wurden Sie ausgeladen?*
Onde chegou em Auschwitz e onde foi descarregado?

Descemos do trem à noite, na estação da cidade de Auschwitz (não em Birkenau); ali mesmo fez-se a seleção.

15) *Fand eine Selektion statt? Wie ging sie vor sich?*
Houve uma seleção e como ocorreu?

A seleção foi imediata e extremamente rápida: um olhar e uma pergunta, "Saudável ou doente?". Com base na resposta, eram-nos indicadas três direções, onde aguardavam três ou mais ônibus (respectivamente: homens capazes; mulheres capazes; incapazes).

16) *Wie viele Männer und Frauen kamen nach der Selektion zur Arbeitseinsatz im Lager? Was wurde aus den übrigen?*
Depois da seleção, quantos homens e quantas mulheres foram empregados no trabalho no campo? O que aconteceu com os outros?

Foram para o trabalho 69 homens (em Monowitz-Buna). Vinte e nove mulheres (em Birkenau). Os demais foram mortos em dois ou três dias.

17) *Welche Häftlingsnummer erhielten Sie in Auschwitz?*
Qual número de detido lhe foi dado em Auschwitz?

174517.

18) *Wann und wodurch erfuhren Sie, was in Auschwitz mit den Juden geschah?*
Quando e em que ocasião veio a saber o que teria acontecido aos judeus em Auschwitz?

No campo de Monowitz-Buna, por conversas com os companheiros de prisão.

19) *Wie viele Teilnehmert Ihres Transportes haben außer Ihres das Kriegsende uberlebt? Geben Sie bitte gegebenenfalls Namen und Adressen der Ihren bekannten*

*Überlebenden an? Welche Ihnen namentlich bekannten Teilnehmer Ihres Transportes sind in Auschwitz ermordet worden?*
Afora o senhor, quantos participantes de seu transporte sobreviveram ao final da guerra? Peço-lhe que indique eventualmente nome e endereço dos sobreviventes de seu conhecimento. Quais dos participantes que o senhor conhecia pelo nome foram assassinados em Auschwitz?

Pelo que sei, sobreviveram outros treze membros de meu transporte. Entre eles:
Leonardo De Benedetti, c. Re Umberto, 61, Turim
Eugenio Ravenna, Ferrara
Liko Israel, Kiryat Tivon, Yizreel Str., 4, Israel
Aldo Moscati, Viale Buozzi, 1, Pisa
Luciana Nissim Momigliano, via F. Corridoni, 1, Milão

Obs.: Outros detalhes sobre minha detenção e deportação se encontram em meu livro *É isto um homem?*, ed. Einaudi, editado também na Alemanha por Fischer Bucherei de Frankfurt (*Ist das ein Mensch?*, 1961).

*Primo Levi*
(assinatura)

2 de setembro de 1970
(data)

Primo LEVI, corso Re Umberto, 75, 10128 TURIM, Itália.

[1970]

# Depoimento para o processo Bosshammer

Tribunal de Turim, segunda-feira 3 de maio de 1971

Primo Levi, nascido em Turim em 31 de julho de 1919, residente em Turim, Corso Re Umberto, 75.

D.R. "Sou judeu no pleno sentido legal do termo".
D.R. "Se for necessário responder a um segundo interrogatório, por razões de trabalho, preferiria depor na Itália. Mas não tenho objeções de princípio a me deslocar à Alemanha".

Fui detido em dezembro de 1943 pela milícia fascista, após uma denúncia. A ação se destinava não à captura de judeus, mas de um grupo da Resistência do qual eu fazia parte.

Depois de detido, fui interrogado pela própria milícia e pela polícia italiana; no curso desse interrogatório, eu mesmo declarei ser judeu. Após esse depoimento, fui enviado ao campo de concentração de Fossoli, nas proximidades de Carpi. A transferência para esse campo ocorreu no final de janeiro de 1944.

Pelo que sei, naquele momento o campo de Fossoli estava sob a administração da polícia italiana.

Nossas relações com os funcionários da polícia italiana eram razoáveis. Ao perguntarmos, eles nos garantiram diversas vezes que o campo continuaria sob administração italiana e que não seríamos entregues às autoridades alemãs.

Não posso dizer com exatidão quando as autoridades alemãs substituíram as italianas na direção do campo: lembro, porém, que vi pela primeira vez homens das SS no dia 20 de fevereiro de 1944: tenho certeza dessa data porque logo depois de meu regresso escrevi anotações que seriam incluídas num livro. Esse livro tem o título italiano de *Se questo è un uomo* (ed. De Silva, 1947), e foi traduzido para o alemão com o título *Ist das ein Mensch?* (Fischer Bücherei, 1961).

Era um grupo de quatro ou cinco SS — não lembro do número exato. Mas tenho certeza de que pertenciam às SS, porque já naquela época eu conhecia a diferença entre os uniformes da *Wehrmacht* e das SS. Segundo o relato de alguns companheiros de prisão, esses militares das SS já estavam no campo fazia alguns dias, mas eu os vi pela primeira vez por volta do dia 20 de fevereiro. Não sei dizer quais eram suas patentes, mas posso afirmar que pelo menos um deles era um oficial, pois reparei que dava ordens aos demais. Não pude observar se chegara junto com os outros ou não. Esse oficial também trocou palavras em alemão conosco: às vezes também utilizava palavras em italiano e lembro que o ouvi dirigir-se aos outros, em italiano: *"Campo grande, legna niente"* [Campo grande, lenha nada]; era uma censura à administração anterior do campo. Dessa frase extraímos alguma esperança sobre nosso futuro destino.

Foram-me mostradas algumas fotografias do réu Bosshammer, mas não sou capaz de reconhecer nessas imagens nenhuma das pessoas que vi então. Pelo que me recordo, no momento de minha chegada ao campo de Fossoli, os judeus italianos eram de cem a duzentos; depois, seu número aumentou rapidamente, e chegava ao total de 650 no momento da deportação. Pouco antes de 20 de fevereiro, chegou a Fossoli um grupo de judeus proveniente dos Carceri Nuove, de Turim. Não sei dizer se foram levados a Fossoli por italianos ou por alemães ou se um grupo de sessenta a oitenta judeus chegou com as SS. Também não sou capaz de afirmar com precisão se na segunda metade de fevereiro as chegadas foram mais frequentes, mas lembro que, cerca de quinze dias depois de nosso ingresso, um grupo de judeus recém-chegados teve de dormir uma noite no chão, pois não havia lugar para abrigá-los. Pelo que me recordo, os cerca de quatrocentos judeus que entraram em Fossoli durante minha estada foram em grupos.

Formalmente, a administração do campo havia permanecido em mãos italianas, mas logo tivemos a impressão de que o comando efetivo passara aos alemães; de fato, na própria noite de 20 de fevereiro, um soldado das SS, quando lhe perguntamos, [disse] que partiríamos todos no dia seguinte ou dois dias depois. Foram essas, talvez, as primeiras palavras em alemão que ouvi. E quem disse essa frase foi um soldado raso.

Depois do anúncio da partida, as condições internas do campo não mudaram, mas a guarda externa foi reforçada. Da parte dos alemães, não sei dizer quem declarou que, se alguém fugisse, dez seriam fuzilados. Na manhã de 21 de fevereiro, alguns de nós perguntaram aos soldados das SS se teríamos de levar nossas coisas conosco. Responderam-nos que seríamos bem tratados, mas que o país de destino era frio; por isso, aconselhavam-nos que levássemos tudo o que pudéssemos, dinheiro, ouro, joias, valores e especialmente casacos de pele, cobertas etc. Perguntamos qual era o nosso destino e o que aconteceria conosco, mas os soldados das SS responderam que não sabiam.

Não recordo se houve um interrogatório pessoal ou por grupos familiares: pode ser que tenha ocorrido para os judeus não italianos. Mas sem dúvida as SS dispunham de uma lista alfabética, pois na manhã de 22 de fevereiro houve uma chamada em que cada um deveria responder: "presente". Posso precisar o número dos judeus deportados, eram 650, porque ao final da chamada, um alemão disse "*650 Stück, alles in Ordnung*". Não lembro quem fez a chamada, se foi o oficial ou os soldados.

Estou certo de que a partida ocorreu em 22 de fevereiro não só baseado no que escrevi no livro citado, mas também numa carta da qual conservo uma cópia, que escrevi logo após meu regresso à Itália para alguns parentes meus nos Estados Unidos.

Não lembro se, após a chegada dos alemães, houve contatos de nossa parte com a polícia italiana do campo com a finalidade de evitar as deportações. Nos dias anteriores tentáramos obter alguma garantia contra a deportação, mas não conseguimos nada além de uma vaga promessa...*

Depois da chamada, fomos transportados de ônibus junto com nossos pertences do campo para a estação ferroviária de Carpi. Na chegada à estação, um soldado das SS me ordenou que subisse em cima do ônibus para descarregar as bagagens: naquela época, eu não entendia os alemães e não compreendi a ordem; o soldado me bateu e me obrigou com violência a subir no veículo.

Creio que fui um dos primeiros a ser transportado. Não sei dizer se esses ônibus fizeram apenas uma ou mais viagens de Fossoli a Carpi e vice-versa. Quando cheguei à estação de Carpi, creio lembrar que o trem ainda estava quase vazio. Os alemães determinaram que os vagões deviam ser ocupados em ordem alfabética, começando pelo primeiro; mas conseguimos em certa medida evitar essa distribuição, para não nos separarmos de alguns amigos. Creio lembrar que meu ônibus partiu de Fossoli por volta das dez da manhã. O trem ficou totalmente lotado por

---

* Pela qual se via que eles não tinham a menor influência sobre a questão.

volta das 14 horas, mas não partiu antes das 18 horas. Muitos prisioneiros que queriam reencontrar amigos ou parentes em outros vagões foram rudemente espancados.

Essa ordem dos alemães de ocupar o trem por ordem alfabética foi posta em prática com grande dureza, mesmo quando isso significava separar famílias, distribuídas em diversos vagões. Um colega meu, que tentava mudar de vagão, foi jogado contra a trave deste, ferindo a testa, de modo que chegou com o machucado ainda aberto a Auschwitz.

O trem era composto por doze vagões de carga, cada um ocupado por 45 a sessenta pessoas. O meu era o menor e foi ocupado por 45 pessoas. Um dos ocupantes conseguiu ler um cartaz colocado no lado de fora do próprio vagão, que trazia escrito "Auschwitz", mas nenhum de nós sabia o significado dessa palavra, nem onde ficava a localidade.

Nossa escolta viajava num vagão privativo, não me recordo se no início ou no final do comboio, e não me lembro se era de carga ou de passageiros; esse carro também levava as provisões para a viagem.

Nossa escolta era composta por homens das SS, pelo menos em parte: de fato, nossas condições psicológicas durante a viagem não nos permitiam fazer distinções. Disseram-me que, em 1945, declarei em depoimento que pelo menos dois dos guardas eram SS do campo de Fossoli; pode ser que minha memória estivesse mais fresca do que agora, mas, de todo modo, naquela época tentei responder da maneira mais verídica possível.

Não lembro se o oficial das SS, que vira em Fossoli, estava conosco durante a viagem no ônibus ou mais tarde no trem.

Os vagões tinham apenas um pouco de palha no piso e nenhum tipo de sanitário ou balde. Como no nosso havia crianças, nos deram alguns penicos, com os quais nos livrávamos dos excrementos através da janelinha do vagão. Podia-se descer apenas uma vez por dia, às vezes em estações, outras vezes em campo aberto. Em ambos os casos, os prisioneiros deviam fazer suas necessidades pessoais publicamente, sob os vagões e nas proximidades imediatas, e misturados, homens e mulheres. A escolta estava sempre presente. À noite, só havia espaço para dormir deitado de lado no chão e comprimidos uns nos outros. Os vagões não dispunham de aquecimento e a geada se condensava no interior. Na madrugada fazia muito frio, de dia sofria-se um pouco menos, pois podíamos nos movimentar.

No que se refere à alimentação, fora-nos permitido providenciar algumas reservas de pão, geleia e queijo e água; os dois primeiros eram em medida suficiente para não passarmos fome, mas a água era muito escassa, porque em Fossoli não possuíamos recipientes; todos sofreram gravemente de sede. A escolta nos proibia de pedir água do lado de fora e de recebê-la pela janelinha.

Durante toda a viagem, não recebemos nenhum alimento quente; somente na descida diária, dois ou três homens por vagão eram conduzidos pela escolta ao carro das provisões para pegar o pão e a geleia para seu vagão. Somente uma vez, em Viena, foi-nos permitido renovar o estoque de água. Em nosso vagão, havia uma criança ainda lactante e uma menina de três anos: elas também não tinham nada para comer, além da ração de pão e geleia. Disseram-me que houve pelo menos um caso de morte durante a viagem; não lembro se foi um homem ou uma mulher. Esse detalhe me foi relatado por um amigo médico, que fazia parte do transporte. Gostaria que meu depoimento de 2 de setembro de 1970 fosse modificado nesse aspecto.

Nosso comboio terminou a viagem na noite de 26 de fevereiro: o trem parou na estação civil da cidade de Auschwitz (não em Birkenau nem no campo central). Assim que nos fizeram descer dos vagões, ocorreu uma seleção extremamente rápida: foram formados três grupos. O primeiro grupo, ao qual eu pertencia, era composto por 96 ou 95 homens aptos ao trabalho; do segundo grupo faziam parte 29 mulheres aptas ao trabalho; todos os outros foram julgados incapazes de trabalhar.

Naquele momento, fiz apenas uma avaliação por cima do número de mulheres aptas ao trabalho: depois do regresso à pátria, porém, tive confirmação das mulheres sobreviventes que eram mesmo 29.

Os homens válidos, dos quais eu fazia parte, foram transportados num caminhão naquela mesma noite para o campo de Buna-Monowitz. O grupo maior, constituído pelos incapacitados para o trabalho (todas as crianças, os idosos, as mulheres com filhos, os doentes e os deficientes), foi colocado em caminhões e levado a um destino desconhecido por nós. Somente depois de alguns meses, quando comecei a entender o alemão e a compreender as conversas de meus companheiros no campo de Monowitz, foi que me dei conta de que eles foram eliminados nos dias imediatamente subsequentes à chegada: isso me foi confirmado pelo fato de que, após meu retorno à Itália, nenhum deles foi reencontrado nem houve qualquer notícia deles.

Anexo a este depoimento uma anotação minha, que consiste numa lista de 75 nomes que pude reconstituir após meu regresso à Itália. São 75 entre os 95 ou 96 homens aptos ao trabalho que entraram comigo no campo de Monowitz. Os nomes circundados são os dos sobreviventes à libertação, os nomes marcados com um "t" são os dos que integraram o transporte de evacuação de Auschwitz em direção a Buchenwald e Mauthausen, ocorrido em janeiro de 1945; com "s" estão marcados os nomes dos mortos nas seleções; com "m", os nomes dos mortos por doenças, e com "l" o nome do único prisioneiro morto após a libertação, antes de retornar à pátria. Consegui reconstituir o número de matrícula de alguns companheiros: em todos os casos, os primeiros algarismos do número são 174. Meu número de matrícula era 174517.

Antes de minha chegada a Auschwitz, eu não conhecia o nome dos campos de concentração e os detalhes da destruição em massa que lá ocorria; contudo, tivera notícias concretas sobre a operação de extermínio dos judeus através das seguintes fontes:

1) Artigos publicados em jornais suíços, em especial no *Gazette de Lausanne*, que era possível ler na Itália durante a guerra;
2) Transmissões clandestinas das rádios aliadas, em especial da rádio de Londres;
3) Um "livro branco" [documento] publicado pelo governo inglês sobre as atrocidades alemãs nos campos de extermínio, folheto que me chegara clandestinamente e que eu mesmo traduzi do inglês para o italiano;
4) Várias conversas com militares italianos retornados da Rússia, Croácia e Grécia, os quais haviam presenciado maus-tratos, assassinatos e deportações de judeus por parte dos alemães;
5) Conversas ocorridas entre 1942 e 1943 com judeus exilados da Croácia e da Polônia, que se refugiaram na Itália.

Com base em todas essas informações, na época de nossa deportação pensávamos que nosso destino consistiria numa prisão muito dura, em trabalhos forçados, em alimentação escassa etc., mas não prevíamos que se desenvolvesse no campo de concentração uma ação de extermínio tão metódica e numa escala tão grande.

Lido, confirmado e assinado.

*Primo Levi*
[1971]

# A Europa dos campos de concentração

A história da deportação e dos campos de concentração não pode ser dissociada da história das tiranias fascistas na Europa: ela representa seu fundamento levado ao extremo, além de qualquer limite da lei moral gravada na consciência humana. Se o nacional-socialismo tivesse prevalecido (e podia prevalecer), a Europa inteira e talvez o mundo estariam sob um único sistema, em que o ódio, a intolerância e o desprezo dominariam incontestes.

A doutrina da qual nasceram os campos é muito simples, e por isso muito perigosa: todo estrangeiro é um inimigo, e todo inimigo deve ser suprimido; qualquer um que seja visto como diferente, por língua, religião, costumes e ideias é estrangeiro. Os primeiros "estrangeiros", inimigos por definição do povo alemão, se encontravam na própria pátria. Já em 1933, meses depois de o marechal Hindenburg encarregar Adolf Hitler a compor o novo governo, havia na Alemanha cerca de cinquenta campos de concentração. Em 1939, o número dos campos superava a centena. Avalia-se em 300 mil o número das vítimas nesse período, na maioria comunistas e social-democratas alemães, além de muitos judeus: entendidos e acima de tudo temidos como instrumentos de terror, os campos de concentração ainda não haviam se tornado centros de massacre organizado.

O início da Segunda Guerra Mundial assinala uma guinada na história dos campos. Com a ocupação da Polônia, a Alemanha se apodera (são as palavras de Eichmann) das "origens biológicas do judaísmo": 2,5 milhões de judeus, além de um número indeterminado de civis, resistentes e militares capturados em "ações especiais". É um exército ilimitado de escravos e de vítimas predestinadas: a finalidade dos "Campos de concentração" se desdobra. Eles não são mais apenas instrumentos de repressão; tornam-se ao mesmo tempo sinistras máquinas de extermínio organizado e centros de trabalhos forçados, dos quais espera-se obter ajuda para o esforço bélico do país. Cada campo primogênito se multiplica: constituem-se novos "campos externos" (*Aussenlager*) pequenos e grandes, muitos dos quais, por sua vez, se tornaram campos de propagação, até cobrir com uma rede monstruosa o território metropolitano de todos os países que foram sendo ocupados e dominados.

Nasce, assim, no coração da Europa civilizada e em pleno século XX, o mais brutal sistema escravocrata de toda a história da humanidade. Da Noruega e da Ucrânia, da Grécia e da Holanda, da Itália e da Hungria partem diariamente dezenas de trens: estão abarrotados de "material humano", homens, mulheres e crianças inocentes e indefesos, fechados por dias e semanas nos vagões de carga, sem água e sem comida.

São judeus, homens de todos os credos políticos e religiosos, capturados aleatoriamente durante as batidas. Os trens convergem para os campos que já estão espalhados pela Alemanha e pelos vários países ocupados, mas somente um quarto ou um quinto dos que chegam atravessam as cercas de arame farpado e são levados ao trabalho. Os demais, isto é, todas as crianças, idosos, doentes, incapacitados e a cota que excede a demanda da indústria alemã, são mortos com a mesma indiferença e com os mesmos métodos com que se eliminam insetos nocivos. A condição dos deportados que passam na seleção de entrada e se tornam prisioneiros (*Häftlinge*) é muito pior do que a dos animais de carga.

O trabalho é extenuante: trabalha-se no frio, debaixo de chuva e de neve, no gelo e no barro, à base de socos, pontapés e chicotadas: não há dia de descanso. Não há a esperança de uma trégua: quem adoece vai para a enfermaria; mas ela é a antecâmara da morte, e todos sabem disso. Um provérbio do Campo de concentração diz: "Um prisioneiro honesto não vive mais de três meses".

Mesmo a fraternidade e a solidariedade, última força e esperança dos oprimidos, desaparecem nos Campos de concentração. É uma luta de todos contra todos: o primeiro inimigo é seu vizinho, que cobiça seu pão e seus sapatos, cuja mera presença lhe rouba um palmo de catre. É um estrangeiro que compartilha seus sofrimentos, mas está distante: o que você lê nos olhos dele não é amor, e sim inveja, se sofre mais, ou medo, se sofre menos do que você. A lei do campo o transformou num lobo: e você mesmo precisa lutar para continuar homem.

Para esse novo horror foi preciso cunhar um novo nome, genocídio: significa extermínio em massa de populações inteiras. Mas não se chega facilmente a esse resultado. Para resolver o problema, a administração das SS, um verdadeiro Estado dentro do Estado, e a indústria alemã tomam providências em conjunto.

Por volta do final de 1942, os comitentes e os técnicos já sabem qual é o melhor método de matar milhões de seres humanos indefesos, de maneira rápida, econômica e silenciosa. Utilizarão ácido cianídrico, numa forma já usada desde longa data para livrar os porões dos navios de ratos; novas instalações serão construídas a toda pressa, mas com discrição, uma indústria jamais vista até então, a fábrica da morte. Os equipamentos e sua sinistra função são exorcizados com vagos eufemismos: no jargão oficial, fala-se em "instalações especiais", "tratamento particular", "migração para os territórios orientais".

Auschwitz é o campo piloto, onde as experiências feitas em outros lugares são reunidas, comparadas e aprimoradas à perfeição. Em 1943, do campo central de Auschwitz dependem pelo menos vinte "campos externos", mas um desses, Birkenau (em polonês Brzezinka), está destinado a ficar famoso. Possui câmaras blindadas subterrâneas, onde podem ser amontoadas 3 mil pessoas ao todo: são as câmaras de gás, onde a morte por veneno sobrevém em poucos minutos. Mas como não é fácil dar fim aos cadáveres, em Birkenau há também a conclusão, uma colossal instalação de combustão, os fornos crematórios que depois serão construídos em outros campos.

Nos meses de abril e maio de 1944, foram mortos em Auschwitz 60 mil seres humanos por dia.

Chega-se ao fundo da barbárie, e esperamos que isso seja visto e relembrado como uma aberração e que não volte a se repetir nem no mais longínquo futuro. A esperança de todos os homens é que essas imagens sejam vistas como um fruto horrendo, porém isolado, da tirania e do ódio: que se identifiquem suas raízes em grande parte da história sangrenta da humanidade, mas que o fruto não dê novas sementes, nem amanhã nem nunca.

*Primo Levi*
[1973]

# Assim foi Auschwitz

Nunca fomos muitos: de incontáveis deportados, éramos algumas centenas quando, trinta anos atrás, trouxemos de volta à Itália e mostramos para o estupor atônito de nossos familiares (quem ainda os tinha) o número azulzinho de Auschwitz tatuado no braço esquerdo. Então era verdade o que narrava a Rádio Londres; era literalmente verdade o que Aragon escrevera, *"marqué comme un bétail, et comme un bétail à la boucherie"* [marcado como gado e como gado ao abate].

Agora estamos reduzidos a algumas dezenas: talvez sejamos em número ínfimo demais para sermos ouvidos e, além disso, muito frequentemente temos a impressão de sermos narradores importunos. Às vezes, até se materializa à nossa frente um sonho curiosamente simbólico que frequentava nossas noites de prisão: o interlocutor não nos ouve, não entende, distrai-se, vai embora e nos deixa sós. Mas é preciso contar: é um dever para com os companheiros que não voltaram e é uma tarefa que confere um sentido à nossa sobrevivência. A nós coube (não por virtude nossa) viver uma experiência fundamental e aprender algumas coisas sobre o Homem que consideramos necessário divulgar.

Percebemos que o homem permanece dominador: e apesar de leis e tribunais milenares. Muitos sistemas sociais se propõem a refrear esse impulso de iniquidade e arbitrariedade; outros, porém, louvam-no, legalizam-no, apontam-no como último fim político. Esses sistemas podem ser considerados, sem forçar o termo, fascistas: conhecemos outras definições do fascismo, mas parece-nos mais exato e condizente com nossa experiência específica definir como fascistas todos os regimes, e apenas eles, que negam, na teoria ou na prática, a fundamental igualdade de direitos entre os seres humanos; ora, como o indivíduo ou a classe cujos direitos são negados raramente se adapta, num regime fascista torna-se necessária a violência ou a fraude. A violência, para eliminar os opositores, que sempre existem; a fraude, para confirmar aos fiéis seguidores que o exercício da arbitrariedade é louvável e legítimo, e para convencer os dominados (dentro dos limites bastante amplos da credulidade humana) que seu sacrifício não é um sacrifício, ou que é essencial para algum propósito indefinido e transcendente.

Os vários regimes se diferenciam entre si pelo predomínio da fraude ou da violência. O fascismo italiano, o primeiro na Europa e sob muitos aspectos pioneiro, tendo como base originária uma repressão relativamente sem derramamento de sangue, erigiu um edifício colossal de mistificação e fraude (quem estudou durante os anos fascistas conserva uma dolorosa lembrança) cujos efeitos persistem até hoje. O nacional-socialismo, enriquecido pela experiência italiana, alimentado por fermentos bárbaros distantes e catalisado pela personalidade vil de Adolf Hitler, apostou na violência desde o início, redescobriu no campo de concentração, velha instituição escravagista, um *instrumentum regni* com o potencial terrorista desejado, e seguiu por essa via com incrível rapidez e coerência.

Os fatos são (ou deveriam ser) conhecidos. Os primeiros Campos de concentração, preparados às pressas pelas SA, desde março de 1933, três meses após a ascensão de Adolf Hitler ao cargo de chanceler; sua "regularização" e multiplicação, até somarem mais de cem às vésperas da guerra; seu monstruoso crescimento, em número e tamanho, coincide com a invasão alemã da Polônia e da faixa ocidental da URSS, que contêm as "origens biológicas do judaísmo".

A partir desses meses, os Campos de concentração mudam de natureza: de instrumento de terror e intimidação política convertem-se em "moinhos de ossos", máquinas de extermínio na escala de milhões (quatro só em Auschwitz), e são organizados industrialmente, com instalações para envenenamento coletivo e fornos crematórios do tamanho de catedrais (até 24 mil cadáveres queimados por dia só em Auschwitz, capital do império dos campos de concentração); depois, conforme os primeiros reveses militares alemães e a consequente escassez de mão de obra, tem-se a segunda transformação, em que à finalidade última (jamais ignorada) do extermínio dos adversários políticos soma-se e convive com a formação de um gigantesco exército de escravos, não remunerados e obrigados a trabalhar até morrer.

A essa altura, o mapa da Europa ocupada provoca vertigens: só na Alemanha, os Campos de concentração propriamente ditos, isto é, aqueles de onde ninguém sai vivo, são centenas e a eles devem-se acrescentar milhares de campos destinados a outras categorias: imagine que somente os militares italianos confinados chegavam a cerca de 600 mil. Segundo a avaliação de Shirer, em 1944 eram pelo menos 9 milhões de trabalhadores forçados na Alemanha.

Os campos, portanto, não eram um fenômeno marginal: a

indústria alemã se fundava sobre eles; eram uma instituição fundamental da Europa fascistizada, e do lado nazista não se fazia mistério que o sistema seria mantido, aliás, ampliado e aperfeiçoado, caso o Eixo vencesse. Teria sido a realização plena do fascismo: a consagração do privilégio, da não igualdade e da não liberdade.

Mesmo dentro dos Campos de concentração estabeleceu-se, ou melhor, foi deliberadamente instaurado um sistema de autoridade tipicamente fascista: uma hierarquia rígida entre os prisioneiros, em que o maior poder cabia a quem menos trabalhava; todos os cargos, mesmo os mais irrisórios (garis, ajudantes de cozinha, guardas noturnos) provinham do alto; o súdito, isto é, o prisioneiro sem patente, era totalmente privado de direitos; e tampouco faltava uma sinistra linhagem da polícia secreta, na forma de uma miríade de delatores e espiões. Enfim, o microcosmo do campo espelhava fielmente o tecido social do Estado totalitário, onde (pelo menos em teoria) a Ordem reina soberana: não havia lugar mais ordenado do que os Campos de concentração. Certamente não pretendo dizer que esse passado nos induz a detestar a ordem em si, mas *aquela* sim, porque era uma ordem sem direito.

Com tudo isso às costas, é estranho ouvirmos hoje falar em ordens novas, em ordens negras: é como se o que ocorreu jamais tivesse acontecido, como se não tivesse significado e não servisse para nada. No entanto, a atmosfera da república de Weimar não era muito diferente da nossa; não haviam se passado nem doze anos desde os primeiros Campos de concentração rudimentares das SA até a ruína da Alemanha, o esfacelamento da Europa e os 60 milhões de mortos da Segunda Guerra Mundial. O fascismo é um câncer que prolifera rapidamente, e seu retorno nos ameaça. É pedir demais que nos oponhamos a ele desde o início?

*Primo Levi*
[1975]

# Deportados políticos

Cada grande subdivisão territorial do Reich tinha seu próprio campo de aniquilação: Mauthausen para a Áustria, Dachau para a Baváría, Buchenwald para a Turíngia, Belsen para Hanôver, Flossenbürg para a Boêmia e Auschwitz para a Silésia. Alguns deles — Grossrosen, Ravensbrück e Sachsenhausen — eram quase exclusivamente reservados para as mulheres. Cada campo tinha um núcleo principal e numerosas dependências (*Arbeit Kommando*) espalhados por toda a região.

A matrícula dos deportados era progressiva para cada campo: os transportes entre o campo principal e os diversos *Kommandos* eram muito frequentes; ocorria menos entre um campo e outro, quando a matrícula também mudava, em alguns campos era feita uma tatuagem.

A loucura hitleriana considerava inimigo não só um determinado indivíduo ou grupo de indivíduos, mas uma raça inteira, e os campos, principalmente o de Auschwitz, tornaram-se o cemitério dos judeus. Logo se somaram a eles os espanhóis antifranquistas, capturados pelos alemães durante a guerra civil, e os patriotas austríacos e tchecoslovacos, desde a anexação dos respectivos territórios.

A partir de 1939, o nazismo passou a considerar os patriotas das várias nações ocupadas que julgavam necessário resistir ao invasor como inimigos políticos; daquele momento em diante, os campos de concentração alemães se encheram de resistentes de toda a Europa, verdadeira elite internacional de homens livres, em primeiro lugar os poloneses, depois franceses, belgas, luxemburgueses, gregos, húngaros, romenos, soviéticos, iugoslavos e, depois de 8 de setembro de 1943, os italianos. O fato de serem os últimos a chegar não poupou nossos compatriotas dos rigores do internamento nos campos. Efetivamente, o percentual de italianos mortos, por volta de 93%, não é inferior ao de outras nacionalidades.

Em todos os campos principais e na maioria dos *Arbeit Kommando* funcionava um crematório, para onde convergiam também os cadáveres vindos de campos que não dispunham dele. Apesar disso, a cremação dos corpos tinha um ritmo muito mais lento do que os óbitos, e assim um grande número de cadáveres se acumulava nos pátios de separação entre os vários setores, e depois também eram descartados em valas comuns.

Cerca de 50 mil foram deportados da Itália, incluídos neste número 25 mil judeus (homens, mulheres e crianças) deportados para Auschwitz, dos quais retornaram cerca de mil apenas.

As outras deportações da Itália seguiram, em sua maioria, para Mauthausen, onde quase 10 mil patriotas encontraram a morte, enquanto 730 sobreviveram, no entanto, muitos desapareceram depois do regresso à pátria, em decorrência das doenças e privações sofridas.

A primeira leva de cinquenta deportados foi enviada de Turim a Mauthausen em dezembro de 1943: a notícia foi publicada com palavras de júbilo bestial pelo periódico fascista *Il Popolo di Alessandria*; apenas dois sobreviveram.

Em fevereiro de 1944, houve numerosas deportações de políticos e operários resistentes de Sesto San Giovanni para o cárcere de San Vittore, em Milão; em março, partiu de Turim um comboio com mais de setecentos patriotas, recrutados na maioria entre os operários da Fiat e os grevistas que, no início do mês, paralisaram a indústria obrigada a trabalhar para os alemães, além de um grande grupo de membros da Resistência de Valli di Lanzo, capturados em combate.

Depois, o ritmo das deportações se acelerou pavorosamente mês a mês. Em geral, as deportações ocorriam poucos dias após a prisão, sem litígio, mas não sem interrogatórios conforme métodos alemães no Albergo Nazionale ou em via Asti para Turim, no Albergo Regina ou na Villa Triste para Milão. Antes de atravessar a fronteira nos vagões lacrados, os patriotas paravam por vários dias no campo de Fossoli, perto de Módena (onde, em julho de 1944, foram metralhados nada menos que 69 patriotas, entre eles o filho do saudoso Sen. Gasparotto), nos cárceres de Bérgamo ou no campo de Bolzano. Os alemães aconselhavam os prisioneiros a pedir para suas famílias cobertores, roupas, alimentos, em vista das privações que iriam enfrentar. Mas assim que chegavam ao campo, os internos eram despojados de todas as roupas, revistados, depilados e vestidos com o uniforme de trabalho forçado: a nacionalidade era indicada por uma sigla incluída no triângulo vermelho, costurado ao lado do número de matrícula, o qual, por sua vez, diferenciava os políticos dos criminosos comuns, que eram marcados com um triângulo verde. Os criminosos comuns, em sua maioria alemães e escolhidos entre os mais sanguinários, eram escalados para a guarda dos vários setores do campo, e, para isso, contavam com bastões e cassetetes.

A vigilância externa era desempenhada pelas SS, que faziam a contagem dos deportados duas vezes por dia.

O despertar era às quatro da manhã e às seis começava o trabalho, consistindo basicamente em desaterro e transporte de pedras; havia um intervalo de 45 minutos para a sopa, e a jornada terminava às 18 horas. O mesmo horário e tratamento cabiam aos empregados em trabalhos mecânicos, em especial nos campos dependentes dos principais, onde, porém, havia dois turnos de trabalho de doze horas cada, sendo o noturno especialmente debilitante.

Depois da distribuição do pão, que geralmente ocorria por volta das 20 horas, fazia-se silêncio; mas logo, durante a noite, vinham ordens alucinantes de despertar, às vezes para uma partida imediata, com maior frequência para uma revista nos colchões ou nas pessoas, ou apenas para o esporádico controle antiparasitário. Os deportados, completamente nus, alinhavam-se então nos pátios internos sob a luz ofuscante dos refletores, e qualquer infração real ou presumida era punida com um número variável de bastonadas, entre cinco e 25; até a descoberta de algum inseto era punida com o bastão, e esse o único método de combate aos parasitas.

Podemos aqui omitir os detalhes da vida no campo, pois sobreviventes de todos os países já escreveram muitos livros sobre o tema, fundamentados em testemunhos e documentações irrefutáveis.

Auschwitz foi primeiro campo a ser libertado pelas tropas russas. O último foi o de Mauthausen, com a união de forças norte-americanas e russas.

Foi uma sorte para Mauthausen ter sido o último libertado, pois os alemães, enquanto puderam, tentaram evacuar os outros campos conforme se avizinhava a pressão soviética ou anglo-americana para libertá-los. E essas evacuações eram verdadeiras aniquilações em massa! Basta dizer que, quando os soviéticos estavam prestes a libertar Auschwitz, os deportados foram obrigados a caminhar em longas colunas de cadáveres ambulantes pelas estradas da Silésia e da Tchecoslováquia, até Mauthausen, onde alguns deles (nem cem entre muito milhares) chegaram vivos numa noite rigorosíssima e foram deixados de pé até o amanhecer na sala das duchas, porque a higiene exigia que tomassem banho antes de serem levados aos barracões.

A propósito, vale dizer que a eliminação em câmara de gás foi empregada em Mauthausen sobretudo em abril de 1945, quando cerca de 10 mil prisioneiros foram mortos em pouco mais de três dias. Nos outros períodos, o funcionamento da câmara de gás de Mauthausen era limitado. Em Auschwitz, porém, essa forma rápida de eliminação era adotada diariamente e os números são no mínimo significativos: mais de 5 milhões de mortos por gás em cinco anos!

Quando, nos meses mais tristes de 1944, a abjeção moral e material em que os deportados eram mantidos dava a qualquer esperança de salvação um ar de insanidade, quando a presença contínua da morte — na materialidade dos cadáveres que, a cada noite, se somavam ao lado de beliches de pinho, tão parecidos com caixões — já eliminara qualquer familiaridade com a vida, substituindo-a por uma estranha e resignada intimidade com a morte amiga e já certa, erguia-se uma advertência solene e imperiosa: lutar para sobreviver, pois era indispensável que pelo menos um entre tantos ainda estivesse vivo no infalível dia da libertação, para gastar suas últimas forças numa missão que justificasse o sacrifício dos demais: levar ao mundo a consciência do horror de uma ideologia que negava a igualdade e a paridade de direitos entre os homens, de um método que desprezava as exigências primordiais da civilização cristã, aniquilando a dignidade do Homem e ameaçando estender a escravidão do campo de extermínio por todo o mundo.

*Primo Levi*
[1975]

# Esboço de texto para o interior do Block italiano em Auschwitz

A história da deportação e dos campos de extermínio, e a deste lugar, não pode ser dissociada da história das tiranias fascistas na Europa: dos primeiros incêndios das Câmaras do Trabalho na Itália, em 1921, às fogueiras de livros nas praças da Alemanha de 1933 e às chamas nefandas dos crematórios de Birkenau, há um fio ininterrupto. É sabedoria antiga, e já alertara Heinrich Heine, judeu e alemão: quem queima livros acaba por queimar homens, a violência é uma semente que não se extingue.

É triste, mas é um dever relembrar aos outros e a nós mesmos: o primeiro experimento europeu de sufocação do movimento operário e de sabotagem da democracia nasceu na Itália. É o fascismo, desencadeado pela crise do primeiro pós-guerra, pelo mito da "vitória mutilada", e alimentado por misérias e culpas antigas; e do fascismo nasce um delírio que se alastrará, o culto do homem enviado, o entusiasmo organizado e imposto, todas as decisões confiadas ao arbítrio de um só.

Mas nem todos os italianos foram fascistas: nós, os italianos que morremos aqui, damos testemunho disso. Na Itália, antes de outros lugares, ao lado do fascismo nasceu uma corrente oposta jamais interrompida: o antifascismo. Junto conosco, dão testemunho todos os que combateram o fascimo, que sofreram por causa dele, os mártires operários de Turim de 1923, os encarcerados, os confinados, os exilados, e nossos irmãos de todos os credos políticos que morreram por resistir ao fascismo restaurado pelo invasor nacional-socialista. E testemunham conosco italianos que caíram em todos os fronts da Segunda Guerra Mundial, combatendo, a contragosto e desesperadamente, um inimigo que nao era o seu, e percebendo o engano tarde demais. Eles também são vítimas inconscientes do fascismo.

Nós não fomos inconscientes. Alguns de nós eram resistentes e militantes políticos: foram capturados e deportados nos últimos meses da guerra, e morreram aqui, enquanto o Terceiro Reich ruía, dilacerados pelo pensamento da libertação tão próxima. A maioria de nós era de judeus, provenientes de todas as cidades italianas, e também poloneses, húngaros, iugoslavos, tchecos, alemães que haviam encontrado na Itália fascista, obrigada ao antissemitismo pelas leis raciais de Mussolini, a benevolência e a hospitalidade civilizada do povo italiano. Eram ricos e pobres, homens e mulheres, saudáveis e doentes. Havia crianças entre nós, muitas, e havia idosos à beira da morte, mas fomos todos carregados como mercadorias nos vagões, e nossa sorte, a de quem atravessava os portões de Auschwitz, foi a mesma para todos. Jamais acontecera, nem nos séculos mais obscuros, o extermínio de milhões de seres humanos, como insetos nocivos: crianças e moribundos enviados para a morte. Nós, filhos cristãos e judeus (mas não gostamos dessas distinções) de um país que foi civilizado muitas vezes e voltou a ser depois da noite do fascismo, somos testemunho disso.

Neste local, onde nós inocentes fomos mortos, chegou-se ao limite da barbárie. Visitante, observe os restos deste campo e reflita: de qualquer país que venha, você não é um estranho. Faça com que sua viagem não tenha sido inútil, que nossa morte não tenha sido em vão. Para você e para seus filhos, as cinzas de Auschwitz servem como advertência: faça com que o fruto horrendo do ódio, cujos vestígios você vê aqui, não gere novas sementes, nem amanhã nem nunca.

*Primo Levi*
[8 de novembro de 1978.]

# Em Auschwitz, um comitê secreto de defesa

Muitos anos atrás, quando eu era prisioneiro em Auschwitz, assisti a um fato que, no momento, não entendi. Por volta de maio de 1944, fora designado um novo Kapo para nossa equipe de trabalho: era um judeu polonês com cerca de trinta anos, franzino, taciturno, visivelmente neurótico. Espancava-nos sem motivo: a bem da verdade, todos espancavam; naquela Babel, os golpes eram o meio mais fácil de comunicação, a "linguagem" que todos entendiam, mesmo os recém-chegados; mas aquele Kapo batia deliberadamente, a frio, para machucar, com uma crueldade sutil cujo intuito era causar dor e humilhação. Havia comentado sobre esse comportamento com um companheiro iugoslavo e ele me deu um sorriso estranho, dizendo: "Sim, mas você vai ver, ele não vai durar muito tempo". De fato, poucos dias depois o espancador desapareceu; ninguém sabia mais nada sobre ele, deixara de existir, aliás, tudo prosseguia como se ele nunca tivesse existido. Mas no Campo de concentração aconteciam muitas coisas incompreensíveis, a própria estrutura do Campo era incompreensível e acabei por não pensar mais no episódio.

Em dezembro seguinte, quando os estrondos da artilharia soviética já soavam próximos, encontrei por acaso um amigo, o engenheiro Aldo Levi de Milão, que não via fazia muito tempo. Ele estava com pressa, não lembro o motivo, e eu também estava. Ele me cumprimentou e disse: "Talvez aconteça algo logo: se acontecer, me procure".

Esse encontro também se perdeu depois entre os acontecimentos dramáticos da libertação do campo: mas voltou-me à lembrança muito tempo depois, junto com o primeiro, numa ocasião "social" ou, melhor dizendo, festiva, isto é, num encontro de ex-deportados em Roma. Havia um jantar, e à minha frente sentava-se um sobrevivente francês: estivera em meu campo, mas nem ele nem eu lembrávamos de termos nos conhecido. Trocamos os gracejos habituais sobre a facilidade de ter comida hoje, enquanto era tão difícil naquela época. Ambos havíamos bebido um pouco e isso nos fazia propensos a confidências. H. me disse então que fizera parte de um comitê secreto de defesa em Auschwitz-Monowitz. Muitos fatos decisivos da vida interna do Campo dependiam do que o comitê havia deliberado e que, como membro do partido comunista francês, ele havia sido designado para trabalhar como escrivão na Seção Política, ou seja, a seção da Gestapo que se ocupava das questões políticas dentro do Campo. Perguntei-lhe se a frase apressada que me dissera o engenheiro Levi podia indicar que ele também pertencia a essa organização clandestina, e H. me respondeu que provavelmente sim, mas que, por razões de sigilo, cada um deles conhecia apenas um reduzido número de outros membros.

Pedi-lhe também um esclarecimento sobre o episódio do Kapo desaparecido, e H. abriu um sorriso que me lembrou o do companheiro iugoslavo. Respondeu-me que sim, em casos especialmente graves, e com grande risco para eles, podiam apagar um nome das listas dos selecionados para o envio às câmaras de gás de Birkenau e substituí-lo por outro. Não, não se lembrava do caso do nosso Kapo, mas o fato lhe parecia verossímil: outras vezes haviam feito desaparecer um espião ou um ladrão de pão, ou haviam salvado algum membro do comitê dessa maneira. Eu sabia que as leis da conspiração são duras, mas jamais imaginei que um nome qualquer, por exemplo, o meu, poderia servir para conservar uma vida politicamente mais útil do que a minha. Perguntei a H. se ele sabia que, entre os muitos riscos que corria, também se incluía esse risco desconhecido. H. me respondeu: "Évidemment".

*Primo Levi*
[1979]

# Aquele trem para Auschwitz

Cara Rosanna,
mesmo que ainda não tenha (por ora) o prazer de conhecê-la pessoalmente, sinto-me seu amigo próximo por muitos aspectos. Você me pede, para *"Gli Altri"*, um testemunho sobre o tempo em que eu, como todos os judeus da Europa ocupada pelos nazistas, fui definido como um "outro", isto é, condenado à condição de estrangeiro, ou melhor, de inimigo. Penso que essa condenação, que equivale à expulsão do conjunto dos "normais", ocorre sempre pelo lado de fora, que ninguém, ou quase ninguém, se sente ou se torna "outro" espontaneamente; por isso, ela é sempre dolorosa. Essa condenação foi muito dolorosa para os judeus italianos, embora de início menos trágica do que em outros lugares, justamente porque não eram e não se sentiam "outros": estavam amalgamados ao resto da nação por centenas ou milhares de anos, tinham os mesmos costumes, língua, defeitos e virtudes dos outros italianos, e principalmente, diante do fascismo, comportaram-se como os outros, vale dizer, com uma aceitação cética ou resignada, apenas em raros casos entusiás-

tica. Em 1938, ou seja, na época da promulgação da lei racial na Itália, eu tinha dezenove anos e era estudante: foi penoso me separar de meus colegas e amigos não judeus, mas (pelo menos para mim) não foi humilhante. As acusações que se liam nos jornais, dirigidas a todos os judeus italianos, eram grotescas demais para ter crédito e, de fato, não convenceram muito a opinião pública, nem mesmo os fascistas convictos: o povo italiano, nesse aspecto, demonstrou-se pouco propenso a aceitar a patente de superioridade sobre os judeus que as leis raciais lhe conferiam gratuitamente. Como muitos em minha condição, reagi mais ou menos conscientemente às insossas acusações da propaganda, construindo para mim uma consciência, aliás, um orgulho de minoria, que antes não possuía.

Em setembro de 1943, as coisas pioraram subitamente quando o norte da Itália foi ocupado pelas tropas alemãs. Em todas as cidades italianas desencadeara-se uma verdadeira caça ao homem: grupos de policiais, alemães e infelizmente italianos também, vasculhavam os refúgios onde se haviam escondido os judeus que não conseguiram fugir, muitas vezes seguindo denúncias feitas por dinheiro. Dos 35 mil judeus presentes na Itália, encontraram 8 mil, e eram justamente os mais indefesos e necessitados, os pobres, os doentes, os idosos desprovidos de assistência. Nisso, realmente, a perseguição nazista foi de uma ferocidade sem precedentes: nesse massacre geral absurdo, que nao recuava nem diante de moribundos e crianças.

Fui preso como membro da Resistência, no vale de Aosta, mas logo identificado como judeu. Conduziram-me ao campo de coleta de Fossoli, perto de Módena; e de lá, no final de fevereiro de 1944, para Auschwitz: mas esse nome hoje terrível era desconhecido a todos naquela época. Nosso trem, de carga, levava 650 pessoas, cinquenta por vagão; a viagem durou cinco dias, durante os quais foram distribuídos alimentos, mas não água. Na estação de chegada, fizeram-nos descer, numa rápida seleção formaram-se três grupos, respectivamente de homens e de mulheres aptas ao trabalho (96 homens e 29 mulheres) e todos os outros, isto é, idosos, doentes, crianças, mulheres com crianças; ao todo 525, foram enviados diretamente para as câmaras de gás e para os crematórios, sem sequer ser matriculados no campo. Pelo que eu soube mais tarde no Campo de concentração, essa proporção de cerca de um para quatro era constante em quase todos os trens: um judeu para o trabalho e quatro para a morte. O massacre, portanto, era mais importante do que a exploração econômica.

Meu destino pessoal, que descrevi em meu livro *É isto um homem?*, está muito longe de ser o do típico prisioneiro de Auschwitz: este morria de esgotamento ou de doenças decorrentes da fome e da avitaminose, depois de algumas semanas ou meses. Basta pensar que a ração alimentar oficial continha cerca de 1600 calorias ao dia, isto é, só bastaria para um homem em repouso absoluto, enquanto os prisioneiros eram obrigados a trabalhar duramente num clima frio e com roupas inadequadas e insuficientes. Repito: cada um de nós, sobreviventes, é um sortudo. Minha sorte foi múltipla: durante um ano de prisão nunca adoeci e, quando isso aconteceu, foi no momento certo, na ocasião em que o Campo de concentração foi abandonado pelos alemães, que, por razões misteriosas, se abstiveram ou se esqueceram de exterminar os doentes que não podiam segui-los na fuga diante do avanço do Exército Vermelho. Encontrei um pedreiro italiano "livre" que me trouxe sopa e pão às escondidas durante muito tempo. Por fim, nos últimos meses de 1944, que foram os mais frios, consegui fazer valer minha qualidade de químico e fui encaminhado para um trabalho menos estafante e desconfortável num laboratório de análise.

Dos 96 homens que entraram comigo no campo, quinze sobreviveram; das 29 mulheres, oito sobreviveram; portanto, 23 sobreviventes em 650 deportados em nosso trem, ou seja, 3,5%. Mas foi um trem afortunado. Pois partira da Itália quase um ano antes da libertação: praticamente ninguém sobreviveu a dois ou três anos de prisão. Pelo que pude apreender quando regressei à Itália, e que coincide e se ajusta muito bem com o que vi e vivi pessoalmente, foram em torno de 6 milhões de vítimas ao todo: número fornecido pelos próprios responsáveis nazistas que não conseguiram escapar à justiça. Destes, cerca de 3,5 milhões foram mortos em Auschwitz.

Essa é a experiência da qual saí e que me marcou profundamente; seu símbolo é a tatuagem que até hoje trago no braço: meu nome de quando não tinha nome, o número 174517. Marcou-me, mas não me tirou o desejo de viver, pelo contrário, aumentou-o, porque conferiu uma finalidade à minha vida: a de dar testemunho, para que nada semelhante volte a acontecer. É para isso que escrevo meus livros.

*Primo Levi*
[1979]

# Lembrança de um homem bom

Gostaria de contribuir para a lembrança de um homem que me foi próximo por muito tempo, que compartilhou minhas experiências mais duras, que ajudou a muitos e a poucos pediu ajuda, salvou-me a vida uma vez, e morreu em silêncio, aos 85 anos, poucos dias atrás. Era um médico: creio que seus pacientes, em meio século de profissão, somam milhares, e todos conservaram dele uma lembrança grata e afetuosa, que é como lembramos dos que nos socorrem o melhor que podem, sem arrogância ou intromissão, mas participando até o fim de nossos problemas (não só os de saúde) para nos ajudar a superá-los.

Não era bonito, era de uma feiura fascinante, da qual era alegremente consciente e que explorava como um ator cômico exploraria uma máscara. Tinha um narigão torto, sobrancelhas loiras grossas em tufos, entre elas dois olhos luminosos, celestes, nunca melancólicos, quase infantis. Nos últimos anos ficara surdo, e não se martirizava nem um pouco; mas mesmo antes sua maneira de participar das conversas era peculiar. Se lhe interessavam, intervinha com cortesia e bom senso, sem nunca elevar a voz (que, aliás, era rouca e trêmula desde a juventude); se não lhe interessavam ou deixavam de lhe interessar, ficava visivelmente distraído e nada fazia para disfarçar: retraía-se como uma tartaruga em seu casco, folheava um livro, olhava para o teto ou vagueava pela sala como se estivesse sozinho.

Mas diante dos pacientes nunca se distraía, pelo contrário, sempre mantinha extrema atenção. No entanto, cometia distrações lendárias quando estava de férias, e depois contava-as com orgulho; de fato, frequentemente vangloriava-se de suas poucas fraquezas, e nunca de suas virtudes, que eram a paciência, a afetuosidade e uma coragem silenciosa. Aparentemente frágil, possuía uma rara força de espírito, que se manifestava mais em suportar do que em agir e que contagiava quem estava por perto.

Não sei muito sobre ele antes de 1943; a partir de então, não teve uma vida feliz. Era judeu e, no outono daquele ano, tentara atravessar a fronteira com a Suíça para escapar dos alemães, com um grupo grande de parentes. Haviam cruzado a fronteira, mas os guardas suíços foram inflexíveis: aceitaram somente os idosos, as crianças e seus pais, todos os outros foram reconduzidos para a fronteira italiana, na verdade, para as mãos dos fascistas e dos alemães. Conhecemo-nos no campo de trânsito italiano de Fossoli, fomos deportados juntos e, desde então, não nos separamos mais até o retorno à Itália, em outubro de 1945.

Na entrada do Campo de concentração, sua mulher, que era gentil, frágil e, como ele, pronta a defender os outros, fora imediatamente morta. Ele havia declarado sua qualidade de médico, mas não sabia alemão e por isso seguira o destino comum: trabalhar na lama e na neve, empurrar vagões, amontoar carvão, terra e areia. Era um trabalho massacrante para todos, mortal para ele, fisicamente frágil, pouco treinado e já idoso. Depois de poucos dias de canteiro, os sapatos lhe feriam os pés, que inchavam e precisou ser encaminhado à enfermaria.

Lá, eram frequentes as inspeções dos médicos SS: julgavam-no incapaz de trabalhar e o colocavam na lista para a morte na câmara de gás; depois, por sorte, seus colegas encarregados, os médicos-prisioneiros da enfermaria, franceses ou poloneses, intervinham em seu favor: conseguiram retirar seu nome quatro vezes. Mas, nos intervalos entre as condenações e as absolvições provisórias, ele continuava da mesma maneira: frágil, mas não destruído pela vida desumana do Campo de concentração, amável e serenamente consciente, amigo de todos, incapaz de rancor, sem angústia e sem medo.

Fomos libertados juntos, percorremos juntos milhares de quilômetros em terras distantes, e também nessa viagem interminável e inexplicável sua figura gentil e indomável, sua esperança contagiante e sua dedicação de médico sem medicamentos foram preciosas, não só para nós, os pouquíssimos sobreviventes de Auschwitz, mas para outros mil italianos, homens e mulheres, no caminho dúbio de regresso do exílio.

Finalmente chegado a Turim, ele se distinguiu entre todos os sobreviventes por preservar uma rede de solidariedade entre seus companheiros de prisão, mesmo distantes ou estrangeiros. Desde então, viveu quase quarenta anos numa condição que só um homem como ele saberia construir em torno de si: sozinho nos registros civis, na realidade, cercado por muitos amigos antigos e recentes que sentiam lhe dever, todos eles, alguma coisa: muitos a saúde, outros um conselho sensato, outros ainda sua simples presença, seu sorriso infantil, mas nunca inconsciente nem doloroso, que confortava o coração.

*Primo Levi*
[1983]

# À nossa geração...

À nossa geração coube a sorte pouco invejável de viver acontecimentos carregados de história. Não pretendo dizer que *depois* não aconteceu mais nada no mundo: catástrofes naturais e tragédias coletivas desejadas pelo homem ocorreram em todas as partes, mas, apesar dos presságios, não aconteceu na Europa nada que se comparasse à Segunda Guerra Mundial. Cada um de nós é, por isso, uma testemunha, queira ou não; e a investigação conduzida pela Regione Piemonte sobre a memória dos sobreviventes da deportação foi adequada e oportuna, pois este último evento, devido à sua amplitude e pelo número das vítimas, é um fato único, pelo menos até agora, na história da humanidade.

Fui chamado em minha dupla condição de testemunha e de escritor. Fico honrado com isso e ao mesmo tempo pesa-me uma responsabilidade. Livros se leem, podem divertir ou não, instruir ou não, ser lembrados ou relidos. Como escritor da deportação, isso não me basta. Desde meu primeiro livro, *É isto um homem?*, quis que meus escritos, embora assinados por mim, fossem lidos como obras coletivas, como uma voz representando outras vozes. Mais ainda: que fossem uma abertura, uma ponte entre nós e nossos leitores, especialmente os jovens. Para nós, deportados, é agradável sentar à mesa e compartilhar os episódios de nossas desventuras agora distantes, mas nisso não é muito útil. Enquanto estivermos vivos, é nosso dever falar, sim, mas aos outros, aos que ainda não eram nascidos, para que saibam "até onde se pode chegar".

Assim, se boa parte de meu trabalho atual consiste numa espécie de diálogo ininterrupto com meus leitores não é por acaso. Recebo muitas cartas cheias de "por quê?"; pedem-me entrevistas, especialmente os jovens, fazem-me duas perguntas fundamentais: como pôde ocorrer o horror do Campo de concentração? Ocorrerá de novo?

Não creio que existam profetas, leitores do futuro; quem se fez passar por isso até agora fracassou miseravelmente, muitas vezes de maneira ridícula. Eu não me considero um profeta, sequer intérprete autorizado da história recente. Todavia, essas duas perguntas são tão prementes que me sinto na obrigação de tentar dar uma resposta, ou melhor, várias: são as que foram distribuídas em letra impressa durante este congresso. Algumas respondem aos leitores italianos, americanos e ingleses; outras, e me parecem as mais interessantes, são fruto de uma intricada rede epistolar que me manteve por muitos anos em contato com os leitores alemães de *É isto um homem?*. São as vozes dos filhos, dos netos daqueles que cometeram ou que deixaram de cometer essas atrocidades, ou que não se preocuparam em tomar conhecimento delas. Algumas vozes eram de alemães diferentes, que fizeram o pouco, ou muito, que podiam para se opor ao crime que seu país estava cometendo. Pareceu-me correto dar espaço a uns e outros.

Nós, sobreviventes, somos testemunhas, e toda testemunha deve responder (também segundo a lei) com a verdade e de maneira completa: mas para nós esse é também um dever moral, porque nossas fileiras, que sempre foram exíguas, estão se reduzindo ainda mais. Tentei cumprir esse dever com meu livro recente, *Os afogados e os sobreviventes*, que talvez alguns de vocês tenham lido e que logo será traduzido pelo menos para o inglês e para o alemão. Esse livro, que é feito de perguntas sobre a deportação (não só sobre a nazista) e de tentativas de resposta, também integra meu diálogo que já se prolonga por mais de quarenta anos: considero-o profundamente sintonizado com este congresso. Espero que, ao juízo dos leitores, ele atenda ao próprio tema do encontro, isto é, que traga sua modesta contribuição à compreensão da história de hoje, cuja violência é filha daquela à qual tivemos a sorte de sobreviver.

*Primo Levi*
[1986]

# APÊNDICE

# O trem para Auschwitz

*Primo Levi e Leonardo De Benedetti*

Os dois documentos apresentados a seguir não são apenas um extraordinário exercício de memória; são, acima de tudo, o resultado de uma obstinada pesquisa que Primo Levi iniciou logo após voltar da deportação, pondo-se em busca dos companheiros de prisão, reatando relações pessoais e epistolares, pedindo por toda parte notícias sobre os que haviam viajado com ele para o Campo de concentração, ou que estiveram internados em Buna-Monowitz (os homens) e em Birkenau (as mulheres). Os leitores de *É isto um homem?* lembrarão que o livro termina com a evocação das "longas cartas" trocadas com Charles após o repatriamento, e a manifestação da esperança de "poder reencontrá-lo um dia": o que aconteceu.

A primeira página reproduzida aqui, inédita, provém do arquivo de Primo Levi. Agradecemos vivamente aos filhos do escritor por autorizar sua publicação. É uma cópia da lista entregue no dia 3 de maio de 1971, em Turim, ao procurador alemão Dietrich Hölzner que — na fase de instrução do processo contra o ex-coronel ss Friedrich Bosshammer — viera pessoalmente à

Itália para interrogar Primo Levi, Leonardo De Benedetti e outros sobreviventes de Auschwitz. Na audição com o magistrado, foi o próprio Levi quem especificou as características do documento:

> Anexo a este depoimento uma anotação minha, que consiste numa lista de 75 nomes que pude reconstituir após meu regresso à Itália. São 75 entre os 95 ou 96 homens aptos ao trabalho que entraram comigo no campo de Monowitz. Os nomes circundados são os dos sobreviventes à libertação, os nomes marcados com um "t" são os dos que integraram o transporte de evacuação de Auschwitz em direção a Buchenwald e Mauthausen, ocorrido em janeiro de 1945; com "s" estão marcados os nomes dos mortos nas seleções; com "m", os nomes dos mortos por doenças, e com "l" o nome do único prisioneiro morto após a libertação, antes de retornar à pátria. Consegui reconstituir o número de matrícula de alguns companheiros: em todos os casos, os primeiros algarismos do número são 174. Meu número de matrícula era 174517.

A lista, na verdade, traz 76 nomes.

Quinze anos mais tarde, no capítulo "Violência inútil" de *Os afogados e os sobreviventes*, Levi forneceria um detalhe significativo sobre sua viagem: "O comboio no qual fui deportado, em fevereiro de 1944, era o primeiro que partia do campo de recolhimento de Fossoli (outros haviam partido antes de Roma e de Milão, mas não tínhamos recebido notícia disso)". Nos doze vagões estava estampada a sigla RSHA, ou seja, *Reichssicherheitshauptamt*. Era o Escritório Central de Segurança do Reich, criado em 27 de setembro de 1939 por Himmler, que confiou seu Comando a Reinhard Heydrich. Após a morte deste último num atentado realizado por resistentes tchecoslovacos (Praga, 4 de junho de 1942), o próprio Himmler assumiu provisoriamente o Comando, para confiá-lo depois, em 30 de janeiro de 1943, a Ernst Kaltenbrunner. A deportação dos judeus fazia parte das atribuições do RSHA; o setor específico foi confiado a Adolf Eichmann. Outros dados essenciais sobre o significado da lista elaborada por Levi podem ser lidos no livro de Liliana Picciotto, *Il libro della memoria. Gli ebrei deportati dall'Italia (1943-1945)*:*

> Segundo os documentos conservados no arquivo do Museu de Auschwitz, os 95 homens que, ao chegar, escaparam à seleção para o gás e foram introduzidos no campo com os números de matrícula de 174471 a 174565; as mulheres matriculadas foram 29 e tomaram os números de 75669 a 75697.
>
> A *Transporliste* não se conservou, e assim o número total dos deportados não é conhecido. Os identificados no decorrer da pesquisa do Cdec [Centro de documentação judaica contemporânea, Milão] são 489, 23 dos quais sobreviventes. Trata-se na maioria de judeus italianos e estrangeiros detidos por agentes da Pubblica Sicurezza [Segurança Pública] italiana após a ordem de prisão datada de 30 de novembro de 1943 pelo Ministro do Interior [da Repubblica Sociale Italiana] Guido Buffarini Guidi. [...]
>
> O comando geral da Polícia de Segurança alemã com sede em Verona [sob o comando de Friedrich Bosshammer], temendo não alcançar a tempo o quórum para a formação do comboio, fizera pressão sobre dirigentes e chefes da polícia não só para que efetuassem novas prisões, como para que os translados ocorressem "*até e não depois de 18 do mês corrente* (fevereiro)".
>
> Entre os identificados desse comboio, as crianças (nascidas depois de 1931) eram 31, os idosos (nascidos antes de 1885) eram

---

* Publicado originalmente em 1991; nova edição atualizada, Milão: Mursia, 2002, pp. 48-9. (Esta e as demais notas de rodapé deste capítulo são dos organizadores deste livro.)

dezoito. A mais velha, nascida em 1855, chamava-se Anna Jona; o mais novo, Leo Mariani, tinha um ano. (acréscimos dos autores)

Leo Mariani, na verdade, estava com dois meses, tinha nascido em 18 de dezembro de 1943, em Veneza; logo antes dele, em 7 de novembro em Ferrara, viera à luz Bruno Farber; estas últimas informações se devem à pesquisa de Italo Tibaldi, que chegou a identificar 490 pessoas, e estabelece em 24 o número de sobreviventes, sendo oito mulheres e dezesseis homens.*

Foi justamente a Tibaldi que foi confiado (mas não se sabe quando) o segundo documento que apresentamos: uma cópia exata da lista preparada para Hölzner, transcrita inteiramente à mão por Primo Levi, com duas intervenções esclarecedoras de Leonardo De Benedetti no cabeçalho e no final da página. A autoria da grafia de Leonardo De Benedetti só foi identificada agora. Como já lhe ocorrera em testemunhos anteriores, o amigo de Levi antecipou em um dia as datas da partida e da chegada ao Campo de concentração.

Há uma fotocópia da folha preservada na Fundação Memória da Deportação**, já reproduzida em apêndice ao estudo sobre os companheiros de viagem de Levi.

---

* Ver Italo Tibaldi, "Primo Levi e i suoi 'compagni di viaggio': Ricostruzione del trasporto da Fossoli ad Auschwitz", em Paolo Momigliano Levi e Rosanna Gorris (Orgs.). *Primo Levi testimone e scrittore di storia*. Florença: Giuntina 1999, pp. 149-232.
** Milão, *Fondo Tibaldi*, envelope 121, pasta 293, com o título "Lembranças de Primo Levi".

*L'originale è stato consegnato al giudice Hölzner, per l'istruttoria. Boßhammer.*
*3/5/'71*

| | | |
|---|---|---|
| 1- Barabas  t  174473 | 26 Halpern | 51 Otrinto  t |
| 2- Bassani B.  t | 27 Hochberger  t | 52 Passigli  ʃ |
| 3- Bassani E.  ʃ | 28 Israel  t | 53 Ravenna p.  ʃ |
| 4- Bassani F.  ʃ | 29 Jaffe  m | 54 Ravennari |
| 5 Baruch I  m | 30 Jona  '511 | 55 Revere  ʃ |
| 6 Baruch II  t | 31 Lamprenti  ʃ | 56 Rotstein  ʃ |
| 7 Baruch III  t | 32 Lenk  ʃ '514 | 57 Sacerdoti  t |
| 8 Benjachar  ʃ | 33 Levi A. I  ʃ | 58 Schlesinger  t |
| 9 10 ...  t | 34 Levi A. II  t | 59 Schlechoff |
| 10 Campagnano  ʃ | 35 Levi P.  '517 | 60 Segre Tullio ʃ |
| 11 Carmi  t | 36 Levi Sandro  ʃ | 61 Sermoneta  t |
| 12 Cittone  t | 37 Levi Sergio  t | 62 Simkovic  t |
| 13 Coen Guy  ʃ | 38 Lewinski | 63 Steinlauf  ʃ |
| 14 Dalla Volta A.  t '488 | 39 Levi Lelio  ʃ | 64 Tedeschi  ʃ |
| 15 Dalla Volta G.  ʃ | 40 Lascar I  ʃ | 65 Tedesco I  t |
| 16 De Benedetti  '489 | 41 Lascar II  ʃ | 66 Tedesco II  t |
| 17 Diena  m | 42 Lonzano  ʃ | 67 Tedesco III  t |
| 18 Foa G.  ʃ | 43 Luria  m | 68 Valabrega I  ʃ |
| 19 Fitz  m | 44 Lusena F.  t | 69 Valabrega II  ʃ |
| 20 Flesch  m | 45 Lusena S.  t | 70 Valabrega F.  t |
| 21 Fornari  ʃ | 46 Mandel | 71 Treistman  t '554 |
| 22 Geiringer  t | 47 Marioni E.  t | 72 Zelikovic  t |
| 23 Glücksmann  t | 48 Marioni I. | 73 Zelikowski  '565 |
| 24 Grassini  t '508 | 49 Moscati | (74 Kornicer) |
| 25 Gruzdaz  t | 50 Ortona  ʃ | (75 Coen Giorgio)  m |
| | | (76 Melli Guido) |

Su 74: 14 tornati di cui 7 chanier.
26 al trasporto di gennaio (t)
26 in selezione (ʃ)
8 di malattia (m)

| | |
|---|---|
| Italiani | 57 |
| Polacchi  ● × × × × × | 4 |
| Jugoslavi × × × × × × | 6 |
| Tedeschi × × × × × | 5 |
| Austriaci × × | 3 |
| Altri × × | |
| | 75 |

Elenco dei Deportati dal Campo di Fossoli
(21-II-44) giunti ad Auschwitz il 25-II-44 e condotti nel
Arbeitslager di Buna-Monowitz

| | | |
|---|---|---|
| [Barabas] 174413 | Halpern | Orvieto t |
| Bassani B. (t) | Hochberger t | Passigli s |
| " E. s | [Israel Liko] | Ravenna P. s |
| " F. s | Jaffe m | " E. |
| Baruch I m. | [Jona Remo] 174511 | Revere s |
| " II | Kornitzer m | Rotstain s |
| Baruch III t | Lampronti s | Sacerdoti F. t. |
| Benjachau s | Lenk s 174514 | Schlesinger t |
| Calò Gius. t | Levi Aldo I s | [Schloschoff] |
| Campagnano s | " " II t | Sepe Tullio s |
| Carmi Cesare t | [Levi P.] | Sermoneta t |
| Cittone t | Levi Sandro s | Simkovic t |
| Coen Giorgio s | " Sergio t | Steinlauf s |
| " Giuseppe | [Lewinski] | Tedeschi s |
| Dalla Volta A. t 174488 | Levi Lelio s | Tedesco I t |
| " " G. s | Lascar I s | " II t |
| [De Benedetti L.] | " II s | " III t |
| Diena m | Lonzana s | Valabrega I s |
| Foa G. s | Luria m | " II s |
| Fitz m | Lusena P. t | " Franco t |
| Flesch m | " S. t | Treistman t 174554 |
| Fornari s | [Mandel] | Zelikovic t |
| Geiringer t | Mariani E. t | [Zelikowski] |
| Glücksmann t | " L. | |
| Grassini l 174500 | [Moscati] | |
| Gruszcz E. t | Ortona R. s | |

I nomi chiusi in rettangolo appartengono a sopravvissuti.

# Uma testemunha e a verdade

*Fabio Levi e Domenico Scarpa*

*Em Katowice.*

*Il Mese*, revista de propaganda aliada impressa em Londres e distribuída na Itália, publicou no fascículo dezessete a seguinte notícia datada de 7 de maio de 1945:

> Uma comissão governamental composta por especialistas soviéticos, assistida por professores poloneses, franceses e tchecoslovacos, concluiu sua investigação sobre as condições do campo de concentração de Oswiecim.* Foram interrogados cerca de 3 mil sobreviventes de várias nacionalidades e, baseando-se tanto em suas declarações como nos documentos encontrados no campo, a comissão pôde estabelecer que, em Oswiecim, foram mortas 4 milhões de pessoas, entre 1941 e o início deste ano. Entre as víti-

---

* Oświęcim (em alemão, Auschwitz) é o nome da cidadezinha polonesa em cujas margens se situava o campo de extermínio.

mas estão cidadãos da União Soviética, Polônia, França, Bélgica, Holanda, Tchecoslováquia, Iugoslávia, Hungria, Itália e Grécia [...]. O relatório prossegue e declara que a maioria dos que eram deportados ao campo era imediatamente eliminada nas câmaras de asfixia. Na média, um em seis era escolhido para trabalhar. O campo cobria uma superfície de cerca de trezentos hectares e podia abrigar por volta de 250 mil pessoas. Os alemães levaram aproximadamente 60 mil prisioneiros do campo em sua retirada; os russos libertaram mais de 10 mil dos que permaneceram. Foram encontrados setecentos quilos de cabelos de mulher prontos para serem remetidos para a Alemanha.\*

Estava-se então no momento imediatamente posterior à libertação. Naquelas semanas, os fatos narrados no artigo encontraram confirmações cada vez mais pontuais a partir de várias fontes. Quanto aos números, eles seriam mais bem especificados e, em parte, redimensionados por pesquisas posteriores, embora a grandeza assombrosa dos primeiros balanços da Polônia não tenha sido desmentida em absoluto. Além do mais, o artigo citado nos oferece uma contribuição específica: ajuda-nos a apreender o quadro dentro do qual se deve situar o "Relatório sobre a organização higiênico-sanitária do Campo de concentração de Monowitz", que abre este livro.

Os autores do texto, Leonardo De Benedetti e Primo Levi, tiveram uma história paralela em muitos momentos compartilhando estreitamente alguns aspectos. Ambos judeus turineses, foram presos depois de 8 de setembro de 1943 pela milícia fascista, o primeiro nas imediações de Lanzo d'Intelvi, depois de ter sido barrado na fronteira suíça com a esposa Jolanda; o segundo

---

\* "Quattro milioni di morti al campo di Oswiecim", *Il Mese*, III, 7 maio 1945, p. 539.

em Amay, no vale de Aosta, onde fazia parte de um dos primeiros grupos da Resistência da região. Transferidos para o campo de trânsito para judeus situado em Fossoli de Carpi, próximo a Módena, depois de algumas semanas de confinamento, foram embarcados, em 22 de fevereiro de 1944, no mesmo trem de deportados com destino a Auschwitz.

Igual destino, portanto, mas com histórias e idades diferentes: De Benedetti, médico de profissão, tinha então 46 anos; Levi, com recente diploma em química, estava com 24 anos. Por onze meses conseguiram sobreviver no campo de Monowitz (Auschwitz III), onde os nazistas empregavam os escravos para construir uma fábrica de borracha sintética, a Buna, que nunca entraria em funcionamento. Com a aproximação do exército russo, em janeiro de 1945, tanto Leonardo De Benedetti quanto Primo Levi ficaram entregues à morte entre os milhares de doentes sem forças necessárias para serem incluídos na marcha de evacuação que os nazistas impuseram a todos os prisioneiros saudáveis do campo. Assim, com a chegada dos libertadores, puderam empreender a longa viagem que — juntos, e após meses de peregrinação pela Europa — os traria de volta a Turim.

Depois da libertação, De Benedetti se apresentou ao campo central de Auschwitz, colocando-se à disposição do Comando Russo na qualidade de médico:

> Mas não tínhamos medicamentos. Minha tarefa era escrever a história de cada internado. [...] Vi morrer muita gente. Estive ali, evacuaram aos poucos o campo de Auschwitz e nos levaram a Katowice. Mas me deixaram em Auschwitz como médico. Ora, eu era o único italiano que ficara ali; tinha medo de perder as ligações com meus companheiros. Então, um belo dia, sem dizer nada a ninguém, subi num trem e fui a Katowice, onde sabia que

estavam os outros [...], e ali naturalmente voltei a atender os italianos como médico, pois havia alguns medicamentos.*

Em Katowice, mais precisamente na enfermaria de Bogucice, Leonardo e Primo se reencontraram. Para Primo, Leonardo conservava a mesma imagem que ele fizera em Auschwitz, como lemos em A trégua:

> Por três vezes, em três seleções de enfermaria, fora escolhido para morrer no gás, e por três vezes a solidariedade de seus colegas no cargo haviam-no subtraído afortunadamente de seu destino.** Possuía também, além da sorte, outra virtude essencial nesses espaços: uma ilimitada capacidade de resignação, uma coragem silenciosa, não nativa, não religiosa, não transcendente, mas deliberada e desejada a cada instante, uma paciência viril, que o mantinha miraculosamente à beira do colapso.***

---

* Entrevista de Leonardo De Benedetti realizada pela Aned (30 set. 1982), em Anna Segre, *Un coraggio silenzioso. Leonardo De Benedetti, medico, sopravvissuto ad Auschwitz*. Turim: Zamorani, 2008, p. 127.
** Na verdade, Leonardo De Benedetti foi salvo da seleção não três, mas quatro vezes, com a intervenção de dr. Mengele, além (e talvez antes) da de seus colegas. Esses resgates são mencionados, entre outras coisas, também na denúncia — referida neste livro — redigida por De Benedetti em 1959, justamente contra Mengele. Nela adianta-se a hipótese de que não eram gestos de clemência, mas a simples aplicação burocrática de uma diretriz nazista que pretendia garantir a sobrevivência dos médicos deportados. Fala-se sobre Mengele também em *Ricordi della casa dei morti* (1946), de Luciana Nissim Momigliano, por sua vez médica de profissão, mas que, à diferença de Leonardo, pôde se valer de sua qualificação em Birkenau. Ver sua coletânea *Ricordi della casa dei morti e altri scritti*. Alessandra Chiappano (Org.). Florença: Giuntina, 2008, pp. 54 ss.
*** Primo Levi, *La tregua* [1963], em Marco Belpoiti (ed.). *Opere*, v. 1. Turim: Einaudi, 1997, p. 252. [Ed. bras.: *A trégua*, trad. Marco Lucchesi. São Paulo: Companhia das Letras, 1997, p. 58.]

Leonardo, por sua vez, descrevia assim a retomada do exercício profissional numa carta de 28 de abril de 1945 aos familiares sobreviventes:

> Tornei-me uma figura um pouco eminente, porque sou o único médico italiano, tomei como assistente Primo Levi, doutor em química de Turim, que é uma ajuda preciosa: ele é muito inteligente e tem boa vontade, logo pegou prática do serviço que, a bem da verdade, não é difícil.*

Portanto, é ao médico e a seu assistente que o Comando do Campo de Concentração de Kattowitz para Italianos ex-prisioneiros dirige-se naquelas semanas para pedir um relatório sobre o "funcionamento dos serviços sanitários do Campo de Monowitz", a ser enviado "ao governo da URSS".** Não temos vestígios diretos desse documento, a não ser o que pudemos obter em redações posteriores, das quais falaremos em breve. Hipoteticamente, é possível imaginar que a contribuição predominante foi de Leonardo De Benedetti, entre os dois o verdadeiro especialista em medicina, para o qual, porém, contribuiu a meticulosidade analítica de seu jovem assistente. Não sabemos nem sequer se o relatório foi entregue aos russos em italiano ou se foi traduzido, presumivelmente na língua mais conhecida por ambos os autores, ou seja, o francês.

---

* Anna Segre, *Un coraggio silenzioso*, op. cit., p. 84.
** O documento de onde se extraíram as citações é uma cópia datilografada, sem data nem assinatura, do "Relatório sobre a organização higiênico-sanitária do campo de concentração para judeus de Monowitz (Aushwitz [sic] — Alta Silésia)", assinado por "dr. Leonardo De Benedetti, médico cirurgião" e por "Primo Levi, químico". Está conservado no Arquivo do Instituto piemontês para a história da Resistência e da sociedade contemporânea "Giorgio Agosti" (Istoreto). Para indicações analíticas sobre esse e outros documentos que serão citados adiante, ver a ficha referente ao "Relatório" nas "Notas sobre os textos".

Note-se, por fim, o interesse fundamental do Comando Soviético — pelo menos, é o que nos sugere o próprio "Relatório"; mas seria preciso aprofundar a pesquisa — pelo funcionamento dos serviços sanitários de Monowitz, como se a causa dos horrores constatados pelas tropas libertadoras à sua chegada nos campos devesse ser procurada, pelo menos em primeira instância, num tremendo desleixo dos nazistas com as condições de saúde dos deportados. Em todo caso, era preferencialmente aos médicos que os vitoriosos se dirigiam, na tentativa de reconstruir um quadro geral sobre o que ocorrera nos campos de concentração. Com efeito, eles eram credenciados, pela própria natureza da profissão que exerciam, a manter o distanciamento necessário para descrever os fatos de forma clara e objetiva, inclusive porque havia o objetivo de analisar o tratamento sofrido pelos milhões de corpos — as almas, no momento, pareciam contar muito menos — amontoados pelos nazistas no sistema dos campos.

## UM RELATÓRIO CIENTÍFICO

Assim, aquele primeiro relatório tomou o caminho de Moscou e certamente valeria a pena localizá-lo nos arquivos onde talvez ainda esteja conservado junto com tantos outros que o acompanharam. Mas também tomou o caminho da Itália na pobre bagagem dos dois sobreviventes, Levi e De Benedetti, e reaparece um pouco modificado logo depois do regresso de ambos a Turim, ocorrido em 19 de outubro de 1945.

É provável que a primeira cópia do "Relatório" tenha sido entregue nos primeiros meses de 1946 ao setor histórico do Comitê de Libertação Nacional, cuja sede era em Turim; graças aos cuidados de Giorgio Vaccarino, um dos mais importantes personagens do Movimento de Libertação, ele se conserva até hoje no Arquivo do Instituto turinense da Resistência. Trata-se de um texto datilografado, em versão definitiva, com dezessete páginas. No breve prefácio, os autores perguntam com tons demasiado otimistas se, graças à documentação inclusive fotográfica já difundida em muitos lugares, ainda existe alguém que "talvez" ignore as "torpezas" dos "campos de extermínio". Logo, explica-se que aquelas páginas foram escritas a pedido dos russos e menciona-se o acréscimo de "algumas notas de ordem geral" ao texto original: presumivelmente são as referências iniciais à viagem dos autores para Auschwitz e as informações sobre os últimos dias do campo, apresentadas no fim. Toda a parte central, dois terços do texto, oferece, como diz o título em letras maiúsculas, um pormenorizado RELATÓRIO SOBRE A ORGANIZAÇÃO HIGIÊNICO-SANITÁRIA DO CAMPO DE CONCENTRAÇÃO PARA JUDEUS DE MONOWITZ (AUSHWITZ [SIC] — ALTA SILÉSIA).

O recorte, como já parece evidente pela precisa indicação geográfica do título, pretende ser propriamente analítico e informativo. Nisso parecem convergir o caráter objetivo do doutor em medicina e o espírito científico do mais jovem, mas não menos rigoroso, doutor em química. As referências ao *nós* dos autores são escassas e se referem principalmente à viagem para o Campo de concentração. Quanto ao restante, o discurso prescinde dos casos individuais para se concentrar na relação entre as condições do campo e seus efeitos patológicos, deixando deliberadamente de lado qualquer outro fator não pertinente ao tema central do relatório médico.

Dele nasce um quadro impressionante das patologias mais difundidas em Monowitz. Mas também se impõe ao leitor, com nítida coerência, a lógica que sustentava o aparato "hospitalar" do campo. Entre o cuidado maníaco pelas aparências

— uma verdadeira obsessão dos nazistas — e o recurso sistemático à eliminação dos mais fracos, tudo era organizado para que os deportados não tivessem uma sobrevivência média superior a poucos meses. E, depois de ressaltar os sofrimentos impostos a uma massa ilimitada de seres humanos, em seu relato sobre Auschwitz o "Relatório" não hesita em apresentar também o extremo; relata o pulsar letal das câmaras de gás e a fumaça ininterrupta dos crematórios; descreve até a obra confiada aos membros do *Sonderkommando*, informa-se que eles eram "escolhidos entre os piores criminosos condenados por graves crimes de sangue" e evocam seu "aspecto absolutamente selvagem, realmente de animais ferozes". Seria necessário mais tempo para que testemunhas cuidadosas como Levi e De Benedetti pudessem corrigir o erro, não sobre a existência das equipes especiais nem sobre sua terrível tarefa, mas sobre a origem; só mais tarde eles descobririam que eram judeus como os outros, escolhidos expressamente pelos nazistas para esvaziar os crematórios.

A lógica do aparato pseudossanitário montado num campo como o de Monowitz não era senão a da aniquilação, ou melhor, de uma aniquilação controlada. E o "Relatório" não hesitava em falar desde as primeiras linhas em "aniquilação dos judeus", para que não restassem dúvidas sobre o sentido geral dos fatos. Contudo, a cópia entregue ao setor histórico do Comitê de Libertação Nacional turinense foi classificada sob uma rubrica que acabava por diminuir o alcance do que ela pretendia transmitir: com efeito, na pasta original do fascículo encontramos, escrito a lápis, "atrocidades fascistas", como se não fosse possível classificar de outro modo um evento extremo, ainda em grande parte ignorado, a não ser encaixando-o dentro de esquemas já consolidados. Era como agiam inclusive os que haviam combatido o fascismo — e o problema, fique bem claro, não era exclusivo de

Turim, se alastrava pela Itália, França e outros lugares* —, mas não souberam captar a especificidade e a dimensão da perseguição imposta aos judeus.

Para quem sofrera barbaramente, esse era mais um motivo para reivindicar a maior atenção possível sobre tal perseguição, apesar do clima desfavorável. Levi e De Benedetti haviam escrito no prefácio que agora "talvez" muitos sabiam. Não era o caso; acima de tudo, eram mais numerosos os que não queriam saber, que não queriam ouvir relatos de sobreviventes dos campos de extermínio; em todo caso, foi para enfrentar essa ignorância, qualquer que fosse sua origem, que nasceu a ideia de publicar aquele primeiro resumo sistemático da realidade de Auschwitz, aliás, da "organização higiênico-sanitária" do campo, numa revista médica, e a escolha recaiu não num periódico altamente especializado, de público restrito, dirigido a poucos, mas em *Minerva Medica*, que se apresentava ao público como "Gazeta semanal para o médico prático", alcançando assim um público amplo, muito maior do que círculo turinense.

Num ambiente médico como o de Turim, de sólidas tradições universitárias, onde judeus tiveram forte presença até as leis raciais de 1938 — basta pensar numa figura como Giuseppe Levi —, o projeto mais ambicioso desse artigo, publicado em 24 de novembro de 1946, consistia justamente em chamar a atenção de um público de alto nível sobre o extermínio recém-perpetrado: os médicos, precisamente, sensíveis aos valores situados na base de sua profissão, que os nazistas haviam desatendido e pisoteado clamorosamente. Mas, de todo modo, era preciso ir além: a tarefa, naquele ponto, já não cabia

---

* Ver a esse respeito em especial Annette Wieviorka, "Les Status des déportés", em *Déportation et genocide: entre la mémoire et l'oubli*. Paris: Plon, 1992, pp. 141-58.

somente ao médico ou ao químico: demandava a pena do escritor. Primo Levi, que havia tempo cultivava o propósito de relatar a experiência de deportado em implicações humanas mais amplas, aceitou o desafio. A prova desse novo compromisso está, mais uma vez, nos papéis do setor histórico do Comitê de Libertação Nacional turinense, também conservados no Istoreto. De fato, na mesma pasta que contém o "Relatório", separado por poucas folhas, está uma cópia datilografada de "História de dez dias", último capítulo de É isto um homem?, mas o primeiro que Levi sentiu urgência em escrever. Na última página da "História", sob a assinatura do autor, lê-se: fevereiro de 1946.* Pode-se dizer que os dois textos devem ser considerados em paralelo: concebidos, escritos e divulgados no mesmo período, no entanto, um não pode ser usado como prólogo do outro. São comparáveis, mas independentes.

O "Relatório", nascido e amadurecido em colaboração com Leonardo De Benedetti, conhecera um destino aventuroso e exercia agora uma função científica. A "História de dez dias" era totalmente diferente: uma experiência literária somente de Primo Levi. O fato de circularem juntos nos mesmos locais e provavelmente entre as mesmas pessoas só demonstra o empenho incansável dos dois autores seguindo em várias direções. Não é por acaso, por exemplo, que uma cópia de "História de dez dias" idêntica à já citada — destinada a sofrer retoques formais antes de sua versão definitiva para a edição de É isto um homem?, publicada no outono de 1947** — tenha sido depositada no mesmo período junto à Comunidade Judaica turinense. E existe ainda um terceiro arquivo no qual o "Relatório" e o capí-

---

* A mesma data está indicada na nota sobre É isto um homem? contida em Primo Levi, Opere, v. 1, op. cit., p. 1375.
** Idem.

tulo que seria o final de *É isto um homem?* foram depositados juntos: o do Comitê de Investigações de Deportados Judeus (CRDE), em Roma, que, sob a direção do coronel Massimo Adolfo Vitale, iniciou suas buscas desde cedo, aliás, pouco depois do regresso de Levi e De Benedetti à Itália, e recolheu os primeiros depoimentos sintéticos sobre o campo de concentração de Monowitz. O leitor os encontra mais adiante neste mesmo volume.

Entretanto, não parece casual que a "História de dez dias" também tivesse uma enfermaria como cenário: aliás, justamente a de Monowitz. Se o "Relatório", com seu caráter impessoal e generalizante, descrevia a experiência não humana "de quem viveu dias em que o homem era uma coisa aos olhos do homem", "História de dez dias" terminava com o relato de homens que "à noite, ao redor do aquecedor", sentiam "voltar a se tornar homens". Dois modos diferentes, mas complementares, de narrar Auschwitz para quem não estivera lá ou que se recusava a acreditar.

## UMA REDESCOBERTA RECENTE

Depois que seus autores entregaram o "Relatório" em mãos para as instituições ou pessoas importantes, e depois da publicação em *Minerva Medica*, ele foi posto de lado e por muito tempo não se ouviu falar a respeito. Há somente uma menção na entrevista de Leonardo De Benedetti à Aned (Associação Nacional Ex-Deportados) em 1982, um ano antes de seu desaparecimento. Ao lhe perguntarem se nunca pensara em escrever algo sobre sua experiência no Campo de concentração, ele respondeu:

Eu tinha escrito... Não, a única coisa, veja, que escrevi foi um longo artigo, uma longa descrição da assistência sanitária no campo de Monowitz e havia publicado numa revista médica.*

A entrevista fazia parte da primeira pesquisa italiana em grande escala — organizada, não por acaso, pela Aned, em Turim — dedicada à deportação, num clima ainda marcado por substancial desinteresse pelo extermínio. Essa referência fugaz a um texto escrito tanto tempo antes, e além disso feita como uma digressão numa conversa, não despertou a atenção. Por outro lado, nem mesmo Primo Levi jamais citou o "Relatório" em escritos ou entrevistas, embora seu empenho como testemunha jamais tenha diminuído e sua amizade com Leonardo De Benedetti tenha se consolidado ao longo dos anos.

Assim, foi necessário esperar até 1991 para que o "Relatório" fosse redescoberto e reapresentado ao público, dessa vez durante dois congressos realizados um após o outro: o primeiro em San Salvatore Monferrato, em setembro, o segundo organizado pela Aned em Turim, em novembro. Em ambas as ocasiões, foi Alberto Cavaglion** quem apresentou aquela que imediatamente foi julgada a mais nova importante aquisição; retomada pouco depois nas duas biografias de Primo Levi publicadas em curto espaço de tempo.*** Enquanto isso, em 1997, o texto foi inserido nas *Opere* de Levi, com organização de Marco Belpoliti, e foram publicadas traduções em diversos países euro-

---

* Anna Segre, *Un coraggio silenzioso*, op. cit., p. 129.
** Também para a recuperação do "Relatório" e acontecimentos posteriores, ver "Notas sobre os textos".
*** Carole Angier, *The Double Bond. Primo Levi: A Biography*. Londres: Viking, 2002 [ed. it.: *Il doppio legame. Vita di Primo Levi*, trad. Valentina Ricci. Milão: Mondadori, 2004] e Ian Thomson, *Primo Levi*. Londres: Hutchinson, 2002.

peus.* A retomada da difusão do "Relatório" coincidia, além do mais, com o crescente reconhecimento internacional de Primo Levi posterior a seu falecimento — muitos inclusive o trataram como inédito, o que obviamente não era — e, sobretudo, pelo momento em que fora escrito, mas também por seu reaparecimento póstumo, foi relacionado com o restante da obra, especialmente com É isto um homem?.

O "Relatório" logo foi apontado como fonte primária de É isto um homem?, quase que uma versão prévia,** o que desconsiderava totalmente sua natureza completa, autônoma e visivelmente concluída. Procuraram-se e encontraram-se remissões entre os conteúdos de um e de outro, em especial nas passagens do "Relatório" em que há referências autobiográficas mais densas. Notou-se que a explícita descrição das câmaras de gás e dos fornos crematórios não fora retomada na obra maior de Levi. No texto escrito com De Benedetti, deu-se preferência ao recorte mais científico e impessoal, ao qual se atribuiu o tom especialmente sóbrio da escrita; essa mesma abordagem foi apontada como elemento para confirmar e — podemos dizer — datar na origem a habilidade de Levi em conectar as ciências exatas e as disciplinas humanistas.

---

* Informe sobre Auschwitz, trad. Francesc Miravitlles. Castelló Ellago, 2005; Informe sobre Auschwitz, trad. Ana Nuño. Barcelona: Reverso, 2005; Rapport sur Auschwitz, trad. Catherine Petitjean. Paris: Kimé, 2005; Bericht über Auschwitz, trad. Martina Kempter. Berlim: BasiosDruck, 2006; Auschwitz Report, trad. Judith Woolf. Robert S. C. Gordon (Org.). Londres/ Nova York: Verso, 2006; Auschwitz-rapportage, intr. Jacq Vogelaar, trad. Patty Krone e Yond Boeke. Amsterdã: Meulenhoff, 2008. As edições em catalão, francês e alemão foram organizadas por Philippe Mesnard.

** A esse respeito, em especial Matteo Fadini procurou desenvolver um discurso mais articulado, em seu ensaio "Su un avantesto di Se questo è un uomo (con una nuova edizione del 'Rapporto' sul Lager di Monowitz del 1946", em Filologia Letteraria, v. 5, 2008 [mas: 2009], pp. 209-40.

Mais tarde, surgiu outra interrogação, embora menos insistente pela dificuldade de encontrar uma resposta: entre Levi e De Benedetti, quem escrevera o quê? É óbvio que o médico teria se ocupado essencialmente das doenças. Trata-se, no entanto, de identificar o que poderia se atribuir ao futuro escritor: os acréscimos no início e no final, com as referências mais diretas à experiência dos autores, redigidos provavelmente após o retorno a Turim? As passagens (na verdade bastante raras) marcadas com algum tom de ironia ou sarcasmo? Ou seria possível supor uma revisão geral do texto feita pelo futuro escritor, arriscando, porém, cometer uma injustiça com a pena nada hesitante do médico?

Sobre isso, há uma passagem na entrevista de De Benedetti, várias vezes citada, que vale a pena retomar aqui. Sigamos as frases do diálogo. O entrevistador pergunta: "E o senhor nunca pensou em escrever alguma coisa? Nunca lhe passou pela mente deixar uma memória?". Resposta: "Não, não, porque... pela simples razão de que, depois do livro de Primo Levi, não há mais nada para escrever, ele já escreveu tudo. E se eu escrevesse aquilo... escreveria um livro ruim para repetir pessimamente aquilo que ele já escreveu tão bem. Não acha?".* Essa é a posição de De Benedetti; mas há de se perguntar se Levi não responderia o mesmo a quem lhe pedisse para descrever com suas palavras a condição sanitária de Monowitz.

Entre pessoas que viveram uma experiência muito semelhante, identificar-se num texto com duas assinaturas talvez signifique exatamente isso: sentimo-nos corresponsáveis pelas mesmas palavras. Significa que nos reconhecemos numa espécie de matriz comum: como, sem dúvida, foi o "Relatório", tanto para Levi quanto para De Benedetti. Uma matriz moldada sobre a ex-

---

* Anna Segre, *Un coraggio silenzioso*, op. cit., p. 129.

periência de ambos, como também sobre a de muitos outros, com a qual, porém, era mais fácil de se identificar até pelo esforço de objetividade que lhe dera forma. É provável que Levi tenha extraído dela um modelo de estilo decisivo para seu futuro de escritor-testemunha: o impulso de procurar, mesmo diante das realidades mais desconcertantes, o sentido geral das coisas. Mas o mesmo se pode dizer sobre De Benedetti, que com aquele "Relatório" vira como podia ser eficaz objetivar a doença mesmo nas condições mais difíceis: e guardaria sempre dentro de si aquela lição destinada a torná-lo "homem bom"* — como um dia viria a defini-lo seu amigo Primo Levi —, um ótimo médico.

## ESCRITOS DE INTENÇÃO IMEDIATA

O "Relatório" sobre Monowitz, portanto, inaugurou já no biênio 1945-6 um esforço de documentação ao qual Primo Levi e Leonardo De Benedetti continuariam a se dedicar nas décadas seguintes, cada um à sua maneira, mas comungando as mesmas intenções. Nascido como texto militante, encomendado e escrito com a guerra ainda em andamento ou recém-concluída, quando seus autores o reexpuseram em *Minerva Medica*, em novembro de 1946, apresentaram-no como um documento que trazia fatos já conhecidos e — embora próximos — pertencentes ao passado. Naquele imediato pós-guerra, o "Relatório" foi o primeiro testemunho de caráter técnico oferecido por ex-prisioneiros do campo de concentração de nacionalidade italiana: gesto eficaz porque concreto, voltado para o parco público então interessado em conhecer a realidade do extermínio.

---

\* Primo Levi, "Ricordo di un uomo buono", em *La Stampa*, Turim, 21 out. 1983, p. 3; também neste volume.

Do mesmo modo, os outros textos reunidos neste livro e assinados pelos mesmos autores foram elaborados gradualmente (e só em parte publicados) ao longo dos anos, para transmitir o saber irredutível sobre os campos de concentração, um saber ancorado em fatos precisos. Enquanto textos de intenção imediata, em geral isentos de ambições literárias, tinham a finalidade de informar ou confrontar diferentes interlocutores a cada vez. Relidos hoje, ajudam a descobrir uma dimensão pouco considerada da obra de Levi, ao longo de um período muito amplo, que vai de 1945 até quase sua morte. Com efeito, eles mostram explicitamente escolhas e reflexões que, em seus relatos mais conhecidos sobre a deportação, em geral se apresentam de forma menos direta. São úteis, portanto, para aprofundar o modo de trabalho de Levi, para datar o nascimento de novas ideias e seguir sua evolução no decorrer do tempo, isto é, antes que aquelas ideias fossem desenvolvidas de forma completa em *Os afogados e os sobreviventes*, a última obra publicada em 1986.

Os textos de Levi que reunimos em *Assim foi Auschwitz* são artigos, depoimentos em processos, conferências, discursos e outras intervenções de caráter oficial: vários tipos de documentos impressos, em alguns casos até reeditados, mas que permaneceram dispersos entre as páginas de publicações pouco difundidas e, portanto, longamente esquecidos. A maioria deles — catorze num total de 23, aos quais devem-se somar as duas imagens em apêndice e, naturalmente, os quatro textos de Leonardo De Benedetti — não aparecia na edição das obras de Levi publicada pela Einaudi em 1977 com organização de Marco Belpoliti: foram, de fato, recuperados de modo esparso nos últimos anos. Outros textos, entretanto, são mais conhecidos e já estão reunidos na obra completa, mas são reapresentados aqui porque têm afinidade com os anteriores e porque, juntos, compõem um quadro dotado de organicidade própria. Relê-los hoje num novo contexto pode ajudar a reinterpretá-los e a ressaltar características inéditas de grande interesse.

Definimos esses textos como "escritos de intenção imediata", e sobre essa base julgamos oportuno excluir de *Assim foi Auschwitz* os escritos em que há alguma mediação, um filtro de qualquer natureza entre Levi e a experiência do campo de concentração. Não estão presentes suas introduções e resenhas a obras de testemunhos ou de história do extermínio, ou mesmo a obras — como as memórias de Rudolf Höss — assinadas por autoridades nazistas, tampouco incluímos seus escritos polêmicos. Foram omitidos também os escritos ficcionais, contos ou poemas, os numerosos comentários e esclarecimentos sobre suas próprias obras, e, enfim, os textos em que a reflexão historiográfica predomina, ou seja, quando Primo Levi toma a palavra mais como ensaísta do que como testemunha. Respeitando essa configuração, renunciamos assim, só para dar um exemplo, ao importante (mas bem conhecido) editorial "Buraco negro em Auschwitz", publicado em 22 de janeiro de 1987 no jornal *La Stampa*.

Esperamos que do conjunto dos textos aqui incluídos, da sequência cronológica, entonação, desenvolvimento argumentativo com constantes e variantes, surja um perfil de Levi com algum traço de novidade.

## MEMÓRIA E PESQUISA

A primeira novidade importante que essa coletânea nos oferece — mas, se pensarmos bem, é antes uma confirmação — pode ser vista logo após o "Relatório". Trata-se de um documento inédito, encontrado no Arquivo Judaico Terracini de Turim: quatro folhas datilografadas, guardadas na mesma pasta das cópias do "Relatório" e de "História de dez dias". A "Relação de dr. Primo Levi número de matrícula 174517, sobrevivente de Monowitz-Buna" foi redigida poucas semanas depois de seu retorno à Itália, no final de 1945. O objetivo era oferecer à Comunidade Judaica citadina, atingida pelo extermínio, todas as notícias sobre os companheiros de deportação que o sobrevivente conseguira recolher até aquele momento. Levi, de fato, redige e comenta uma relação de trinta pessoas que estiveram na mortal marcha de evacuação de Auschwitz, cujo desfecho catastrófico ele ainda não conhecia, quando prestou seu testemunho. A esse documento soma-se um segundo: uma listagem simples de 84 pessoas, homens e mulheres, selecionadas para a câmara de gás logo após a chegada ao campo de concentração, falecidas no decorrer da prisão, desaparecidas sem mais notícias, ou evacuadas na noite entre 17 e 18 de janeiro de 1945. Nesse caso, não são nomes de pessoas de Turim ou de famílias turinesas inteiras, aniquiladas pelo extermínio: nomes de ninguém, deixados à disposição de quem procurasse saber sobre seu destino.

Essas duas listas, que provavelmente são o primeiro testemunho oficial de Levi depois de seu regresso, representam um gesto de piedade e justiça que se repetirá várias vezes nas décadas seguintes. Esse valor humano decoroso está em cada nome, em cada informação alinhada naquelas folhas com a escrupulosidade inata em Primo Levi. Pode-se perceber a marca de seu estilo no uso da barra de espaço de sua máquina de escrever: o espaço de tabulação que separa o primeiro nome da lista, "Abenaim toscano" — um cognome, uma proveniência, para quem fosse procurá-lo —, das palavras "sabia trabalhar como relojoeiro". Não *relojeiro* ou *era relojeiro*, mas: *sabia trabalhar como*. Uma lembrança que já é um retrato recortado numa fração de linha: uma qualidade e um fato humano, uma justaposição concreta, uma marca particular num documento de identidade moral, um ofício bem exercido por boa vontade. E é aqui que a testemunha Primo Levi se torna, já no início do percurso que documentamos com esta coletânea, o Primo Levi que sabe exercer os ofícios mais complexos: que não se limita a reunir os dados, mas interroga-os, cruza-os, coloca-os em remissão mútua, extrai deles uma maior humanidade, além de um maior conhecimento.

Os testemunhos prestados por seus ex-companheiros de deportação, bem como os documentos epistolares que vão surgindo, demonstram que Levi se empenhou em solicitar notícias sobre a sorte dos companheiros a quem pudesse saber de alguma coisa; ao recebê-las, soube avaliá-las e organizá-las com um método de surpreendente refinamento.

Essa "Relação", que foi encontrada e incluída em *Assim foi Auschwitz* poucos dias antes de nosso volume ir para a gráfica, acrescentou à obra de Levi uma nova dimensão, ao mesmo tempo em que a reconfirma se tratar de um homem movido por um interesse raro pelo que os homens são e pelo que sabem fazer.

## OS TESTEMUNHOS NOS PROCESSOS

Nos meses em que a lenta circulação do "Relatório" começava e muitos dos nomes da primeira "Relação" turinense saíam do esquecimento e migravam para as páginas de *É isto um homem?* — Alberto, Clauser, o "Pikolo", a menina Emilia Levi, o sargento Steinlauf, o engenheiro Alfred L. —, Primo Levi escolheu um caminho que viria a ser o mais compatível ao longo de sua vida: o da escrita literária. Isso sem renunciar a nenhuma outra ocasião de apresentar sua experiência pessoal de deportado: em primeiro lugar, os processos dos criminosos nazistas, instaurados entre mil dificuldades no pós-guerra. Levi estava convencido de que os tribunais eram o local mais adequado para submeter a juízo os responsáveis pelos horrores perpetrados pelo nazismo e pelo fascismo, e também estava convicto de que devia oferecer a própria contribuição, se possível participando pessoalmente do debate ou, em todo caso, por meio de depoimentos escritos.

Embora o quisesse vivamente, Levi não pôde estar presente em Varsóvia em 1947, quando Rudolf Höss, *Oberscharführer* de Auschwitz, foi julgado e condenado à morte. Mas seu amigo Leonardo De Benedetti foi chamado para depor, entre outras testemunhas. Neste livro, as declarações de ambos escritas antes do processo são apresentadas numa esfera de grande cumplicidade que, desde a redação do "Relatório", foi feita nos primeiros meses de 1945 na Polônia, muitos anos depois do processo de Höss, em 1970-1, durante a fase de instrução contra Friedrich Bosshammer, um dos principais responsáveis pela deportação da Itália. Nesse meio tempo, porém, haviam seguido itinerários em parte diferentes: Leonardo, por volta de 1959, graças ao conhecimento direto dos fatos e do homem, contribuíra para as acusações contra Josef Mengele, enquanto Primo enviara em 1960 uma declaração ao tribunal de Jerusalém, para o processo Eichmann.

Para Levi, nesse e em outros casos, a intervenção numa esfera judicial implicava o respeito a um código rigoroso. Esperava, antes de mais nada, oferecer informações exatas, o que comportava uma seleção cuidadosa dos fatos sobre os quais era possível ter certeza efetiva, a custo de reduzir sua própria contribuição a um pequeno núcleo de dados. Ademais, preferia relatar episódios circunstanciados, cujas responsabilidades pessoais fossem claras e demonstráveis, quer sabendo com certeza o nome dos culpados, quer sendo possível, se necessário, indicar os aspectos físicos: "Poderia reconhecer seus rostos" se lê, por exemplo, na "Declaração para o processo Höss" (1947) sobre as SS que haviam matado dezoito prisioneiros a sangue frio, antes de abandonarem precipitadamente o campo de Monowitz, na iminência da libertação trazida pelos russos.

O testemunho, além disso, devia mostrar, se necessário, um distanciamento suficiente para propiciar aos juízes a devida distinção entre o papel desempenhado por cada funcionário sob acusação e sua conduta pessoal: as "Declarações para o processo Bosshammer" (1965) ressaltavam, por exemplo, a constante colaboração que os militares da República Social Italiana a serviço no campo de Fossoli ofereceram aos nazistas; porém, no caso de três funcionários, claramente identificados pelo nome, cabia reconhecer que "se comportaram conosco com correção e humanidade".

Uma importância especial era atribuída aos números. Em primeiro lugar, o número dos deportados obrigados a embarcar no trem para Auschwitz e dos amontoados em cada vagão; depois, o número de homens e mulheres selecionados para a câmara de gás ou para os trabalhos forçados na plataforma de chegada (na estação civil da cidade de Oświęcim e não diante do portão com o lema *Arbeit macht frei* [o trabalho liberta]: tanto De Benedetti como Levi especificam esse detalhe). Os números eram muito importantes porque designavam não só as quantidades de vítimas anônimas e iguais, como a de pessoas, companheiros de viagem ou de prisão, amigos ou parentes quase sempre desaparecidos sem vestígio. No projeto de Levi, aliás, eram números que podiam e deviam voltar a se tornar pessoas. Era preciso se esforçar em restituir, no limite do possível, um nome e uma história para cada um deles.

A essa altura, não soará como paradoxo que a primeira preocupação da testemunha, pela extraordinária delicadeza da tarefa que lhe fora confiada, fosse levar em conta sua própria falibilidade. Nesse aspecto, Levi era inflexível consigo mesmo — como veremos melhor adiante — a ponto de examinar o grau de fidedignidade de cada afirmação sua e de corrigir sistematicamente os eventuais erros cometidos em ocasiões anteriores. Quanto a isso, o amigo Leonardo — como demonstram seus textos aqui incluídos — não era menos rigoroso do que ele: por exemplo, permitia-se relatar apenas fatos que verificara pessoalmente. Mas seu modo de conceber o testemunho processual era diferente em vários aspectos. Em primeiro lugar aparecia seu ponto de vista de médico. Mas a isso se somava a convicção de que devia oferecer, além dos fatos, um quadro de conjunto que ajudasse a organizá-los e interpretá-los, por exemplo, pronunciando-se sobre quem favorecera a criação de um simulacro de atendimento sanitário no campo de concentração, ou sobre as possíveis razões dos suicídios entre os deportados; o mesmo vale, em alguns casos, para a tendência de expressar um juízo especialmente severo em relação aos acusados, talvez considerasse útil destacar o grau extremo dos horrores perpetrados.

No caso de Primo Levi, no entanto, o análogo escrúpulo de verificação e de experimento teve uma ocasião precoce para se manifestar: encontramos uma indicação indireta disso num texto literário. No verão de 1947, Levi montou um laboratório particular de análise química com seu amigo Alberto Salomoni, empreendimento que fracassou rapidamente; ele fala sobre isso em "Arsênico", um conto de *Tabela periódica* no qual Alberto aparece como "Emílio". "Arsênico" conta a história de um velho sapateiro turinense do bairro de Crocetta, com uma modesta clientela de velhinhas como ele, ao qual um jovem concorrente no comércio envia um pacote de açúcar envenenado, a fim de eliminá-lo da praça. Ao saber do resultado da análise que, suspeitando do presente anônimo, solicitara à empresa Levi-Salomoni, o velho decide não apresentar denúncia: "amanhã devolverei a ele o pacote por intermédio de uma de minhas velhinhas, junto com um bilhetinho. Ou melhor, não: vou eu mesmo devolver, pois assim vejo a cara dele e lhe explico duas ou três coisas".

Esse final decoroso e suave surge de um desejo constante de Levi naqueles mesmos anos do imediato pós-guerra: descrever com exatidão as práticas desumanas de que foi vítima e poder, talvez, olhar no rosto os responsáveis explicando-lhes "duas ou três coisas". Acabara de conseguir fazê-lo, como se sabe, escrevendo *É isto um homem?*; mas somente hoje depreendemos por dois dos depoimentos mais antigos — o de 1946 sobre Monowitz e o posterior de 3 de março de 1947 para o processo Höss — que ele quis analisar materialmente o Zyklon B: "pesquisas pessoais minhas", afirma no primeiro testemunho, para especificar no segundo, sem possibilidade de equívoco, que "o veneno usado nas câmaras de gás de Auschwitz, e por mim examinado", era uma substância composta por ("Depoimento", 1946) "ácido prússico, com adição de substâncias irritantes e lacrimogêneas a fim de tornar sua presença mais sensível no caso de vazamento ou rompimento das embalagens em que era armazenada".

Não deve ter sido demasiado difícil, entre 1945 e 1946 e para um químico sobrevivente de Auschwitz, obter uma embalagem daquele (cita-se agora o "Relatório sobre a organização higiênico-sanitária") "preparado químico em forma de pó grosseiro, de cor cinza-azulada, contido em latas". É difícil para nós, aqui e agora, medir a força de espírito necessária para executar a análise e não falar nada, exceto em relatórios destinados às salas dos tribunais, os quais só hoje voltam a aparecer.

## OS DISCURSOS DE RELEVÂNCIA PÚBLICA

Em 3 de dezembro de 1959, ao responder na *Stampa* à carta de uma jovem que queria "saber a verdade" sobre os "campos de concentração alemães", Primo Levi começava exclamando: "é a carta que esperávamos"; e se apressava em oferecer uma confirmação evidente daquilo que a exposição sobre os campos de concentração — que se realizava em Turim naqueles dias — evidenciava para os inúmeros visitantes, principalmente jovens, que percorriam desconcertados as salas do Palazzo Carignano. Aliás, chama a atenção que, nessa ocasião, mesmo dirigindo-se a uma aluna do segundo ano do Ensino Médio cujo nome nem sequer aparecia no jornal, Levi declarasse estar falando em nome da Aned; suas palavras deviam ser entendidas como uma declaração oficial, não como uma simples e breve resposta numa troca epistolar de jornal. E, de fato, a carta da jovem era para ele o sinal de uma mudança fundamental. Finalmente manifestava-se um pedido de conhecimento, feito por novos interlocutores em potencial: era o que bastava para atribuir àquelas poucas linhas de resposta enviadas à seção de assuntos da cidade chamada "Specchio dei tempi" [Espelho dos tempos] o sabor de um importante discurso público: o sinal, mínimo, mas inequívoco, da mudança dos tempos.

Além dos tribunais, portanto, iam surgindo, na virada dos anos 1950, novos locais onde as discussões sobre os campos de concentração poderiam ser legitimadas por uma inesperada disposição de ouvi-las, com isso contribuindo, ademais, para multiplicar o número de textos não propriamente literários que se contavam entre as obras importantes de um escritor-testemunha como Levi. Por exemplo, o artigo que ele escreveu poucas semanas depois de sua correspondência com a jovem, e que no início de 1960 confiou ao *Giornale dei Genitori*, nova revista mensal de pedagogia fundada por Ada Marchesini Gobetti: aqui, a propósito dos relatos dos deportados, Levi podia agora reforçar que "a voz da verdade, em vez de se perder, adquire um novo timbre, uma ênfase mais nítida". Sem se contentar com essa satisfação,

Levi prontamente começava a refletir sobre a melhor maneira de apresentar o passado aos mais jovens, e recorria a uma frase extraordinária, a um jogo de palavras que nada tinha de gracejo e com o qual propunha repensar a linguagem: "Pecamos por omissão e por comissão". E prosseguia incessantemente, ainda trabalhando sobre as palavras, agora criando uma colisão entre dois gerúndios: "Calando, pecamos por preguiça e descrença na virtude do verbo; e quando falamos, pecamos frequentemente adotando e aceitando uma linguagem que não era a nossa".

Assuntos novos apresentados com uma linguagem renovada: daqui em diante, sempre que tomar a palavra, esse será o estilo de Levi. É o que acontece numa curta palestra sobre o extermínio dos judeus, apresentada em Ferrara em 1961 — uma palestra que encontraria lugar em "História do antifascismo italiano", o único texto dedicado a esse tema. Em 1966, durante o congresso da Aned realizado em Turim, mais uma vez se abre espaço para que Levi possa refletir publicamente — enfrentando uma questão que na época era em larga medida negligenciada — sobre a especificidade da deportação dos judeus, comparada à deportação por motivos políticos.

Nesse ínterim, *É isto um homem?* fora traduzido para outras línguas; a mais importante de todas, a tradução para o alemão, *Ist das ein Mensch?*, foi publicada na Alemanha no outono de 1961. Na Itália como na Europa, apresentava-se a possibilidade de se dirigir a interlocutores novos, propensos a ouvir, mas não convencidos desde o início, e que não pertenciam ao grupo dos amigos: pessoas jovens e "brancas" (um dos adjetivos preferidos por Levi) que queriam construir para si, com autonomia, uma imagem confiável do mundo em que viviam. Sempre que era necessário dar voz à experiência da deportação judaica, já se haviam reconhecido um papel político ao autor de *É isto um homem?*, graças também a seu passado — mesmo que breve e desventurado — de membro da Resistência. Pense-se na "Apresentação" do folheto publicado em 1973 para a inauguração, em Carpi, do Museo Monumento al Deportato político e raziale nei campi di sterminio nazisti [*Museu Monumento ao Deportado político e racial nos campos de extermínio nazistas*]: um texto em que Levi, vale destacar, conseguia se desvincular das graves ambiguidades implícitas na infeliz dupla de adjetivos tão em voga na época: *político e racial*.

Até chegar aos três últimos textos de inegável relevância pública: o editorial "Assim foi Auschwitz" (*La Stampa*, 9 de fevereiro de 1975) denuncia alguns riscos renascentes de correntes fascistas no quadro da política italiana e internacional da época; o "Esboço de texto para o interior do Block italiano em Auschwitz", escrito em 1978, no centro da complexa negociação política que ocorria em torno da construção daquele Memorial; por fim, uma intervenção — aqui com o título "À nossa geração..." — de tamanho reduzido, mas de notável significado: tanto porque foi o último pronunciamento público de Levi, em 22 de novembro de 1986, quanto pela lucidez com que remetia ao "diálogo ininterrupto" em curso há quarenta anos com os mais diversos interlocutores.

Mais de quatro décadas abrangem todo o percurso público de Primo Levi, 1945-86: era como se, àquele ponto, o círculo tendesse a se fechar. Do testemunho inédito do "Relatório" assinado com Leonardo, transitando pela troca epistolar com a aluna do segundo ano do Ensino Médio, até ancorar na última e mais exigente obra de reflexão escrita por Levi, que aparecera nas livrarias italianas justamente no ano de 1986: *Os afogados e os sobreviventes*.

Em tudo isso não se deve esquecer outra dimensão da escrita de Levi, não menos direta e afirmativa do que os textos processuais ou mais propriamente públicos, embora sua premência pareça nascer essencialmente de convicções interiores. A referência central aqui é também o campo de concentração, mas o olhar do autor, em vez de se mover ao redor procurando respostas para dar a um interlocutor à espera, parece permanecer concentrado no objeto, por razões diferentes a cada vez. É o caso do retrato de Vanda, a jovem amiga que ficou a seu lado até a separação final na plataforma de Auschwitz: descrição límpida e comovida do entrelaçamento de uma personalidade frágil e corajosa e a curva de uma vida demasiado curta, e é o caso do artigo dedicado em 1979 ao comitê secreto de defesa de Auschwitz, enésima ocasião para levantar árduos dilemas éticos, sobre os quais seria impossível, se não culpável, calar. E é o caso, também, da breve referência à experiência pessoal de deportado ("Aquele trem para Auschwitz"; estamos ainda em 1979) que fortalece a comparação com a diversidade, representada por Rosanna Benzi, mulher extraordinária encerrada por longos anos em sua condição de incapacitada. Por fim, outro retrato desenhado com afeto e comoção: o de Leonardo De Benedetti, relembrado no momento de sua morte em 1983. Exatamente como trinta anos antes, para Vanda, o texto cala sobre seu nome, talvez porque Levi quisesse ressaltar acima de tudo a personalidade única, quase exemplar, do homem e do amigo, a ser gravada com palavras na mente do leitor.

## CRITICAR A PRÓPRIA MEMÓRIA

O testemunho do campo de concentração é reconvocado. Declarada ou não, essa é a expectativa social em relação a ele, quando o convidam para falar ou escrever: instituições, escolas, meios de comunicação; quanto aos tribunais, eles lhe pedem implicitamente que reapresente um relato sempre idêntico. Ora,

Levi conseguiu nunca se repetir: nunca correspondeu plenamente às expectativas do público; pelo contrário, mais de uma vez tomou-o de surpresa, expondo-o às verdades multifacetadas e pouco agradáveis, e nunca deixou que a atenção dos outros esmorecesse. É verdade também que, ao pedido de se repetir, o público acrescenta o pedido do detalhe adicional, do inédito narrativo: o que Levi nunca deixou de atender, sempre, porém, à sua maneira. A cada nova retomada da palavra conseguiu dizer algo novo, evitando, contudo, recorrer à imagem que mexe nas emoções. Seu estilo prefere a investida pela reflexão, que ilumina a inteligência lançando luz nas zonas ainda obscuras na estrutura dos fatos.

Os textos reunidos neste livro também nos reproduzem a dialética entre repetição e mudança: a trama permanece essencialmente a mesma, mas são inúmeras as variações introduzidas no decorrer do tempo. Perceberemos melhor esse aspecto um pouco mais adiante. Por ora, cabe apontar outra oportunidade oferecida pelos escritos de Levi: eles nos permitem aprender muito sobre os caminhos que ele percorreu para se aproximar da verdade. E nos mostram, entre outras coisas, que ele nunca se calou a esse respeito; pelo contrário, quanto a isso, também sempre jogou com as cartas abertas.

Entre esses caminhos, o primeiro pressupõe a capacidade de se distanciar da própria experiência: "Primo", disse Luciana Nissim Momigliano numa entrevista[*] — "passou fome, frio, espancamentos e medo; despersonalizou-se e encheu-se de ódio como todos. Somente ao retornar, quando se pôs a escrever, foi

---

[*] Silvia Giacomoni, *Primo Levi non era cosí*, entrevista a Luciana Nissim Momigliano, em *La Reppublica*, Roma, 16 fev. 1997, p. 34; o trecho também é citado em Alessandra Chiappano, *Luciana Nissim Momigliano: Una vita*, prefácio de Gianni Perona, Giuntina, Florença, 2010, p. 251.

capaz de tomar distância de sua experiência, e não se apresentou como vítima lamurienta nem como juiz vingativo". Esse esforço em relação a si mesmo foi tão intenso que lhe permitiu uma crítica inexorável da própria memória, de seus mecanismos, de sua herança: a memória, recurso — como diz em *Os afogados e os sobreviventes* — maravilhoso e falaz ao mesmo tempo, mas que, se interrogado com rigor, pode se tornar fonte essencial sobre o passado, e não apenas o passado próprio e pessoal.

Mas como tratar a memória e, em primeiro lugar, tudo o que ela nos oferece? Sobre isso, o "Depoimento para o processo Bosshammer" apresentado por Levi em 1971 oferece importantes indicações de método, de seu método.

O texto, muito analítico pois fruto de um longo diálogo com o promotor público de Berlim Oriental, Dietrich Hölzner, à primeira vista parece adotar dois registros principais. Em primeiro lugar, o das certezas: afirmações apresentadas com bastante segurança, que contribuem para estruturar um relato orgânico e fundado em pontos de referência precisos, relativos especialmente à estada no campo de Fossoli e à viagem até Auschwitz. Depois, há o registro que poderíamos dizer das incertezas, modulado segundo uma variedade de expressões, na intenção de definir vez a vez o grau de aproximação de cada passagem do relato. Mencionamos aqui as formulações mais significativas, por meio das quais se especificam os diversos casos, todos lançados numa ampla escala de nuances: "até onde sei"; "pelo que me lembro", "por volta do dia 20"; "não sei dizer com precisão"; "não me lembro o número exato"; "não me lembro se" (se o vagão de escolta viajava na frente ou no final do comboio); "logo tivemos a impressão"; "do lado alemão" (sem especificar quem), "me parece lembrar"; "não me lembro"; e outras mais. Obviamente, o registro da incerteza também está a serviço da verdade, isto é, de um testemunho o mais verídico possível.

De fato, se olharmos bem, o quadro é ainda mais complexo do que mostramos com esses exemplos. Toda afirmação, certa ou incerta, é resultado de operações de verificação fundadas na lembrança, sim, mas que não são espontâneas ou lineares. Vemos algumas dessas operações conforme, sempre no mesmo depoimento, são assinalados vários casos particulares. Comenta-se como certas informações foram adquiridas: por exemplo, Levi lembra que havia apenas "avaliado", na época, o número das mulheres destinadas aos trabalhos forçados; o número exato, 29, seria reconstituído somente depois, com base nas verificações após o repatriamento. Fala-se dos fatos, mas também das sensações vividas nos sucessivos momentos da deportação. Indicam-se as fontes de várias informações: "segundo os relatos de alguns companheiros meus"; "disseram-me"; "antes de minha chegada à Auschwitz [...] tivera notícias concretas sobre a operação de extermínio dos judeus pelas seguintes fontes". E aqui é preciso notar que a meticulosidade de Levi aumenta ainda mais cada vez que há uma remissão a fontes diferentes da experiência pessoal.

Quanto à razão para que muitos fatos não tenham sido registrados enquanto aconteciam, oferecem-se explicações a posteriori: por exemplo, somente depois de ter adquirido certa familiaridade com a língua alemã foi possível entender que os homens e as mulheres selecionados na chegada haviam sido enviados imediatamente para as câmaras de gás; "nossas condições psicológicas durante a viagem não nos permitiam fazer distinções" e, portanto, não era possível saber se a escolta do trem era composta ou não pelas ss. Para concluir, duas operações necessárias e difíceis. Em primeiro lugar, a retificação dos erros cometidos em testemunhos anteriores: "Disseram-me que houve pelo menos um caso de morte durante a viagem; não lembro se foi um homem ou uma mulher. Esse detalhe me foi relatado por um amigo médico, que fazia parte do transporte. Gostaria que meu depoimento de 2 de setembro de 1970 fosse modificado nesse aspecto". Em segundo lugar, o trabalho paciente para recuperar informações que se haviam perdido: "Anexo a este depoimento uma anotação minha, que consiste numa lista de 75 nomes que pude reconstituir após meu regresso à Itália. São 75 entre os 95 ou 96 homens aptos ao trabalho que entraram comigo no campo de Monowitz". Aqui a palavra-chave é *reconstituir*, um verbo que nos remete à "Relação" redigida 25 anos antes pelo "dr. Primo Levi" para a Comunidade Judaica de Turim: as duas listas compiladas em sua cidade natal — que o leitor encontra no início e no fim desta coletânea — são complementares e multiplicam seus significados.

A COMPARAÇÃO COM OS OUTROS: LEONARDO

Outro caminho a percorrer para obter novos elementos de verdade sobre os campos de concentração consistia em praticar com determinação e método a comparação com o ponto de vista de outros. Eis um exemplo elementar, mas iluminador, extraído novamente do depoimento de 1971 sobre Bosshammer: "Segundo o relato de alguns companheiros de prisão, esses militares das SS já estavam no campo fazia alguns dias, mas eu os vi pela primeira vez por volta do dia 20 de fevereiro. Não sei dizer quais eram suas patentes, mas posso afirmar que pelo menos um deles era oficial, pois reparei que dava ordens aos demais". As notícias coligidas em outras fontes, devidamente filtradas e verificadas, enriqueciam o quadro e, ampliando o horizonte, podiam favorecer uma atitude mais destacada da própria condição. Mas era preciso saber cultivar, dentro do possível, uma ampla rede de relações; no caso de Levi, a extraordinária curiosidade pelos outros foi provavelmente a alavanca que lhe permitiu aprimorar seu conhecimento das pessoas, das coisas e de fatos que ocorriam a certa distância dele.

Nem todos, porém, eram iguais. Havia, por exemplo — como já sabemos —, seu amigo "médico, que fazia parte do transporte", por meio do qual Levi teve notícias sobre a morte de um prisioneiro durante a viagem: informação importante, pois lançava uma luz mais sombria sobre o destino dos deportados. "Nós nos conhecemos no campo de trânsito italiano de Fossoli", contaria Levi em "Lembrança de um homem bom" onde o nome de Leonardo De Benedetti não aparece, "fomos deportados juntos e, desde então, não nos separamos mais, até o regresso à Itália, em outubro de 1945". E um pouco mais adiante: "Fomos libertados juntos, percorremos juntos milhares de quilômetros em terras distantes".

O selo da amizade entre ambos parece ser a palavra "juntos", repetida para assegurar a solidez de um relacionamento que se transformaria com o passar do tempo. No campo de concentração, a diferença de idade deve ter sido significativa, como sem dúvida teve importância no momento em que o médico já maduro e o químico muito mais jovem escreveram juntos o "Relatório" para os russos. Em É isto um homem?, e portanto por todo o período da detenção em Monowitz, Levi nunca adota com Leonardo a forma intermediária e afetuosa do *dual*, usada, entretanto, para outros amigos como Alberto e Charles — "Alberto e eu", "Charles e eu".* Irá utilizá-la somente em A *trégua*, talvez para indicar a passagem da confiança profunda diante de um "homem bom" e mais velho para uma relação mais paritária.

Depois do retorno a Turim, Primo e Leonardo continuaram a fazer muitas coisas em conjunto: a atualização e divulgação do

---

* Sobre o *dual*, ver as considerações de Alberto Cavaglion em sua edição comentada de *Se questo è um uomo*. Turim: Einaudi, 2012, p. 211, nota 5.

"Relatório", os depoimentos nos processos contra os criminosos nazistas, o primeiro retorno de ambos a Auschwitz, em 1965. Sem contar os hábitos normais entre dois homens que alguns definiam "como irmãos"* e que moravam a poucos metros de distância, frequentando amigos comuns. Embora não faltassem diferenças entre eles, por exemplo, de orientação política ou sobre a invasão israelense do Líbano, quando (era verão de 1982) Leonardo mostrou não compartilhar as duras críticas que Primo Levi formulou contra o governo israelense.**

Em termos testemunhais, no entanto, o acordo era completo. E apesar de ter outorgado ao amigo uma espécie de representação literária, Leonardo nunca deixou de colaborar na reconstituição dos acontecimentos de Auschwitz. Não à toa, este livro, que se abre com a assinatura dos dois, também termina com um texto escrito em colaboração, no qual a mão de ambos se torna materialmente visível: no Apêndice, os leitores encontrarão duas cópias da já mencionada listagem — entregue ao magistrado alemão Hölzner que esteve em Turim para a audiência de instrução de Bosshammer — dos deportados de sexo masculino que na noite de 26 de fevereiro de 1944, logo depois da chegada do trem a Auschwitz, foram selecionados para o trabalho forçado. Levi conseguira reconstituir 76 (e não 75) nomes entre os 95 que não foram enviados imediatamente para as câmaras de gás. Numa cópia daquela lista, realizada a seguir, Leonardo acrescenta de próprio punho algumas instruções para a leitura: antecipando em um dia, como já lhe ocorrera em outras ocasiões, a data da partida para o campo de concentração.

---

* Elio Vitale, testemunho prestado em Milão para Ian Thomson, 15 maio 1995: a transcrição se encontra em Wiener Library, Londres, Ian Thomson Collection, "Papers re Primo Levi biography", pasta "De Benedetti, Leonardo".
** Anna Segre, Un coraggio silenzioso, op. cit., pp. 51-2.

Comentamos que o retrato de Leonardo, escrito por Levi alguns dias após sua morte, não traz o nome do amigo no título nem no corpo do texto. Uma das razões dessa escolha talvez tenha sido a dificuldade de aceitar a separação de uma pessoa que fora longamente considerada, pelo menos um pouco, como parte de si mesmo.

NOS LOCAIS MAIS OBSCUROS DO CAMPO
DE CONCENTRAÇÃO

Segue-se agora o terceiro rumo de investigação que Levi nunca deixou de seguir com lucidez e coragem, ele também representado nos escritos reunidos neste volume: a escavação dos locais mais obscuros do campo de concentração, em busca de realidades desagradáveis. Realidades das quais se acercava dando um passo por vez, amadurecendo rapidamente a consciência de que as questões em jogo eram muito complexas e perturbadoras e decidindo somente depois de muito tempo — do final dos anos 1970 em diante — deter-se para estudá-las em profundidade sob a égide dos fatos e em sua dimensão moral.*

Num texto antecipador, mas que talvez justamente por isso tenha passado despercebido quando foi publicado (intitulava-se

---

* Em 1979 Levi anuncia em algumas entrevistas o início de reflexões destinadas a desembocar, sete anos mais tarde, em *Os afogados e os sobreviventes*. Ver Silvia Giacomini, "Il Mago Merlino e l'uomo fabbro", em *La Repubblica*, Roma, 24 jan. 1979, agora em Primo Levi, *Conversazioni e interviste 1963-1987*. Marco Belpoliti (Org.). Turim: Einaudi, 1997, pp. 118-22 (em esp. p. 121); Giorgina Arian Levi, "L'antieroe di Primo Levi", em *Ha Keillah*, IV, 3 fev. 1979, p. 6; Giuseppe Grassano, conversas com Primo Levi [Turim, 17 set. 1979], em *Primo Levi*. Florença: La Nuova Italia, 1981, pp. 3-17, também em *Conversazioni e interviste*, op. cit., pp. 167-84.

"Aniversário" porque saiu em 1955, dez anos após a Libertação), Levi considerava com tristeza o silêncio que vinha abafando por tempo demais a memória dos campos de concentração: "pelo menos na Itália, o tema dos campos de extermínio, longe de ter ingressado na história, segue no mais completo esquecimento". A tristeza, todavia, não tardava em se transformar em polêmica explícita, embora apenas esboçada, contra a tendência, então predominante, de confundir o sacrifício dos derrotados na Resistência com o fim anônimo dos deportados para os campos de concentração. Lemos naquelas duas páginas por muito tempo negligenciadas: "Considerar gloriosa a morte das inumeráveis vítimas dos campos de extermínio é vaidade. Não era gloriosa: era uma morte inerme e nua, ignominiosa e imunda". Mas o discurso não se detinha aqui: continuava numa investida de múltiplas implicações: "Assim como não é honrosa a escravidão; houve quem soube sofrê-la incólume, exceção a ser considerada com um reverente assombro; mas ela é uma condição essencialmente ignóbil, fonte de degradação quase inevitável e de naufrágio moral".

Consciente da inquietante originalidade de uma observação dessas, em contraste evidente com a ideia tão difundida após a guerra de uma oposição frontal entre o bem e o mal, o autor se apressa em advertir: "Mas que fique bem claro que isso não significa associar vítimas e assassinos". E prosseguia, novamente na contracorrente completa do espírito do tempo: "isso não alivia, pelo contrário, centuplica a culpa dos fascistas e dos nazistas". E sentia, enfim, o dever de especificar, ampliando imensamente os horizontes do estudo e da reflexão: "É bom que essas coisas sejam ditas, porque são verdadeiras". Portanto, verdadeiros não eram apenas os números e as formas mais atrozes do extermínio. Havia uma verdade mais profunda, ainda que menos evidente, e devia ser procurada e estudada, não só nas ações imundas dos perseguidores, como também nos comportamentos, antes mesmo que nos pensamentos, das próprias vítimas.

De 1955 a 1961: sete longos anos durante os quais surgiram novidades como o processo Eichmann, primeiro evento dotado de ampla ressonância internacional, ou se manifestaram sintomas reconfortantes, como a carta da estudante de doze anos a *La Stampa*, mas o clima geral sobre os temas do extermínio custava a mudar. Em compensação, a reflexão de Levi prosseguia, mesmo que praticamente sozinha, e seu discurso se tornava cada vez mais explícito. Lemos dessa vez um artigo publicado numa revista de maior prestígio e relevância nacional: *Il Ponte*, fundada em Florença por Piero Calamandrei, cujo título remete explicitamente ao fato do dia: "Testemunho para Eichmann". O texto, mais extenso e laborioso do que os outros — quase um ensaio —, retoma o discurso no ponto em que se interrompera em "Aniversário": "Não devemos recuar diante da verdade". Consequentemente, é necessário reconhecer que os "Campos de concentração, foram zonas de perdição, além de tormento e morte. Jamais a consciência humana foi tão violentada, ofendida, distorcida como nesses ambientes".

Imediatamente a seguir, o raciocínio de Levi se especifica. Em primeiro lugar, "muitos detalhes da técnica totalitária, que seriam desconcertantes em outro contexto, adquirem sentido. Humilhar, degradar, reduzir o homem ao nível de suas vísceras". Isso tudo se torna essencial para os nazistas, a fim de ridicularizar a ameaça representada por seus piores inimigos, os judeus e os comunistas: as humilhações deveriam arrancar de um povo tranquilizado — do povo alemão — exclamações do tipo: "Mas não são homens, são fantoches, são animais".

Há ainda mais. Era preciso explicar a definição do campo de concentração como "zona de perdição" ou — segundo a enunciação proposta seis anos antes em "Aniversário" — como local de "naufrágio moral". E eis a resposta de Levi, uma verdade ulterior, tão estarrecedora que tira o fôlego:

> Por outra via, chega-se ao mesmo objetivo de aviltamento e degradação. Os funcionários do campo de Auschwitz, mesmo os mais graduados, eram prisioneiros: muitos deles judeus. Não pense que isso abrandava as condições do campo, pelo contrário. Era uma seleção ao inverso: escolhiam-se os mais torpes, mais violentos, os piores, e conferiam-lhes todo o poder, alimentos, roupas, isenção do trabalho, liberação inclusive da morte no gás, desde que colaborassem. E colaboravam.

No mundo subvertido de Auschwitz, portanto, abriam-se dilemas morais devastadores, sobre os quais Levi só voltaria a refletir numa perspectiva de fôlego muitos anos mais tarde, em *Os afogados e os sobreviventes*. No entanto, depois de ter assinalado implicações ulteriores dessa realidade perversa, de forma gradual em seus escritos — digamos assim — mais ocasionais. Pensemos, por exemplo, no artigo de 1979 já citado, no qual se menciona que havia quem, fazendo parte do "comitê secreto de defesa" em Auschwitz, tinha possibilidade de manipular as listas dos deportados destinados à câmara de gás e, portanto, de decidir com um traço de caneta — embora com o risco da própria vida — sobre a vida de outras pessoas.

## AS RAZÕES DO SILÊNCIO

A relação entre a experiência do campo de concentração e o mundo atual constitui um quarto eixo de reflexão que se pode encontrar nos escritos de *Assim foi Auschwitz*. Dessa perspectiva, o dado mais ruidoso com que Levi é obrigado a se medir é o silêncio geral imposto ao redor do extermínio, num mundo que parece fazer de tudo para arquivar aquele passado tão doloroso quanto abominável. A palavra que o escritor escolhe para designar a ausência de atenção é justamente: *silêncio*, a ser entendido em primeiro lugar como omissão por parte de uma geração que estivera presente — a qual, portanto, pelo menos em parte, não tinha como não saber. O silêncio deve ser também considerado um comportamento mais ou menos consciente, que implica, porém, razões precisas e localizáveis. O silêncio, por fim, remete a seu contrário, a palavra: se o silêncio é ausência, a palavra poderá tornar presente aquilo a que se refere, mas somente oferecendo-se na forma mais nítida possível.

O silêncio mais doloroso — citamos novamente "Aniversário" (1955) — é o silêncio

> do mundo civilizado, da cultura, nosso próprio silêncio [...] Ele não se deve apenas ao cansaço, ao desgaste dos anos, à atitude normal do *primum vivere*. Não se deve à vileza. Existe em nós uma instância mais profunda, mais digna, que em muitas circunstâncias aconselha-nos a calar sobre os Campos de concentração ou, pelo menos, a atenuar, a censurar suas imagens, ainda tão vivas em nossa memória.
>
> É a vergonha. Somos homens, pertencemos à mesma família humana de nossos carrascos. Diante da enormidade de sua culpa, também nos sentimos cidadãos de Sodoma e Gomorra [...]. Somos filhos dessa Europa onde está Auschwitz: vivemos nesse século em que a ciência se rendeu e gerou o código racial e as câmaras de gás.

O raciocínio, então, nos conduz a uma pergunta inevitável: "Quem pode se dizer seguro de estar imune à infecção?". Uma pergunta que une o passado ao presente e, ao mesmo tempo, liga a pesquisa fatual sobre a natureza dessa infecção à reflexão ética sobre as responsabilidades de cada um.

Nesse ponto, o próprio silêncio acaba por assumir, na perspectiva de Levi, um sentido moral, tornando-se "um erro, quase um crime", porque "a vergonha e o silêncio dos inocentes podem mascarar o silêncio culpado dos responsáveis, podem adiar e evitar o juízo histórico sobre eles". Palavras insólitas e adultas, mas que, não por acaso, estão na carta de 1959 da jovem que pedia para "saber a verdade".

POR QUE FALAR

Se calar é um ato reprovável no plano moral, falar, testemunhar oferece, por sua vez, uma ocasião de resgate. Esse é um tema recorrente, até mais do que nos escritos de Levi, em sua prática cotidiana de escritor e, justamente, de testemunha. A esse respeito vem à mente uma frase de Luciana Nissim Momigliano, presa e deportada junto com ele, que parece resumir o pensamento de ambos: "estava bem consciente de que o fato de ter sobrevivido a Auschwitz me traria sempre mais deveres do que direitos".*

Em primeiro lugar, portanto, o dever de falar. Mas por que falar? Ou, mais precisamente, para dizer o quê? Como representar o campo de concentração no mundo do depois? As respostas são muitas, mas todas se referem a aspectos essenciais daquele mundo subvertido, tão difícil de entender e descrever. Vejamos a

---

\* Luciana Nissim Momigliano, "Una famiglia ebraica tra le due guerre" [Max Heimann Lecture "The Holocaust in Italy", 36th IPA Congress, Roma, 1989]. In: Andreina Robuti (org.). *L'ascolto rispettoso. Scritti psicoanalitici.* Milão: Cortina, 2001, pp. 3-9 (aqui são citadas as palavras finais da conferência).

primeira, que Levi nos apresenta no texto que, além de ser precoce, nunca será demais citar, o "Aniversário" de 1955: "Não é lícito esquecer, não é lícito calar. Se calarmos, quem falará? Certamente não os culpados e seus cúmplices. Se não dermos nosso depoimento, num futuro próximo as ações da barbárie nazista, por sua própria enormidade, poderão ser relegadas às lendas. Portanto, é preciso falar". Somente a palavra, e em primeiro lugar a palavra de quem conheceu pessoalmente a realidade do campo de concentração, pode ser a fiadora de sua existência efetiva, condição primeira e essencial de toda investigação posterior.

Em outros lugares, a questão será retomada em resposta a uma objeção expressa quase em tom acusador: "por que continuam a nos falar de horrores?". E é significativo que essa acusação se apresente no "Testemunho para Eichmann", de 1961: em páginas onde esperaríamos que o acusador fosse Levi. A partir desses aparentes paradoxos, o discurso tende a se ampliar numa pluralidade de explicações, que, além do mais, ajudam a situar o campo de concentração numa perspectiva mais ampla. O silêncio deve ser rompido por diversos motivos. Entre outros: "Devemos relatar o que vimos para que o discernimento moral de todos permaneça atento"; ou ainda, porque "esses incríveis crimes não foram reparados a não ser em parte". Mas as verdadeiras razões parecem ser outras ainda: "A História não pode ser mutilada", ela nos pertence em sua globalidade; nós também fazemos parte dela, é um pedaço de nossa natureza de seres humanos de que não podemos nos privar de maneira nenhuma. Entre nosso presente e o passado do qual proviemos existe uma solidariedade profunda da qual não podemos prescindir, uma ligação que dá peso e atualidade à resposta posterior de Levi sobre as razões para falar do campo de concentração: "foram acontecimentos demasiado indicativos, entreviram-se os sintomas de uma doença muito grave, para que seja lícito calar sobre eles". Uma doença que acometeu os homens de ontem e foi derrotada com grande sacrifício, mas que não garante poupar os homens de amanhã.

Todas as citações do parágrafo anterior foram extraídas do ensaio de 1961 sobre Eichmann. Na última encontramos um adjetivo inusitado, *indicativos*, inusitado porque é usado em sentido literal: vamos reencontrá-lo nesse mesmo papel, vinte anos mais tarde, na seção da coletânea *Lilith e outros contos* intitulada "Presente indicativo". O tempo atravessado por Primo Levi carrega essa constante meditação, esse alarme.

Logo depois de nos oferecer essa definição dos "acontecimentos indicativos" de Auschwitz, o "Testemunho para Eichmann" mostra os efeitos concretos gerados por aquele mal: os campos de trabalho, a redução dos judeus a uma "raça de animais", o gás, os crematórios.

Mas há ainda algo pior: a demonstração despudorada da facilidade com que o mal prevalece [...], não só na Alemanha, mas em qualquer lugar onde os alemães pisaram; em toda parte, como demonstraram, é brincadeira de criança encontrar traidores e transformá-los em déspotas, corromper consciências, criar ou restaurar aquela atmosfera de consenso ambíguo ou de terror explícito que era necessária para colocar seus desígnios em prática.

Embora pareça se dirigir a uma pessoa determinada, o texto que Levi publicou em 1961 não pretende imputar outras acusações: é, de fato, um testemunho *para* Eichmann, não *contra*. Isso não significa que Levi estivesse disposto a reconhecer atenuantes, pelo contrário. O objetivo era trazer à tona as razões pelas quais uma testemunha de Auschwitz deve continuar prestando depoimento, mesmo num mundo de onde desapareceram os campos de concentração e também num mundo hipotético vindouro, completamente pacificado: para que não surjam novos

Eichmann e não se encontrem ouvidos difundindo "o contágio do mal". Somente nesse sentido o testemunho de Levi é "para" Eichmann: é um testemunho para a História (aqui em maiúscula), que deve ser lembrado e transmitido, é um testemunho contra a cumplicidade moral de um povo todo, é um testemunho que nos descreve precocemente a colaboração com que o nazismo soube dobrar os próprios deportados e a aparente gratuidade dessa "violência inútil", como um dia será definida.

Quinze anos mais tarde — estamos agora em 1975; o artigo, publicado em *La Stampa*, deu o título a este livro: "Assim foi Auschwitz" —, a argumentação não muda em sua essência, mas o tom e a conclusão são, em parte, diferentes:

> Agora estamos reduzidos a algumas dezenas: talvez sejamos em número ínfimo demais para sermos ouvidos e, além disso, muito frequentemente temos a impressão de sermos narradores importunos. Às vezes, até se materializa à nossa frente um sonho curiosamente simbólico que frequentava nossas noites de prisão: o interlocutor não nos ouve, não entende, distrai-se, vai embora e nos deixa sós. Mas é preciso contar: é um dever para com os companheiros que não voltaram e é uma tarefa que confere um sentido à nossa sobrevivência. A nós coube (não por virtude nossa) viver uma experiência fundamental e aprender algumas coisas sobre o Homem que consideramos necessário divulgar.

Assim como a *História*, dessa vez também *Homem* aparece em letra maiúscula: Levi não teme a retórica, nas poucas situações em que ela lhe parece necessária. É como se os sobreviventes do campo de concentração — a frase quer ressaltá-lo com força — fossem detentores de uma verdade menos evidente para todos os outros, quase um segredo: assim, cabe a eles convertê-la em objeto de uma espécie de revelação. Somente eles puderam experimentar até o extremo uma dimensão crucial da natureza humana. E eis o segredo: "Percebemos que o homem permanece dominador: assim apesar das leis e tribunais milenares".

UM PERCURSO LINEAR

"Assim foi Auschwitz" saiu no principal jornal de Turim, *La Stampa* (a partir daquele momento, Levi começou a colaborar com assiduidade para esse periódico), poucos dias depois do trigésimo aniversário da libertação de Auschwitz. Foi publicado em forma de editorial, como raramente ocorreria com seus artigos. O conteúdo justificava essa colocação porque estabelecia um curto-circuito entre os campos de concentração do passado próximo e um fato de atualidade que justificava a veemente tomada de posição de Levi, isto é, sua preocupação, de caráter abertamente político, com um possível retorno do fascismo: "O fascismo é um câncer que prolifera rapidamente e um retorno nos ameaça. É pedir demais que nos oponhamos a ele desde o início?".

Nesses meses, essa preocupação se manifestou mais claramente quando Levi foi eleito presidente do Conselho do Instituto do Liceu clássico D'Azeglio:* ali manteve, por um ano e

\* Em 2 de abril de 1975, Primo Levi foi eleito presidente do Conselho do Instituto do Liceu D'Azeglio, então frequentado por seu filho Renzo, obtendo dezesseis dos dezenove votos. Era a primeira reunião do conselho, formado graças aos chamados "decretos delegados": um conjunto de seis leis, promulgadas entre 1973 e 1974, que instituíam, entre outras coisas, novos órgãos colegiados para a participação democrática na gestão das escolas. No D'Azeglio, votaram mais de 80% dos que tinham direito a voto (pais, estudantes, professores, pessoal não docente). Levi se apresentava numa "lista unitária" que obteve 758 votos, equivalentes a 41,74%. Manteve o cargo por dois anos letivos e seu mandato terminou em 30 de setembro de 1976. No Arquivo do D'Azeglio pudemos consultar as *Atas do Conselho do Instituto*, registros GLMDA 16 e GLMDA 19.

meio, um papel que, naquele momento em especial — acabava de entrar em vigor a lei sobre os órgãos de autogestão democrática da escola —, tinha um valor político evidente.

Mas continuemos a ler as palavras de Levi, para não deixar escapar a estrutura de seu raciocínio. Depois de ter feito aquela revelação sobre o campo de extermínio ("o homem permanece dominador"), imediatamente, sem se preocupar em estabelecer alguma distância mesmo que apenas temporal, o texto prossegue:

> Muitos sistemas sociais se propõem a refrear esse impulso de iniquidade e arbitrariedade; outros, porém, louvam-no, legalizam-no, apontam-no como último fim político. Esses sistemas podem ser considerados, sem forçar o termo, fascistas: conhecemos outras definições do fascismo, mas parece-nos mais exato e condizente com nossa experiência específica definir como fascistas todos os regimes, e apenas eles, que negam, na teoria ou na prática, a fundamental igualdade de direitos entre todos os seres humanos [...].

Levi estava consciente de sua autoridade, conquistada ao longo dos anos graças aos vários livros publicados (diferentes entre si, animados pela mesma energia moral) e a uma conduta coerente com a imagem transmitida por sua escrita. E se fundava sobre essa autoridade, agora que se sentia empenhado em enfrentar um perigo que julgava iminente. Não considerava tarefa sua propor uma reconstrução histórica pontual, no entanto, a esboçava em seu artigo. Com o intuito de simplificar, considerava mais útil ressaltar o valor fundador da igualdade, que lhe parecia amplamente demonstrado pela menção aos acontecimentos históricos vividos em primeira pessoa. Consequentemente, Levi considerava necessário se apoiar no alcance universalista da lição de Auschwitz — o fascismo, assim como o campo de concentração, devia ser considerado uma ofensa dirigida contra todos os homens —, não porque pensasse que havia alguma razão para minimizar a centralidade dos judeus no extermínio então, mas porque manifestara desde sempre uma aguda sensibilidade naquela direção, como prova a última palavra do título *É isto um homem?*.

Essas são, portanto, as características do editorial escrito para *La Stampa* em fevereiro de 1975, em cuja abordagem se destaca a semelhança com a estrutura do texto preparado dois anos antes para o Museu-Monumento de Carpi, quando a preocupação de Levi com o ressurgimento do fascismo ainda não tinha a amplitude que assumiria um pouco mais tarde. Ali também, a lição moral que os acontecimentos dos campos de concentração impunham com cruel concretude era o mais importante: "A doutrina da qual nasceram os campos é muito simples, e por isso muito perigosa: todo estrangeiro é um inimigo, e todo inimigo deve ser suprimido; qualquer um que seja visto como diferente, por língua, religião, costumes e ideias é estrangeiro". Seguia-se uma breve reconstituição, situando o fenômeno dos campos no quadro mais amplo dos desenvolvimentos do nazismo e indicando quais tinham sido, a cada vez, os alvos privilegiados pela violência de Hitler, além dos principais eventos da história geral dos campos de concentração. Eis uma passagem obrigatória:

> Com a ocupação da Polônia, a Alemanha se apodera (são as palavras de Eichmann) das "origens biológicas do judaísmo": 2,5 milhões de judeus, além de um número indeterminado de civis, resistentes e militares capturados em "ações especiais". É um exército ilimitado de escravos e de vítimas predestinadas: a finalidade dos "Campos de concentração" se desdobra. Eles não são mais apenas instrumentos de repressão; tornam-se ao mesmo tempo sinistras máquinas de extermínio organizado e centros de trabalhos forçados [...].

Todos os elementos adquirem um significado nesse quadro, sem nenhuma concessão substancial ao espírito dos tempos, embora se tratasse especificamente de um texto — como já dissemos — dotado de uma evidente função política. Por exemplo, aqui não cabia um direito à ideia, ainda muito difundida naqueles anos na cultura antifascista, de que deportação política predominava, quase a ponto de ocultar a deportação dos judeus. À parte alguma pequena cautela no léxico e na construção do discurso (o mínimo para não colidir com a sensibilidade dos seus interlocutores-comitentes), Levi não transigia sobre as questões de fundo, como sempre fizera do "Relatório" em diante. Por outro lado, para ele, certamente a condição dos judeus era diferente, e jamais hesitara em frisá-la, distinguindo-a da condição dos outros deportados, militares e políticos. Ele próprio fizera parte, como relatou em "A deportação dos judeus" (1966):

> daqueles que não podiam escolher, isto é, de todos os cidadãos judeus italianos e estrangeiros. Entre eles, mulheres e idosos que viviam na clandestinidade e que, desde 1939, haviam sido excluídos de qualquer contato com o mundo externo; para eles a escolha era evidentemente impossível. Na verdade, devo dizer *quase* impossível, porque apesar das enormes dificuldades e da ausência de uma organização, houve uma resistência.

É interessante que haja uma coerência geral entre a formulação dos textos de 1973 e 1975, que acabamos de analisar, e a abordagem de um documento especialmente engajado, escrito em 1978. Trata-se do "Esboço de texto para o interior do Block italiano em Auschwitz", na base de uma operação memorial que foi objeto de negociações ainda mais cerradas entre os numerosos sujeitos envolvidos. Sem retomar aqui seus desenvolvimentos, descritos de modo analítico nas "Notas sobre os textos", basta destacar alguns elementos notáveis. Mesmo na extrema concisão do texto, a prudência que se pretendia expor ao público — um aforismo de Heine: "quem queima livros acaba por queimar homens"* — brota de uma reconstituição histórica concisa e literariamente eficaz, embora (ou justamente porque) reduzida a poucas frases. Os acontecimentos da Itália nos anos 1920-5, sobre os quais versa o discurso, escapam a uma visão regional para adquirir um âmbito europeu, onde se ressalta a primazia dupla da Itália no *front* do fascismo e no do antifascismo. O mais importante, porém, é que no quadro geral delineado há uma reconstituição relativamente equilibrada da variedade das vítimas da deportação, sem deixar ninguém de lado, mas também sem retirar dos judeus o papel predominante ao qual, infelizmente, a história os destinara.

O clima da época e o difícil trabalho de edição, realizado por diversas mãos, sem dúvida se fazem sentir: mas não a ponto de descaracterizar o pensamento do autor. Talvez tenha sido por isso que, mesmo se tratando de um texto já tão curto, apenas as últimas linhas tenham sido expostas no Memorial italiano de Auschwitz: mas, para o visitante, a advertência feita por aquela lápide, cortada a ligação com os parágrafos precedentes, perdia o significado.

COMO CONTAR A VERDADE

Já citamos diversas vezes aquela carta, sem apresentar por extenso a assinatura com que a jovem remetente quis se identificar em "Specchio dei tempi" [Espelho dos tempos], a seção de assuntos locais de *La Stampa*. É o momento de preencher essa

---

* Trata-se dos versos 243-4 da tragédia juvenil *Almansor* [1821]: "*wo man Bücher/ Verbrennt, verbrennt man auch am Ende Menschen*".

lacuna. Eis o que podemos ler ao final de sua mensagem: "A filha de um fascista que gostaria de saber a verdade". Em sua resposta, alguns dias mais tarde, Primo Levi se mostrou impressionado com a última palavra e quis comentar assim: "Anseia-se pela verdade, apesar de tudo: portanto, ela não deve ser ocultada".

Não havia dúvidas: o campo de concentração se tornara, antes de mais nada, uma *questão de verdade*, e assim devia ser tratado. Levi não hesitou em responder, a propósito da exposição sobre o extermínio a que se referia sua interlocutora: "Não, senhorita, não há como duvidar da realidade daquelas imagens". E apressou-se em apresentar as provas concretas, úteis para sustentar suas certezas: a primeira delas, "o que resta desses tristes locais"; depois as dezenas de "testemunhas oculares" presentes também numa cidade como Turim — hoje essa definição soa redutora, como se fossem apenas os olhos a falar! E continua, o "vazio que deixaram" os milhares "que acabaram misturados naqueles montes de ossos": uma ausência-presença, em suma, não menos concreta do que todo o resto. Até concluir que a exposição de Palazzo Carignano estava ali para "demonstrar", como se faz com um teorema ou um problema complexo, o verdadeiro cerne da questão: no caso específico — e aqui encontramos outra das inumeráveis faces do campo de concentração — "as reservas de perversidade que jazem no fundo do espírito humano e os perigos que ameaçam, hoje como ontem, nossa civilização".

Assim, na resposta do deportado-escritor, parecia finalmente faiscar a centelha do encontro possível entre o "anseio de verdade" de todos aqueles representados pela jovem e a urgência de quem era movido pelo dever moral de contar não tanto e não só *sua própria* história, mas *aquela* história. Outra questão, não menos importante, permanecia em aberto: como contar *aquela* história?

Para responder, Levi não esperara 1959 — o ano da exposição e da carta. Como sabemos, dez anos antes ele já refletira brilhantemente a esse respeito; mas pode ser útil examinar novamente os escritos publicados neste livro para outras descobertas sobre seu trabalho de concepção e redação.

Comecemos por "Deportação e extermínio dos judeus". Estamos em 1961. Nesse ano Levi fora convidado para apresentar seu testemunho em um ciclo de palestras sobre a história do antifascismo italiano em Bolonha. Em 13 de março, ele se apresentou no Teatro Comunale, após a conferência do orador principal da noite, Enzo Enriques Agnoletti, que falara sobre *O nazismo e as leis raciais na Itália*.* Como se tratava de um testemunho, era natural esperar uma narração de coisas vividas, e Levi não frustrou as expectativas dos ouvintes: "Quando foram proclamadas as leis raciais eu tinha dezenove anos. Estava matriculado no primeiro ano de química em Turim". A partir daí, porém, ele escolheu uma forma original de conduzir o discurso (e cabe lembrar que os relatos autobiográficos da *Tabela periódica* estavam ainda por vir).

Em "Deportação e extermínio dos judeus", Levi percorre o itinerário devido desde a promulgação das leis raciais até a libertação de Auschwitz, mas a cada momento amplia e restringe o visual narrativo: com palavras precisas e curtas, com um ritmo marcante, dominado com perfeição. Poucos advérbios e digressões (o único parêntese se refere à dificuldade de comunicação linguística, razão da elevadíssima mortandade de gregos, franceses e italianos), adjetivos reduzidos ao mínimo: nada além de informações, números, descrições, nomes, juízos secos muitas vezes incorporados nos verbos de ação, na concisão frugal dos substantivos. Menções essenciais à psicologia do campo de con-

---

* Na noite de 13 de março de 1961, Giorgio Bassani (*O ataque fascista à Sinagoga de Ferrara*) e Giulio Supino (*Os italianos diante do nazismo*) também deram seus testemunhos.

centração: das vítimas, dos algozes. Reflexões enraizadas no fato concreto, para ajudar o ouvinte a situar os acontecimentos pessoais do protagonista nos diversos contextos ao longo do tempo: para introduzir comparações e responder a perguntas circunstanciadas. O resultado foi um texto de poucas páginas — um resumo de *É isto um homem?*, com o prólogo de alguns relatos *in nuce* da futura *Tabela periódica* —, mas dotado de uma completude capaz de transmitir ao público de Bolonha o panorama geral do campo de concentração, as impressões e os juízos sobre questões relevantes, as sensações subjetivas, e muito mais. Do autor de *É isto um homem?* era de se esperar essa capacidade comunicativa. Todavia, o que mais impressiona o leitor, mesmo o profundo conhecedor da obra de Levi, é chegar à última linha com a sensação de ter lido algo novo.

Tem-se uma experiência análoga, mesmo que em escala mais reduzida, em outro curto texto, de 1966: o já citado "A deportação dos judeus". O título poderia remeter a uma repetição, mas não é o caso. A trama se sustenta mais uma vez em uma sequência cronológica de eventos vividos em primeira pessoa, mas dessa vez foram selecionados apenas três: o 8 de setembro de 1943, a prisão que aborta a aventura da Resistência e a detenção em Monowitz. A narrativa se reduz ao mínimo porque o verdadeiro tema é outro: a diferença entre as "condições de *zero*" dos deportados judeus (essa síntese é fulminante) e as condições dos demais, militares, políticos etc.

O último exemplo talvez seja o mais eloquente. "Aquele trem para Auschwitz", escrito em 1979, refaz em duas páginas breves a mesma trajetória das perseguições de 1938 ao ano da prisão. O contexto do artigo, no entanto, lhe confere originalidade e aponta, em algumas passagens, para significados inusitados. O texto dirigia-se a Rosanna Benzi, atingida pela poliomielite desde a infância e muito ativa no mundo dos marginalizados.

A comparação implícita entre as experiências do deportado e as experiências da deficiência física multiplica, por exemplo, as implicações da sequência outro-estranho-inimigo, que deixa de ser exclusiva do campo de concentração e passa a se situar numa perspectiva diferente aquele "orgulho minoritário" que Levi diz ter experimentado após a promulgação das leis contra os judeus. No entanto, o momento mais interessante do diálogo à distância entre Levi e Benzi deve ser procurado nas conclusões. O autor escreve: a experiência da deportação "marcou-me, mas não me tirou o desejo de viver, pelo contrário, aumentou-o, porque conferiu uma finalidade à minha vida: a de dar testemunho, para que nada semelhante volte a acontecer. É para isso que escrevo meus livros". Ao mencionar não apenas um dever, mas uma finalidade e uma razão de vida, valores sem parâmetro de comparação, essas palavras já conhecidas, adquirem aqui um novo sentido: o dos limites impostos por um pulmão de aço.

O TATO DAS PALAVRAS

A sábia narrativa autobiográfica permite a utilização de muitos recursos expressivos. Mas, se as nuances de uma mesma trama resultam de decisões cuidadosas, o recurso *àquela* trama também é fruto de uma escolha criteriosa. A voz exemplar de Levi corre o risco de nos fazer esquecer que essa escolha não é automática. Em seu caso, a preferência pela narrativa em primeira pessoa, sem dúvida, estava baseada em boas razões, coerentes com seu modo de enxergar o mundo e de se relacionar com seus interlocutores. Vejamos algumas delas: a referência direta à experiência pessoal certamente permite que os leitores compreendam mais facilmente e acolham com confiança realidades que qualquer um teria dificuldade em aceitar; colocar-se no centro de uma rede de relações pessoais ajudou-o a descrever os homens, um a um, e a apresentar não ideias abstratas, mas a forma como elas determinam os comportamentos e as ações dos indivíduos; reduzir ao mínimo a distância entre o Levi narrador e o Levi personagem do relato contribui para diminuir também a distância com os leitores, que se tornam especialmente dispostos a ter com o autor o diálogo denso que ele tanto desejava.

O que dizer agora sobre o lugar-comum tão difundido, segundo o qual a grande maioria dos textos de Levi a respeito dos campos de concentração seria composta por "relatos de memória"? Trata-se da uma banalização equivocada. E questionar esse rótulo leva a outra pergunta: atribuir imediatamente a qualidade de "testemunha" ao Levi narrador do campo de concentração não nos levaria a subestimar as questões complexas — que ele enfrentou com resultados que não cansam de nos impressionar — ligadas a dois caminhos diversos e devem ser cuidadosamente diferenciados?

O primeiro refere-se à conquista da verdade ou, pelo menos, à descoberta de fragmentos de verdade, que em seu caso são provenientes de um dos locais mais impenetráveis da história. O segundo caminho deve fazer com que essas verdades encontrem uma forma acessível para um público muitas vezes relutante em ouvir; isso só é possível com muito rigor na comunicação, na escrita, comparável — diria Marc Bloch — à finesse do tocador de alaúde fundada na "sensibilidade do ouvido e dos dedos".*

"Será possível negar que haja, como o tato das mãos, uma das palavras?", pergunta-se o historiador francês na mesma página

---

* Marc Bloch, *Apologia della storia o Mestiere di storico* [*Apologie pour l'histoire ou Métier d'historien*, 1941-1943, primeira publicação póstuma 1949], ed. crítica aos cuidados de Étienne Bloch [1993], trad. it. Giuseppe Gouthier. Turim: Einaudi, 1998, p. 23. [Ed. bras.: *Apologia da história ou O ofício de historiador*, trad. André Telles. Rio de Janeiro: Zahar, 2001, p. 2001, p. 55.]

de sua *Apologia da história*, um dos dez textos mais iluminadores sobre a maneira de estudar e narrar os fatos humanos; ele se expressa usando uma associação inesperada, que certamente Levi foi capaz de apreciar. Da mesma forma, o escritor turinense — presenciamos sua leitura dos textos de *Assim foi Auschwitz* e tentamos apresentá-lo nessas páginas — tinha esse rigor crítico com que Bloch queria que se examinasse cada testemunho, durante o trabalho de pesquisa que antecede a escrita, para que viesse a oferecer seu grama de verdade.

Assim, nos dois casos, além do cuidado com a sutileza do relato, o testemunho volta a adquirir posição central. Porém, com uma diferença importante: para as provas do campo de concentração, palavras como "testemunha" e "testemunho" correm o risco de não se sustentar, de não serem adequadas porque frágeis demais. Levi nos mostrou esse aspecto em palavras como fome, frio, cansaço: o uso dessas palavras em nosso cotidiano torna-as inadequadas para o grau extremo de Auschwitz.

Se quisermos então perguntar qual é a palavra mais adequada para Primo Levi, devemos remontar às origens, aos textos antigos reunidos neste livro: o "Relatório" escrito para os russos, a "Relação" redigida para a Comunidade Judaica de Turim, os depoimentos dados no processo Höss. Nesses documentos, encontramos o trabalho de um homem que não se limitou a registrar aquilo que viu — mesmo que com a maior atenção e eficácia estilística —, mas que, em paralelo à crítica de sua memória, não interrompeu por um só instante sua investigação sobre Auschwitz: interrogando as pessoas, os fatos, as coisas (sua análise do Zyklon B), com base num método que não é menos refinado por ser implícito. É possível que as páginas de *Assim foi Auschwitz* tenham acrescentado um novo aspecto ao perfil de Primo Levi: uma testemunha e um escritor que também "sabia trabalhar" como historiador.

APARATOS

# Documentação fotográfica

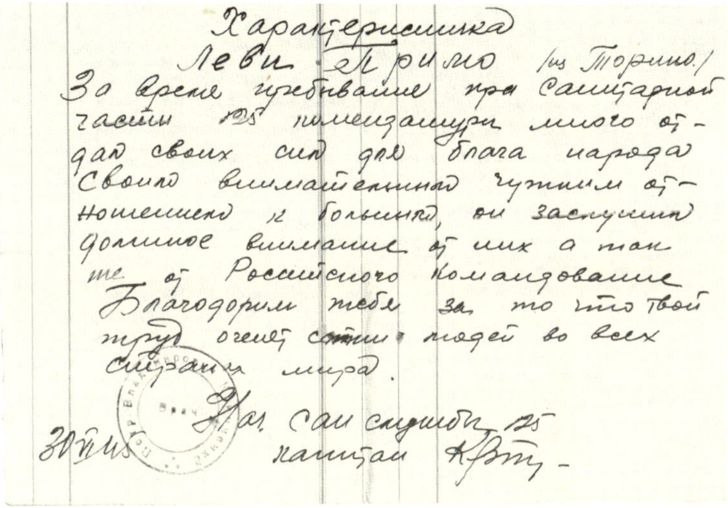

FIGURA 1.

Atestado emitido pelo "chefe do serviço sanitário 125" para Primo Levi em Katowice, no dia 30 de junho de 1945. Levi assim descreve a entrega do documento em *A trégua*, arredondando levemente o texto:

> Danchenko, por sua vez, trouxe dois atestados, escritos à mão, numa bela caligrafia, em dois papéis com pauta, arrancados evidentemente de um caderno escolar. Naquele que a mim se destinava, declarava-se com desenvolta generosidade que "O médico doutor Primo Levi, de Turim, prestou, por quatro meses, o seu trabalho hábil e diligente à enfermaria deste Comando, razão pela qual mereceu a gratidão de todos os trabalhadores do mundo". (cf. Primo Levi, *Opere*, v. 1 Marco Belpoliti (org.). Turim: Einaudi, 1997, p. 209. [Ed. bras.: *A trégua*, trad. Marco Lucchesi. São Paulo: Companhia das Letras, 1997, p. 108]).

Um atestado similar foi emitido para Leonardo De Benedetti; está reproduzido no livro de Anna Segre, *Un coraggio silenzioso. Leonardo De Benedetti, medico, sopravvissuto ad Auschwitz* (Turim: Zamorani, 2008, p. 38).

Характеристика

Леви Примо /из Торино/

За время пребывания при санитарной части 125 комендатуры много отдал своих сил для блага народа Своим внимательным чутким отношением к больным он заслужил должное внимание от них а также от Российского командования Благодарим тебя за то что твой труд оценят сотни людей во всех странах мира.

Нач. сан. службы 125
капитан ???

Петр Владимирович
Климченко
Врач

FIGURA 2.

Transcrição do atestado.

```
                    Attestato

                Primo Levi (di Torino)


    Durante la sua permanenza presso il reparto sanitario 125
    del comando ha dato molte sue forze per il bene del popolo
    Con il suo atteggiamento premuroso e delicato verso gli am-
    malati si è meritato il dovuto riguardo loro e del comando
    russo  Ti ringraziamo perchè il tuo lavoro sarà apprezzato
    da centinaia di persone di tutti i paesi del mondo.


                Il capo del servizio sanitario 125
                    capitano (illeggibile)



    (timbro)
    Petr Vladimirovič Klimcenko
    medico
```

FIGURA 3

Tradução do atestado feita por Vera Dridso, funcionária da editora Einaudi, de origem russa.

FIGURA 4.

Primeira página do "Relatório" (Arquivo Istoreto, Turim).

*atrocità fasciste*

STORIA DI DIECI GIORNI

*(l'11 gennaio 1945)*

Già da molti mesi si sentiva a intervalli il rombo dei cannoni russi, quando mi ammalai di scarlattina e fui ammesso all'infermeria del Lager. È "Infectionsabteilung": vale a dire una cameretta, per verità assai pulita, con dieci cuccette su due piani; un armadio; tre sgabelli; e la seggetta col secchio per i bisogni corporali. Il tutto in 3 metri per 5.

Sulle cuccette superiori era difficile salire, non c'era scala; perciò, quando un malato si aggravava veniva trasferito alle cuccette inferiori.

Erano 12; quando io entrai, fui il 13°. Di questi, quattro oltre a me avevano la scarlattina: due francesi "politici" e due giovani ebrei ungheresi. Degli altri, tre erano difterici; tre tifosi; uno, affetto da una ributtante risipola facciale. I due rimanenti avevano più di una malattia ed erano incredibilmente deperiti.

Avevo febbre alta. Ebbi la fortuna di avere una cuccetta tutta per me; mi coricai con sollievo, sapevo di avere diritto a 40 giorni di isolamento e quindi di riposo, e mi ritenevo abbastanza ben conservato da non dover temere le conseguense della scarlattina da una parte, e le selezioni dall'altra.

Ero riuscito a portare con me le mie cose personali: una cintura di cuoio; il cucchiaio; il coltello; un ago con tre gugliate; cinque bottoni; e infine, 18 pietrine per accendisigaro che avevo "organizzate" al cantiere. Erano valutate 4 o 5 razioni di pane.

Passai quattro giorni tranquilli. Fuori nevicava e faceva molto freddo, ma l'infermeria era riscaldata. Ricevevo forti dosi di sulfamidico, avevo una nausea intensa e stentavo a mangiare; non avevo voglia di attaccare discorso.

I due francesi con la scarlattina erano simpatici. Erano due provinciali dei Vosgi, entrati in campo da pochi giorni. Il più anziano si chiamava Arthur, era contadino, piccolo e magro. L'altro, suo compagno di cuccetta, si chiamava Charles, aveva 32 anni ed era maestro di scuola: invece della camicia, gli era toccata una canottiera estiva comicamente corta.

Il quinto giorno venne il barbiere. Era un greco; parlava solo il bello spagnolo degli ebrei di Salonicco, ma sapeva qualche parola di tutte le lingue che si parlavano in campo. Si chiamava Askenazi ed era in campo da più di due anni. Non so come avesse ottenuto la carica di "Frisör" dell'infermeria: infatti non parlava tedesco né polacco e non era eccessivamente brutale. Prima che entrasse, lo avevo sentito parlare a lungo e concitatamente nel corridoio col medico, che era suo compatriota. Mi parve che avesse una espressione insolita, ma poiché la sua mimica, come in genere quella dei levantini, non corrisponde alla nostra, non comprendevo se fosse spaventato, o contento, o emozionato. Mi conosceva, o almeno sapeva che io ero italiano.

Quando fu il mio turno, scesi laboriosamente dalla cuccetta. Gli chiesi in italiano se c'era qualcosa di nuovo. Interruppe la rasatura; strizzò gli occhi in modo solenne e allusivo, indicò la finestra con il mento, poi fece colla mano un gesto ampio verso ponente:

"Morgen, alle Kamarad weg".

Mi guardò un attimo cogli occhi spalancati, aggiunse "Todos

FIGURA 5.

Primeira página de "História de dez dias", com um acréscimo feito à mão por Primo Levi e com a anotação a lápis "atrocidades fascistas", que serviu de base para a classificação do documento no setor histórico do Comitê de Libertação Nacional (Arquivo Istoreto, Turim).

FIGURA 6.

Frontispício de *Minerva Medica*, 24 de novembro de 1946.

presenta un evidente ingrossamento, deborda circa tre dita dall'arcata costale sinistra, un po' dura, indolente, liscia. Niente di anormale agli organi urinari e genitali; nulla di patologicamente importante nelle urine. Riflessi superficiali e profondi normali.

In base ai dati anamnestici ed obbiettivi formulai il sospetto di brucellosi e pertanto consigliai di praticare la aierodiagnosi. Essendo questa risultata positiva all'1 : 1000 per la brucellosi, e negativa per il tifo e paratifo, come negativa pure risultò la ricerca del parassita malarico contemporaneamente eseguita, confermato così il sospetto diagnostico, consigliai di iniziare subito la cura col vaccino antimelitense endovenoso dell'I. S. M.

Il giorno 5-5-1946 praticai la prima iniezione endovenosa del suddetto vaccino, continuando in tal modo secondo le regole comuni, fino al giorno 21-5-1946. Secondo la curva termica la paziente ha avuto delle buone reazioni termiche postvacciniche, ma la curva febbrile della malattia restava piuttosto immodificata, come pure il resto della sintomatologia morbosa. Cosicchè, avendo letto proprio in quei giorni del metodo del Prof. D. Campanacci, e non avendo la paziente mostrato nessun miglioramento generale, presentandosi sempre il fegato e la milza aumentati di volume e di consistenza, convinto anche, nel caso speciale, della innocuità del nuovo metodo, sospesi il trattamento vaccinico, di cui avevo già praticato 7 iniezioni a dosi crescenti e praticai due iniezioni endovenose di Neo I.C.I. da centigrammi quindici ciascuna nei giorni 23 e 25 maggio. La curva febbrile rimase immodificata. Il giorno 27 praticai nuovamente il vaccino endovenoso e dall'indomani già si vide un netto miglioramento di tutti i sintomi con un abbassamento evidente della temperatura febbrile che raggiunse il massimo di 37°,8. Alla successiva iniezione del 30 maggio il miglioramento fu evidentissimo e si ebbe sfebbramento completo: il 4 giugno praticai l'ultima iniezione di vaccino, a scopo di consolidamento.

Ho visto recentemente la paziente completamente guarita, il cui fegato e la milza sono ritornati al volume normale fin da quando la lasciai.

Questi sono i fatti che dimostrano il risultato veramente brillante ottenuto da questa associazione di medicamenti.

Allo stato attuale degli studi, non ci sarebbe che emettere soltanto delle ipotesi sul meccanismo di azione dell'associazione vaccino ed arsenobenzoli; parei dal parere anch'io che gli arsenobenzoli a dosi piccole, come in questo caso, eserciterino una influenza sul fegato e sugli organi emo-linfopoietici in genere, stimolando beneficamente tali organi, sedi principali del processo brucellare, a reagire in modo più energico contro i germi dell'infezione in atto, rendendoli più sensibili a nuova introduzione di vaccino.

A mio modo di vedere il metodo del Prof. D. Campanacci merita di essere esperimentato su larga scala, e spero che altri sanitari lo possano trovare utile come è capitato a me, e se i dati suesposti saranno confermati, sarebbe veramente necessario cercare di spiegare in maniera scientifica, e non soltanto ipotetica, l'intimo meccanismo di azione di tale associazione.

*Riassunto*. — L'Autore descrive un caso di brucellosi vaccino-resistente sensibilizzata con microdosi di arsenobenzolo endovenoso, secondo il metodo del Prof. Campanacci, ottenendo ottimo risultato.

Propone che siano estesi gli studi sul meccanismo d'azione della associazione vaccino-arsenobenzolo.

## Rapporto sulla organizzazione igienico-sanitaria del campo di concentramento per Ebrei di Monowitz (Auschwitz - Alta Slesia)

Dott. Leonardo De-Benedetti, *medico-chirurgo*
Dott. Primo Levi, *chimico*

Attraverso i documenti fotografici e le oramai numerose relazioni fornite da ex-internati nei diversi Campi di concentramento creati dai tedeschi per l'annientamento degli Ebrei d'Europa, forse non v'è più alcuno che ignori ancora che cosa siano stati quei luoghi di sterminio e quali nefandezze vi siano state compiute. Tuttavia, allo scopo di far meglio conoscere gli orrori, di cui anche noi siamo stati testimoni e spesse volte vittime durante il periodo di un anno, crediamo utile rendere pubblica in Italia una relazione, che abbiamo presentata al Governo dell'U.R.S.S., su richiesta del Comando Russo del Campo di concentramento di Kattowitz per Italiani ex-prigionieri. In questo Campo fummo ospitati anche noi, dopo la nostra liberazione, avvenuta da parte dell'Armata Rossa verso la fine del gennaio 1945. Aggiungiamo qui, a quella relazione, qualche notizia di ordine generale, poichè il nostro rapporto di allora doveva riguardare esclusivamente il funzionamento dei servizi sanitari del Campo di Monowitz. Analoghi rapporti furono richiesti dallo stesso Governo di Mosca a tutti quei Medici di ogni nazionalità, che, provenienti da altri Campi, erano stati ugualmente liberati.

* * *

Eravamo partiti dal campo di concentramento di Fossoli di Carpi (Modena) il 22 febbraio 1944, con un convoglio di 650 Ebrei di ambo i sessi e di ogni età. Il più vecchio oltrepassava gli 80 anni, il più giovane era un lattante di tre mesi. Molti erano ammalati, e alcuni in forma grave: un vecchio settantenne, che era stato colpito da emorragia cerebrale pochi giorni prima della partenza, fu ugualmente caricato sul treno e morì durante il viaggio.

Il treno era composto di soli carri bestiame, chiusi dall'esterno; in ogni vagone erano state stipate più di cinquanta persone, la maggior parte delle quali di valigie, perchè un maresciallo tedesco, addetto al Campo di Fossoli, ci aveva suggerito, con l'aria di dare un consiglio spassionato e affettuoso, di provvederci di molti indumenti pesanti — maglie, coperte, pellicce — perchè saremmo stati condotti in paesi dal clima più rigido del nostro. E ci aveva aggiunto, con un sorrisetto benevolo e una strizzatina d'occhi ironica, che, se qualcuno avesse avuto con sè denari o gioielli nascosti, avrebbe fatto bene a portare anche quelli, che lassù gli sarebbero certo riusciti utili. La maggioranza dei partenti aveva abboccato, seguendo un consiglio che nascondeva un volgare tranello; altri, pochissimi, avevano preferito affidare a qualche privato che aveva libero accesso nel Campo, le loro robe; altri, infine, che all'atto dell'arresto non avevano avuto il tempo di provve-

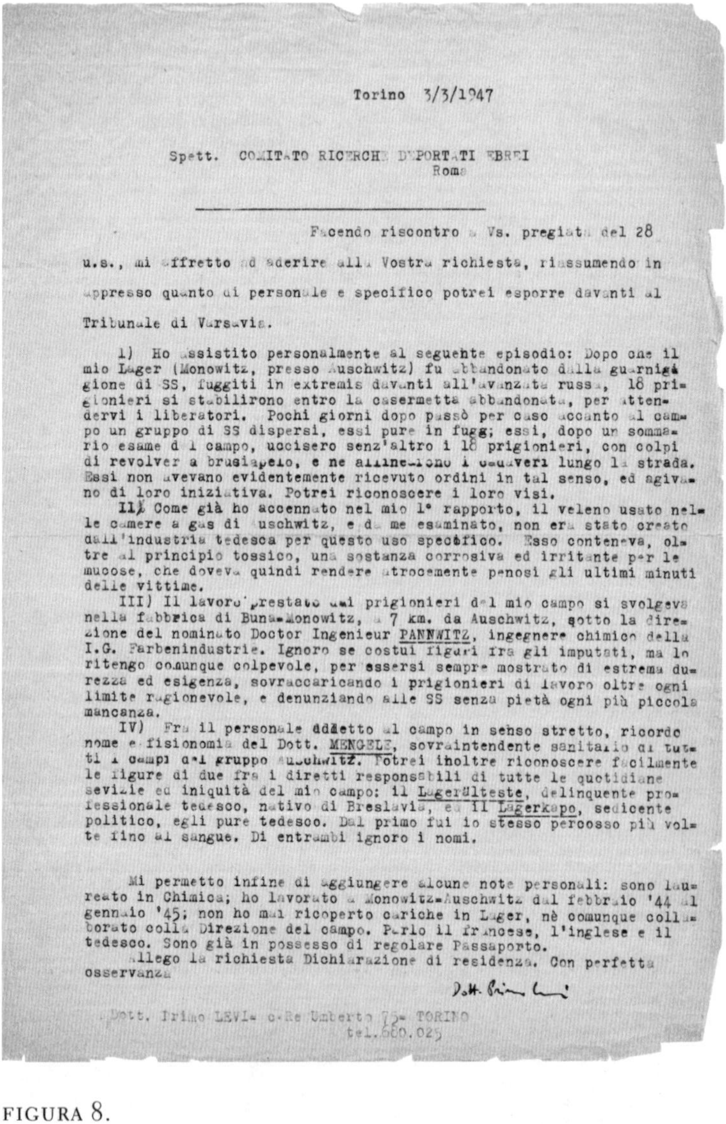

Torino 3/3/1947

Spett. COMITATO RICERCHE DEPORTATI EBREI
Roma

Facendo riscontro a Vs. pregiata del 28 u.s., mi affretto ad aderire alla Vostra richiesta, riassumendo in appresso quanto di personale e specifico potrei esporre davanti al Tribunale di Varsavia.

1) Ho assistito personalmente al seguente episodio: Dopo che il mio Lager (Monowitz, presso Auschwitz) fu abbandonato dalla guarnigione di SS, fuggiti in extremis davanti all'avanzata russa, 18 prigionieri si stabilirono entro la casermetta abbandonata, per attendervi i liberatori. Pochi giorni dopo passò per caso accanto al campo un gruppo di SS dispersi, essi pure in fuga; essi, dopo un sommario esame del campo, uccisero senz'altro i 18 prigionieri, con colpi di revolver a bruciapelo, e ne allinearono i cadaveri lungo la strada. Essi non avevano evidentemente ricevuto ordini in tal senso, ed agivano di loro iniziativa. Potrei riconoscere i loro visi.

II) Come già ho accennato nel mio 1° rapporto, il veleno usato nelle camere a gas di Auschwitz, e da me esaminato, non era stato creato dall'industria tedesca per questo uso specifico. Esso conteneva, oltre al principio tossico, una sostanza corrosiva ed irritante per le mucose, che doveva quindi rendere atrocemente penosi gli ultimi minuti delle vittime.

III) Il lavoro prestato dai prigionieri del mio campo si svolgeva nella fabbrica di Buna-Monowitz, a 7 km. da Auschwitz, sotto la direzione del nominato Doctor Ingenieur PANNWITZ, ingegnere chimico della I.G. Farbenindustrie. Ignoro se costui figuri fra gli imputati, ma lo ritengo comunque colpevole, per essersi sempre mostrato di estrema durezza ed esigenza, sovraccaricando i prigionieri di lavoro oltre ogni limite ragionevole, e denunziando alle SS senza pietà ogni più piccola mancanza.

IV) Fra il personale addetto al campo in senso stretto, ricordo nome e fisionomia del Dott. MENGELE, sovraintendente sanitario di tutti i campi del gruppo Auschwitz. Potrei inoltre riconoscere facilmente le figure di due fra i diretti responsabili di tutte le quotidiane sevizie ed iniquità del mio campo: il Lagerälteste, delinquente professionale tedesco, nativo di Breslavia, ed il Lagerkapo, sedicente politico, egli pure tedesco. Dal primo fui io stesso percosso più volte fino al sangue. Di entrambi ignoro i nomi.

Mi permetto infine di aggiungere alcune note personali: sono laureato in Chimica; ho lavorato a Monowitz-Auschwitz dal febbraio '44 al gennaio '45; non ho mai ricoperto cariche in Lager, nè comunque collaborato colla Direzione del campo. Parlo il francese, l'inglese e il tedesco. Sono già in possesso di regolare Passaporto.

Allego la richiesta Dichiarazione di residenza. Con perfetta osservanza

Dott. Primo Levi

Dott. Primo LEVI- c.Re Umberto 75- TORINO
tel. 680.025

FIGURA 8.

Primo Levi, "Declaração para o processo Höss" (Arquivo CDEC, Milão).

```
1 Ja 1/65 (RSHA)


            Fragebogen
            Questinario
            ==========================

    1) Wo lebten Sie bis zu Ihrer Verhaftung in Italien?
       Dove ha vissuto fino al Suo arresto in Italia?
Sempre in Italia, a Torino e a Milano.


    2) Wann und von wem wurden Sie verhaftet?
       Quando e da chi è stato arrestato?
Il 13 dicembre 1943, dalla Milizia fascista (Centurione Ferro), presso
BRUSSON (Aosta).


    3) Warum wurden Sie verhaftet?
       Perché è stato arrestato?
Per attività partigiana. La mia qualità di ebreo è venuta in luce più tardi.


    4) Wohin kamen Sie nach Ihrer Verhaftung?
       Dove è stato trasportato dopo il Suo arresto?
Dapprima alla caserma della Milizia fascista in Aosta, poi (verso la fine di
gennaio 1944) al campo di Fossoli di Carpi.


    5) Waren Sie im Polizei-Durchgangslager Fossoli di Carpi
       (bei Modena)?
       È stato nel campo di transito poliziesco di Fossoli di Carpi
       (presso Modena)?
                            Sì.
       Wenn Ja, wann und von wo aus kamen Sie dorthin und wie lange
       blieben Sie in Fossoli?
       Se questo è il caso: quando e partendo da che luogo ci è
       stato trasportato, e quanto tempo ci è rimasto?
Da Aosta (vedi sopra): sono rimasto a Fossoli fino al 22 febbraio 1944.
```

FIGURA 9.

Primo Levi, primeira página do "Questionário para o processo Bosshammer", 2 de setembro de 1970 (Arquivo CDEC, Milão).

FIGURA 10.

Primeira página do jornal *La Stampa*, 9 de fevereiro de 1975 (cortesia do Arquivo *La Stampa*, Turim).

# Notas sobre os textos

## Domenico Scarpa

Os textos estão em ordem cronológica conforme o momento, comprovado ou presumível, em que o testemunho foi prestado pela primeira vez.

Consta um asterisco nos títulos dos textos de Primo Levi não incluídos nos dois volumes das *Opere* (Org. Marco Belpoliti. Turim: Einaudi, 1997).

RELATÓRIO SOBRE A ORGANIZAÇÃO HIGIÊNICO-SANITÁRIA DO CAMPO DE CONCENTRAÇÃO PARA JUDEUS DE MONOWITZ (AUSCHWITZ — ALTA SILÉSIA) — LEONARDO DE BENEDETTI E PRIMO LEVI

*Minerva Medica. Gazzetta settimanale per il medico pratico*, Turim, XXX--VII, 47, 24 de novembro de 1946, pp. 535-44.

A revista *Minerva Medica*, homólogo italiano do inglês *Lancet*, era publicada semanalmente e se dividia em "Parte Variada" e "Parte Científica", cada qual com numeração distinta. Assinado "Dr. Leonardo De Benedetti, médico--cirurgião e Dr. Primo Levi, químico", o "Relatório" foi incluído na "Parte científica", seção "Trabalhos originais".

Caído no esquecimento após a primeira publicação, o texto foi reencontrado por Alberto Cavaglion, que o reapresentou em uma palestra com o título "Leonardo ed io, in um silenzio gremito di memoria": Sopra una fonte dimenticata di *Se questo è um uomo*, no congresso internacional Primo Levi: Memória e Invenção, San Salvatore Monferrato, de 26 a 28 de setembro de 1991. As atas foram publicadas por Giovanna Ioli (Edizioni della Biennale "Piemonte e Letteratura", San Salvatore Monferrato, 1995; o ensaio de Cavaglion estava nas pp. 64-8, o "Relatório" nas pp. 69-84). O texto reapareceu algum tempo depois como apêndice numa intervenção posterior de Cavaglion: "Il ritorno di Primo Levi e il memoriale per la *Minerva Medica*" (em *Il ritorno dai Lager*, atas do congresso internacional, Turim, 23 de novembro de 1991, Org. Alberto Cavaglion, intr. Guido Quazza. Milão: Angeli, 1993, pp. 221-2; "Relatório", pp. 223-40). Em 1997, o "Relatório" foi incluído em *Opere* (v. I, op. cit., pp. 1339-60). A seguir, o filólogo Matteo Fadini realizou uma cuidadosa revisão do texto publicado por Cavaglion e Belpoliti: "Su un avantesto di *Se questo è un uomo* (con una nuova edizione del 'Rapporto' sul Lager di Monowitz del 1946)" (em *Filologia Italiana*, v. 5, 2008 [mas 2009], pp. 209-40).

O posfácio "Uma testemunha e a verdade" indica a presença do texto em diversos arquivos, onde também foram encontradas as primeiras redações de "História de dez dias", que seria o capítulo final de *É isto um homem?*. No presente volume, limitamo-nos a oferecer uma versão corrigida do texto impresso do "Relatório", sem resenhar todas as cópias descobertas até o momento e sem estudar suas eventuais variantes, que, por outro lado, não parecem ser de grande relevância nos exemplares diretamente examinados. Eis uma lista dos materiais resultantes até a data de hoje:

a) RELATÓRIO SOBRE A ORGANIZAÇÃO HIGIÊNICO-SANITÁRIA DO CAMPO DE CONCENTRAÇÃO PARA JUDEUS DE MONOWITZ (AUSHWITZ [SIC] — ALTA SILÉSIA). Cópia datilografada em papel de seda: dezessete folhas numeradas, sem data nem assinatura. No alto à esquerda, na primeira folha, sob a rubrica <u>cópia</u>, estão dispostos em coluna os nomes dos dois autores: "dr. Leonardo De-Benedetti, médico-cirurgião"; "Primo Levi, químico". O documento está conservado no Arquivo do Instituto piemontês para a história da Resistência e da sociedade contemporânea "Giorgio Agosti" (doravante Arquivo Istoreto) (*Fundos originais*, envelope C 75, pasta A). O envelope está registrado como "atrocidades nazifascistas" enquanto — como assinalado no ensaio "Uma testemunha e a verdade" — a pasta que contém o documento traz a rubrica "atrocidades fascistas".

a1) na mesma "pasta a" que contém o "Relatório", está conservada uma primeira redação de "História de dez dias": um texto datilografado de catorze folhas, numeradas a partir da segunda. Na última folha, autógrafa, a data "Fevereiro de 1946" e a assinatura de Primo Levi, enquanto nas primeiras linhas do texto está inserida à mão, com a caligrafia do autor, a indicação "em 11 de janeiro de 1945", relativa ao dia em que Levi foi internado por escarlatina no Ka-Be de Monowitz. A indicação do dia estará presente depois em todas as edições de É isto um homem?, a partir da primeira (Turim: De Silva), saída da gráfica em 11 de outubro de 1947: "Já há muitos meses se ouvia a intervalos o fragor dos canhões russos, quando em 11 de janeiro de 1945, fiquei doente de escarlatina e fui admitido na enfermaria do campo de concentração". O texto da "História" conservado no Arquivo Istoreto constitui, além do mais, uma primeira redação, com variantes em relação ao texto definitivo que exigem um estudo próprio. Na mesma pasta encontram-se, além disso, três cópias de "História de dez dias", interrompidas na quarta folha: pode-se supor que são transcrições em várias cópias do texto depositado por Levi (o acréscimo sobre o 11 de janeiro foi de fato aceito), com a finalidade de garantir uma maior difusão, trabalho depois interrompido por razões desconhecidas. Por mero escrúpulo, assinala-se que na primeira folha da "História" repete-se a lápis, não pela mão de Levi, a indicação "atrocidades fascistas" já mencionada na pasta.

b) no Arquivo Istoreto existe uma segunda cópia em papel de seda do "Relatório", idêntica à conservada nos Fundos originais: traz no frontispício a indicação a lápis "Uff. storico" e está guardada no Fundo Vaccarino Giorgio (envelope A GV 2, pasta dezessete).

c) uma terceira cópia do "Relatório", idêntica às duas já citadas, está no Arquivo das tradições e do costume Judaicos "Benvenuto e Alessandro Terracini" (Turim, Fundo Arquivo Histórico da Comunidade Judaica de Turim (1849-1985), série "Assistência e documentação relativa às perseguições nazifascistas", pasta 361, "Relações de sobreviventes dos campos de extermínio e denúncias", de 1945). Onde também há uma cópia de "História de dez dias". Na mesma pasta estão conservados dois documentos redigidos posteriormente por Levi: uma relação dos companheiros que saíram de Auschwitz na marcha de evacuação de 17-18 de janeiro de 1945 (incluída no presente volume com o título "Relação de dr. Primo Levi número de matrícula 174517, sobrevivente de Monowitz-Buna"); uma lista que contém, além dos nomes dos companheiros partidos na supracitada marcha, dados gerais de pessoas mortas em Auschwitz durante a detenção, selecionadas para a câmara de gás na chegada do transporte de Fossoli ou desaparecidas de outra forma durante o período de prisão de Levi.

d) uma cópia datilografada do "Relatório", por nós consultada, conserva--se em Roma no Centro Bibliográfico da União das Comunidades Israelitas Italianas (Ucei) (Arquivo histórico Ucei, fundo de arquivo Atividade da União das Comunidades israelitas italianas a partir de 1934 (doravante Aucii 1934), série

"Entidades judaicas", envelope 44A, pasta 44A-3 "Testemunhos sobre os campos de concentração", relação de Luciana Nissim, s.d.). A cópia datilografada do "Relatório" está nessa mesma pasta, cujos limites cronológicos são "11 de junho 1945 — 20 de dezembro 1946". As informações precedentes foram extraídas de Alessandra Chiappano, *Luciana Nissim Momigliano: uma vida*, prefácio de Gianni Perona (Florença: Giuntina, 2010, p. 161 e nota).

e) conforme indicado em "A história do 'Relatório'", outro arquivo onde se encontram o "Relatório" e "História de dez dias" é o do Centro de Documentação Judaica Contemporânea (Cedec) (Milão, Fundo *Massimo Adolfo Vitale*, envelope 3, pasta 115 "Primo Levi"). Embora Vitale tenha desenvolvido suas atividades em Roma, na qualidade de presidente do Comitê de Investigações de Deportados Judeus (CRDE), em 1972 ele adquiriu e transferiu para Milão grande parte do Arquivo CRDE, já depositado em Roma na União das comunidades Israelitas Italianas (UCII). Para maiores informações, consultar, *infra*, a nota do "Depoimento" de Primo Levi sobre Monowitz.

Uma edição não comercial do "Relatório" foi publicada no outono de 2013 com tiragem de quatrocentos exemplares numerados, doada como contribuição para o Centro Internacional de Estudos Primo Levi de Turim: o frontispício traz "Primo Levi com Leonardo De Benedetti, *Relatório sobre Auschwitz*". Impresso por Einaudi, o volume inclui um posfácio de Fabio Levi, "A história do 'Relatório'", reelaborada e reformulada no ensaio "Uma testemunha e a verdade", neste volume.

Aqui, tal como na edição não comercial, baseamo-nos no texto organizado por Matteo Fadini, cotejando-o novamente com as páginas de *Minerva Medica*.

A pessoa mais idosa no transporte de De Benedetti e Levi era Anna Jona, nascida em 1855; o homem que morreu durante a viagem foi Arturo Foà, a quem se remete *infra* na nota sobre "Depoimento para o processo Eichmann". Levi omite no texto o curto período, do final de novembro de 1944 até meados de janeiro de 1945, quando pôde trabalhar no laboratório químico da Buna. A respeito da sorte de De Benedetti durante as seleções para a câmara de gás ver, neste volume, seu "Depoimento sobre Monowitz" e a posterior "Denúncia contra dr. Joseph Mengele".

RELAÇÃO DE DR. PRIMO LEVI NÚMERO DE MATRÍCULA 174517, SOBREVIVENTE DE MONOWITZ-BUNA*

Inédito. Texto datilografado sem assinatura nem data, três folhas numeradas. Arquivo das Tradições e do Costume Judaicos "Benvenuto e Alessandro

Terracini", Turim, fundo *Arquivo Histórico da Comunidade Judaica de Turim (1849-1985)*, "Relações de sobreviventes dos campos de extermínio e denúncias" (1945), pasta 361. Todos os nomes da lista são acompanhados por um visto feito a caneta.

Pode-se remontar a "Relação" às últimas semanas de 1945, ou seja, pouco depois do regresso de Levi da deportação, ocorrido em 19 de outubro. Mesmo prescindindo do ano indicado na pasta em que está conservada, três indícios permitem atribuir uma datação ao documento:

1) Entre os testemunhos indiretos cita-se o de Charles Conreau, em cujo nome termina *É isto um homem?*; por outro lado, não se menciona nada sobre a sorte de Jean Samuel, que se salvou da marcha de evacuação justamente graças a Conreau, foi localizado em seu regresso e pôde se corresponder com Levi. A primeira carta de Samuel ao amigo de Turim é de 13 de março de 1946, mas a sequência de acontecimentos que levaram a esse resultado é decisiva. Ela é exposta pelo próprio Samuel, no livro escrito com o auxílio de Jean-Marc Dreyfus: *Il m'appelait Pikolo. Un compagnon de Primo Levi raconte* (Org. Dominique Missika. Paris: Laffont, 2007, p. 63):

> À peine rapatrié dans les Vosges, Charles Conreau a envoyé une lettre à Turin, corso Re Umberto. Primo a trouvé la lettre en arrivant, enfin, chez lui. Le contact était rétabli. Charles l'informait de ce qu'avait été la 'marche de la mort', c'est-à-dire notre évacuation depuis Auschwitz, qu'il n'avait pas vécue mais dont il avait entendu parler par des déportés de retour chez eux. Dans une lettre suivante, Primo lui a demandé de rechercher mon adresse, en Alsace.
> [Mal retornara aos Vosges, Charles Conreau enviou uma carta a Turim, corso Re Umberto. Primo encontrou a carta quando finalmente chegou em casa. O contato se restabelecera. Charles o informava do que havia sido a "marcha da morte", isto é, nossa evacuação de Auschwitz, que ele não vivera, mas da qual ouvira falar por deportados repatriados. Numa carta seguinte, Primo lhe pediu que procurasse meu endereço, na Alsácia].

Nesse trecho, Jean Samuel sobrepõe fatos que na verdade estavam temporalmente separados. Sua sequência exata é reconstituída por Levi em sua primeira carta em resposta a Samuel, datada de 23 de março de 1946 (*Il m'appelait Pikolo*, op. cit., pp. 80-1):

> Lorsque je suis rentré chez moi (19 octobre 1945, comme je vais te dire), j'ai trouvé une lettre de Conreau, avec qui j'avais été libéré, et qui avait gardé

*mon adresse. Je lui ai répondu de suite, en lui demandant des renseignements sur son voyage; sur sa réponse (contenait entre autres un récit de l'histoire de votre colonne qui coïncide parfaitement avec le tien), je lui ai écrit de nouveau en le priant expressément de chercher, à Strasbourg, un nommé Jean Samuel, d'environ 25 ans etc.*

[Quando retornei para casa (19 de outubro de 1945, como lhe contarei), encontrei uma carta de Conreau, com quem eu fora libertado e que havia guardado meu endereço. Respondi-lhe imediatamente, pedindo-lhe dados sobre sua viagem, após sua resposta (trazia, entre outras coisas, um relato da história da coluna de vocês, que coincide perfeitamente com o seu), escrevi novamente a ele pedindo-lhe expressamente que procurasse em Estrasburgo um chamado Jean Samuel, com cerca de 25 anos etc.].

Levi, portanto, obteve notícias sobre a marcha da morte somente pela segunda carta de Conreau (essa carta é citada no ponto IV da "Relação"), e apenas depois dessa segunda mensagem encarregou Charles de procurar o amigo Jean em Estrasburgo.

Ora, visto que Levi escreveu a "Relação" somente depois de ter recebido a segunda carta de Conreau, o intervalo mais amplo dentro do qual é possível situá-la se estende aproximadamente de meados de novembro de 1945 a meados de março de 1946.

2) Dos pontos I e III da "Relação", deduz-se que Levi teve tempo de recolher testemunhos também em Turim, além de em sua travessia pela Europa. É provável que os tenha reunido logo após seu regresso, pois há um segundo detalhe do texto que autoriza a estreitar sua datação para os últimos dias de 1945: as informações e as hipóteses sobre o destino de Alberto Dalla Volta. Aqui cabe transcrever um trecho do capítulo "A memória da ofensa" em *Os afogados e os sobreviventes* (*Opere*, v. II, p. 1015): "Assim que regressei à pátria, considerei um dever ir imediatamente à cidade de Alberto, para relatar à mãe e ao irmão aquilo que eu sabia. Fui recebido com afetuosa gentileza, mas tão logo iniciei meu relato, a mãe me pediu que parasse: ela sabia já de tudo, pelo menos o que se referia a Alberto, e era inútil que eu repetisse as usuais histórias de horror. Ela *sabia* que o filho, somente ele, conseguira se afastar da coluna sem que as SS o alvejassem, escondera-se na floresta e estava a salvo nas mãos dos russos; ainda não pudera mandar notícias, mas logo o faria, ela tinha certeza; e agora, por favor, que eu mudasse de assunto, e lhe contei como eu mesmo tinha sobrevivido. Um ano depois, estava passando por acaso naquela cidade e visitei novamente a família. A verdade havia mudado levemente: Alberto estava numa clínica soviética, estava bem, mas perdera a memória, não se lembrava mais nem do próprio nome; porém, estava prestes a melhorar e voltaria logo, ela o sabia por fonte segura".

No ponto IV da "Relação", Levi menciona justamente a fonte em que confiara a família de Alberto, dando-lhe crédito. Em *Os afogados*, lançado em maio de 1986, não há nenhuma palavra sobre essa fonte, e nem sinal sequer na primeira publicação parcial de "A memória da ofensa" no livro *Antologia del "Campiello"* 1982, impresso em Veneza no final de 1982 por Fantonigrafica: aqui, aliás, por discrição, Levi mudou o nome do amigo, indicado em *Os afogados* como "Alberto D.", para "Alberto B.". Contudo, na *Tabela periódica*, publicada na primavera de 1975, o relato "Cerio" terminava com a seguinte frase: "Alberto não voltou, e não restam sinais dele: um conterrâneo seu, meio visionário e meio embrulhão, viveu por alguns anos, depois do fim da guerra, dando à sua mãe, mediante pagamento, falsas notícias consoladoras".

O pano de fundo se revela decisivo para restituir a "Relação" ao período em que foi redigida. Basta perguntar até quando Levi considerou crível a versão do "conterrâneo" de Alberto.

Como já sabemos (ver *supra* a nota sobre o "Relatório"), conserva-se no Istoreto uma primeira redação de "História de dez dias", assinada por Levi e datada de seu punho "fevereiro de 1946" (*Fundos originais*, envelope C75, pasta A, "atrocidades nazifascistas"). Na folha três, Levi refere-se à marcha: "Todos os saudáveis (exceto alguns bem aconselhados que, no último instante, se despiram e se enfiaram em algum beliche de enfermaria) partiram na noite de 18 de janeiro de 1945. Deviam ser cerca de 20 mil, provenientes de diversos campos. Não mais de um quinto sobreviveu à marcha de evacuação. Talvez algum dia alguém escreva sua história". Alberto não aparece nessas linhas, mas encontraremos seu nome na versão definitiva da obra (à página 172 da edição de De Silva, 1947, de *É isto um homem?*): "Na quase totalidade, eles desapareceram na marcha de evacuação: Alberto está entre eles. Talvez algum dia alguém escreva sua história".

A "Relação", portanto, remonta a uma data anterior a fevereiro de 1946: a um momento em que Levi ainda podia guardar alguma esperança de rever Alberto, continuando a crer que os sobreviventes da marcha de evacuação constituíam "uma parte não negligenciável". Em fevereiro de 1946, eles já se haviam reduzido a "um quinto", e em outubro de 1947, quando saiu sua obra-prima, esse número estava quase zerado. Com base nesses fatos, a data provável da "Relação" seria posterior a meados de novembro de 1945, mas anterior a fevereiro de 1946.

3) O testemunho que ofereceu a Levi uma imagem mais fidedigna — ou seja, mais desastrosa — da evacuação de Auschwitz foi o de Silvio Barabas, um jovem químico originário de Sarajevo com quem compartilhara o internamento em Fossoli e o transporte para Auschwitz. Na "Relação", o nome de Barabas é o último da lista, e o documento não menciona seu testemunho entre os já reunidos por Levi, o qual, porém, diz na primeira carta a Jean

Samuel de 23 de março de 1946: "*Silvio Barabas, le jeune yougoslave à lunettes qui a aussi été longtemps au 98, est vivant en Italie, à Padoue; nous sommes en correspondance et c'est de lui que j'ai eu le premier récit de votre terrible voyage à Buchenwald*" [Silvio Barabas, o jovem iugoslavo de óculos que também esteve muito tempo no 98, está vivo na Itália, em Pádua; mantemos correspondência e foi por ele que tive o primeiro relato da terrível viagem de vocês para Buchenwald" (*Il m'appelait Pikolo*, op. cit., pp. 85-6). O trecho como um todo sugere que Levi obteve esse "*récit*" em data não muito recente: com efeito, a carta que recebeu de Barabas é de 20 dezembro de 1945. Está conservada em fotocópia na *Ian Thomson Collection*, "Papers re Primo Levi Biography", na Wiener Library de Londres. A iniciativa epistolar partiu de Levi, com uma carta enviada a Barabas numa data obviamente anterior àquele 20 de dezembro: pela resposta de Barabas, deduz-se que Levi lhe fizera muitas perguntas detalhadas sobre os companheiros levados na marcha de evacuação e sobre a dinâmica da própria marcha. Barabas lhe respondeu da melhor maneira que pôde — assinando com o prenome, seguido pelo número de matrícula 174473 —, de modo esquemático, mas em seu italiano levemente imperfeito, reconstituindo as condições proibitivas da viagem: os alemães chegaram a amontoar até 140 pessoas em cada vagão, nos trechos percorridos em ferrovia, e distribuindo uma única refeição a cada 24 horas. Com uma estimativa que ele próprio definia como otimista, Barabas avaliou em 30% os mortos durante a marcha, em 20% os óbitos posteriores à chegada em Buchenwald, campo que os americanos libertaram somente em 30 de abril de 1945: e aqui Barabas mencionava mais uma cota de ex-prisioneiros que morreram pouco tempo depois da libertação, devido à súbita hipernutrição.

Com isso, tem-se a certeza de que Levi recebeu a resposta de Barabas somente depois de ter redigido e entregue sua "Relação", e antes de escrever o texto de "História de dez dias", datado de fevereiro de 1946, em que calcula em um quinto o número dos sobreviventes à marcha de evacuação (naqueles dois meses, Levi teve de recolher outros testemunhos sobre a marcha, que coincidiam com o de Barabas e até o agravavam). O conjunto desses indícios e conjecturas permitiu atribuir a "Relação" às semanas entre meados de novembro e meados de dezembro de 1945.

A transcrição do documento foi, nesse caso, especialmente fiel: mesmo no calor da redação, é possível perceber o cuidado em obter uma paginação clara e ordenada.

Junto com a "Relação", o Arquivo Histórico da Comunidade Judaica de Turim conserva em fotocópia outro documento inédito, cujo cabeçalho diz INFORMAÇÕES FORNECIDAS POR PRIMO LEVI *Corso Re Umberto 75 Turim*. Trata-se de uma lista de 84 nomes, ocupando quatro folhas datilografadas, com um acréscimo manuscrito de Levi referente à partida de Auschwitz de Jean Kandel, cujo nome já estava incluído na "Relação". A margem esquerda das folhas está desbotada a ponto de tornar vários nomes ilegíveis. A lista compreende três categorias de homens e mulheres: *a)* pessoas evacuadas de Auschwitz na noite de 17 para 18 de janeiro de 1945; *b)* os prisioneiros transferidos do campo de concentração no período compreendido entre a chegada do transporte de Levi (26 de fevereiro de 1944) e a evacuação, ou também desaparecidos de Buna sem que se pudesse ter certeza oficial de sua morte; *c)* pessoas, enfim, de cujo falecimento no campo de concentração, antes ou depois da libertação de 27 de janeiro de 1945, Levi tem certeza. Visto que essa lista não traz, para citar apenas dois exemplos, Vanda Maestro (a amiga capturada com ele nas montanhas de Val d'Aosta e selecionada para a câmara de gás em 31 de outubro de 1944) nem Jolanda De Benedetti (a mulher de Leonardo, morta na câmara de gás após a chegada ao campo de concentração), isso significa que Levi estava fornecendo à Comunidade Judaica de Turim notícias sobre todas as pessoas que não tinham parentes conhecidos por ele ou de quem estava recebendo depoimentos. Na lista, de fato, Levi fornece sobretudo informações sobre não turineses e sobre famílias inteiras exterminadas após a chegada a Auschwitz ou durante a detenção: pessoas, portanto, cujo desaparecimento era certo, ou sobre cuja sorte ele não dispunha de qualquer notícia direta. É plausível supor que esse segundo documento tenha sido redigido simultaneamente a "Relação", visto que aparecem, entre outros, os nomes de Silvio Barabas, Alberto Dalla Volta e Jean Samuel.

DEPOIMENTO*

    Duas folhas datilografadas com assinatura, intituladas "Depoimento", redigidas por Levi a pedido do Comitê de Investigações de Deportados Judeus (CRDE), com sede em Roma, após seu regresso a Turim ocorrido em 19 de outubro de 1945. O documento seria depois utilizado por Massimo Adolfo Vitale, presidente do CRDE, que em fevereiro de 1947 recebeu da União das Comunidades Israelitas Italianas (UCII) e do ministro da Justiça da República Italiana o encargo de acompanhar — como representante das supracitadas comunidades e do governo italiano — o processo instaurado em Varsóvia contra Rudolf Höss, *Oberscharführer* [comandante] do campo de concentração de Auschwitz-Birkenau, preso em 11 de março de 1946 em Schleswig-Holstein, onde vivia sob nome falso como trabalhador braçal agrícola. Foram pessoalmente à Polônia, na qualidade de testemunhas, Enrica Jona e Leonardo De Benedetti, que depuseram na tarde de 22 de março, dia dedicado ao interrogatório de testemunhas polonesas, italianas, tchecoslovacas e austríacas. Primo

Levi, que também manifestara a Vitale, com a antecipação necessária, a intenção de depor em Varsóvia, não foi ouvido. Em 2 de abril, foi pronunciada contra Höss a sentença de condenação à morte por enforcamento, executada em 16 de abril na Appellplatz do campo de concentração de Auschwitz, onde exercera seu poder.

Cabe lembrar que em maio de 1960 o livro *Comandante ad Auschwitz. Memoriale autobiografico di Rudolf Höss* foi publicado por Einaudi na coleção Saggi, a mesma que naquele momento hospedava a nova edição de *É isto um homem?*, publicada em 1958. Quando o livro de Höss estava em preparação, Renato Solmi propôs ao conselho editorial (17 de fevereiro de 1960) acrescentar uma nota específica na edição italiana. Parecia-lhe indispensável, embora o livro já contivesse dois textos introdutórios, um de lorde Russell, outro de Martin Broszat. Segundo seu parecer, subsistia o risco de que o autor, nazista impenitente e sem a menor consciência de seus crimes, enredasse os leitores na lógica de extermínio apresentada em seu memorial, justificada pela obediência a ordens superiores; "há uma astúcia apologética finíssima que deve ser refutada", observou Franco Lucentini durante a discussão. Luciano Foà, diretor executivo da editora, citou o nome de Primo Levi para o novo texto, mas depois de um instante todos convergiram para o nome de Norberto Bobbio: "Sim, é o mais adequado". Bobbio, ali presente, objetou que não tinha disposição para escrevê-lo, e por isso o livro saiu sem outros aparatos (cf. *As atas da quarta-feira. Reuniões editoriais Einaudi 1953-1963*, org. Tommaso Munari. Turim: Einaudi, 2013, pp. 362-69, 363-65). Somente em março de 1985 Primo Levi redigiria um prefácio para a reimpressão do memorial de Höss, publicado ainda pela Einaudi; pode-se lê-lo em *Opere* (v. II op. cit., pp. 1276-83).

O depoimento de Levi agora se encontra no Arquivo do Centro de Documentação Judaica Contemporânea (CDEC) (Milão, Fundo *Massimo Adolfo Vitale*, envelope três, pasta 115 "Primo Levi"). Esse documento e os dois posteriores trazem o carimbo elipsoide "C.R.D.E. CENTRO DOCUMENTAÇÃO JUDAICA CONTEMPORÂNEA".

A primeira publicação do texto ocorreu no livro de Constantino Di Sante, *Auschwitz prima di "Auschwitz". Massimo Adolfo Vitale e le prime ricerche sugli ebrei deportati dall'Italia* (Verona: ombre corte, [janeiro] 2014, pp. 153-4).

DEPOIMENTO SOBRE MONOWITZ — LEONARDO DE BENEDETTI

Título dos organizadores. Inédito. Três folhas datilografadas com assinatura igualmente datilografada conservadas no Arquivo CDEC (Milão, Fundo

*Massimo Adolfo Vitale*, envelope três, pasta 84). No alto da primeira folha, a sigla "N. 151. —/S.".

É muito provável que o depoimento tenha sido transcrito pessoalmente por Vitale, além de ter sido ele a obtê-lo: aqui, como em outros documentos, os pontos de exclamação (um, aos pares, em trincas, múltiplos) que acompanham as afirmações e os detalhes mais impressionantes são um sinal característico de seu estilo, inclusive nos textos assinados por ele mesmo. O mesmo se aplica à abundância das maiúsculas em tratamento de respeito, que contribuem para o tom enfático do documento. É certamente errônea a data de 27 de agosto de 1945, em que se atesta o testemunho, pois é anterior ao regresso de Leonardo De Benedetti à Itália.

O texto é reproduzido respeitando também suas particularidades ortográficas (*gaz* etc.), gramaticais e sintáticas, inclusive os erros fatuais, por exemplo, os oito dias da viagem até Auschwitz, em vez dos quatro efetivos, e o dia 26 de janeiro de 1945 indicado como data da libertação do campo de concentração pelos russos. Ademais, os campos satélites de Auschwitz, cujo número variou ao longo do tempo, eram cerca de quarenta, e não cem. Mas *Intelli* foi corrigido para *Intelvi*, a fim de não dificultar inutilmente a leitura, e foi sanada uma incongruência lógica ("expostos sem defesa a todas as possibilidades de contágios de infecções e de desinfestações") substituindo *infestações* em lugar de *desinfestações*, visto que uma passagem idêntica, mas com versão correta, está presente no posterior "Depoimento para o processo Höss" do próprio De Benedetti.

DECLARAÇÕES PARA O PROCESSO HÖSS[*]

Título dos organizadores. Carta datilografada com assinatura autografada, e remetente pessoal no pé da página, datilografados: uma folha só, datada "Turim, 3 de março de 1947" e dirigida ao "Exmo. Comitê de Investigações de Deportados Judeus/ Roma". O documento está conservado no Arquivo CDEC, Milão (Fundo *Massimo Adolfo Vitale*, envelope três, pasta 1156 "Primo Levi").

Levi respondia a um pedido de Vitale — que lhe chegou em carta de 28 de fevereiro, não conservada — sobre a contribuição específica que ele poderia dar no processo Höss; vide nota relativa a Primo Levi, "Depoimento", 1945. A essas declarações Levi quis anexar uma cópia datilografada de "História de dez dias", que acabara de escrever e que se tornaria o capítulo final de *É isto um homem?*; dezesseis folhas de texto, elas também com o carimbo do CRDE, estão anexadas a essas declarações.

Texto publicado pela primeira vez in Constantino Di Sante, *Auschwitz prima di "Auschwitz"* (op. cit., pp. 154-5).

Mantém-se a grafia "Doctor" para o alemão "Doktor"; Levi irá corrigi-la desde a primeira edição de 1947 de *É isto um homem?*; ver capítulo "Prova de química".

DEPOIMENTO PARA O PROCESSO HÖSS — LEONARDO DE BENEDETTI

Título dos organizadores. Duas folhas datilografadas, sem assinatura nem data, encabeçadas com o título "Depoimento de dr. Leonardo De Benedetti", conservadas na Biblioteca "Emanuele Artom" da Comunidade Judaica de Turim (fundo A VIII 322, "Leonardo De Benedetti. Documentos relativos a seu internamento e variados") e postos à disposição dos organizadores por Anna Segre, que incluiu um trecho deles no livro *Un coraggio silenzioso. Leonardo De Benedetti, medico, sopravvissuto ad Auschwitz* (Turim: Zamorani, [janeiro] 2008, pp. 48-9). O texto é aqui publicado pela primeira vez integralmente.

Esse depoimento — que reproduz em grande parte, quase ao pé da letra, o testemunho anterior sobre Monowitz, provavelmente de 1946 — foi prestado para o processo contra o comandante de Auschwitz-Birkenau, Rudolf Höss, que se iniciou em Varsóvia em 11 de março de 1947. Leonardo De Benedetti compareceu pessoalmente para testemunhar, com Enrica Jona e com a supervisão de Massimo Adolfo Vitale. O jornalista Lamberti Sorrentino, por sua vez sobrevivente de Mauthausen, dedicou uma reportagem ao debate, publicada na revista ilustrada milanesa *Tempo*: "Il grande ammazzatore" (Tempo, IX, 17, 26 de abril de 1947, pp. 10-1, 31). O artigo é amplamente ilustrado com imagens em preto e branco de Höss, do tribunal e das testemunhas. Transcreve-se a legenda da foto que mostra os dois ex-deportados italianos; o leitor poderá notar que ela reflete os limites das informações então disponíveis sobre a amplitude do extermínio e a documentação remanescente: "Convidadas pelas autoridades judiciais polonesas, chegaram a Varsóvia duas testemunhas italianas, os judeus Enrica Jona, de Asti, e dr. De Benedetti, de Turim. A senhora Jona denunciou atos obscenos praticados pelos lobos [sic] das SS sobre as prisioneiras. Estavam acompanhados pelo coronel Vitale, que cuidou ciosamente das investigações dos italianos enviados a Auschwitz. De 11 mil regressaram apenas seiscentos, e um grupo de sessenta crianças salvas pelos russos e retornadas via Londres. O enviado de *Tempo* pesquisou no Instituto da Criminalidade Alemã e na Cruz Vermelha polonesa de Cracóvia, e lhe responderam que as listas das vítimas de Auschwitz existiam. Após essa informação, o coronel Vitale partiu para maiores investigações e espera-se que as famílias dos mortos possam ter alguma notícia". Para outros dados, remete-se *supra* às notas do "Depoimento" e às "Declarações para o processo Höss", de Primo Levi.

Respeitaram-se as particularidades ortográficas do texto (exemplo: Hoess) e as variações na inicial maiúscula/ minúscula (exemplo: Campo/ campo). Como já foi dito (ver *supra* a nota a Leonardo De Benedetti, "Depoimento sobre Monowitz"), a data correta da libertação é 27 de janeiro de 1945, enquanto os campos satélites de Auschwitz eram cerca de quarenta, e não cem ou noventa e nove.

TESTEMUNHO DE UM COMPANHEIRO DE PRISÃO*

Publicado sem indicação de autor em *Donne piemontesi nella lotta di liberazione: 99 partigiane cadute, 185 deportate, 38 cadute civili*, ao cargo da Comissão feminina da ANPI Provincial de Turim (Turim, s.d., pp. 87-8).

O livro comemorativo traz um prefácio de Ada Marchesini Gobetti que, apesar de não creditada, foi sua organizadora: isso está documentado por suas agendas de trabalho conservadas no fundo com seu nome, no Centro de Estudos Piero Gobetti, Turim. Dessas agendas, infere-se que o livro começou a circular em dezembro de 1953.

Essa breve biografia de Vanda Maestro (precedida por uma ficha de identidade e acompanhada por uma foto sua) deve ser atribuída a Levi por diversos detalhes fatuais e estilísticos. Tanto sua redescoberta quanto a atribuição se devem a Giovanni Falaschi, que a apresentou em apêndice em seu ensaio "L'offesa insanabile. L'imprinting del lager su Primo Levi" (*allegoria*, Siena, XIII, 38, maio-ago. 2001, pp. 5-35; o "Testemunho" está nas pp. 34-5). Manteve-se inalterada a ortografia "Birchenau-Auschwitz".

Dada a forma anônima do texto, vale lembrar que Vanda Maestro foi presa em Amay, em Val d'Aosta, junto com Primo Levi e Luciana Nissim, durante uma batida realizada pelas fileiras militares da República de Saló. Com os dois amigos, foi transferida para o campo de concentração de Fossoli-Carpi e de lá deportada para Auschwitz, no mesmo vagão lacrado. Porém, a testemunha não nomeada da morte de Vanda não foi Luciana, a qual, na qualidade de médica, conseguira ser transferida desde 30 de agosto de 1944 para Hessich Lichtenau, um *Arbeitskommando* dependente de Buchenwald, onde foi libertada pelos americanos em 24 de abril de 1945 (ver Alessandra Chiappano, *Luciana Nissim Momigliano*, op. cit., pp. 116-24). Levi recebeu as notícias sobre a morte de sua amiga — a quem são dedicadas as linhas finais de "O Campo Maior", segundo capítulo de *A trégua* — por meio de Olga, "uma resistente judia croata, que se refugiara com sua família em 1942 na região de Asti e lá fora internada":

Estavam todos mortos. Todas as crianças e todos os idosos, imediatamente. Das 550 pessoas de quem perdera notícias ao ingressar no campo de concentração, somente 29 mulheres foram admitidas no campo de Birkenau: dessas, apenas cinco sobreviveram. Vanda fora enviada para a câmara de gás, com plena lucidez, no mês de outubro: ela própria, Olga, fornecera-lhe dois comprimidos de sonífero, mas não foram suficientes (*Opere*, v. I, op. cit., pp. 223-4).

No Arquivo do Centro de Documentação Judaica Contemporânea (CDEC), Milão (Fundo *Antifascistas judeus*, envelope dez, pasta 264 "Maestro Vanda"), conserva-se uma ficha de identidade pré-impressa, que Primo Levi compilou de próprio punho em 12 de dezembro de 1957; à sua assinatura acrescentou a de Aldo Maestro, irmão de Vanda. Levi especifica a formação da Resistência na qual sua amiga militara ("Div. Italo Rossi, 1ª Brigada"), não indica nenhum "nome de guerra" e dá as seguintes indicações sobre "Local, data e circunstâncias em que foi tombado", tomando o cuidado de corrigir a última palavra para "tombada": "capturada em 13 de dezembro de 1943 pelas Brigadas Negras, foi deportada para o campo de concentração de Auschwitz-Birkenau, onde, gravemente enfraquecida e doente, foi enviada para as câmaras de gás em 31 de outubro de 1944". No espaço onde se pedia para "indicar eventuais publicações surgidas em memória", Levi escreveu o título e a página do livro *Donne piemontesi*, anexando cópia do texto dedicado a Vanda.

ANIVERSÁRIO

*Revista mensal da Cidade e do Piemonte*, Turim, XXXI, 4, abr. 1955, pp. 53-4, número monográfico para os dez anos da Libertação; no subtítulo, a indicação "Deportados". Com o título "Deportados. Aniversário" o texto se encontra em *Opere* (v. I, op. cit., pp. 1113-5).

Uma versão mais curta do texto foi publicada, como "Aniversário" (subtítulo: "Na deportação") (em *L'eco dell'educazione ebraica. Bollettino d'informazione professionale e didattica per gli insegnanti ebrei*. Milão, IX, 7, abr. 1955, p. 14).

Vercors, pseudônimo de Jean Bruller, publicou *Les Armes de la nuit. Récit*, em 1946 (Paris: Minuit).

DENÚNCIA CONTRA DR. JOSEPH MENGELE — LEONARDO DE
BENEDETTI

Cinco folhas com cabeçalho "Dr. LEONARDO DE BENEDETTI/ TURIM/ Corso Re Umberto, 61 — tel. 58.71.95", datilografadas com assinatura autografada, numeradas, mas sem data, conservadas na Biblioteca "Emanuele Artom" da Comunidade Judaica de Turim (fundo A VIII 322, "Leonardo De Benedetti. Documentos referentes à sua internação e variados") e postos à disposição dos organizadores por Anna Segre, que inclui um longo trecho do livro já citado *Un coraggio silenzioso* (pp. 33-4). O texto é aqui publicado na íntegra pela primeira vez.

Em 1959 o Comitê International d'Auschwitz — com sede em Viena e cujo secretário geral era Hermann Langbein — apresentou denúncia contra Joseph Mengele à procuradoria de Freiburg im Breisgau, última residência do médico de Auschwitz, que em 1954 deixara seus rastros finais: um processo de divórcio pedido por ele. Em 5 de junho de 1959, a procuradoria emitiu uma ordem de prisão, enquanto o ministério do Exterior da Alemanha Federal encaminhou à Argentina um pedido de extradição. De Benedetti apresentou seu depoimento em data posterior e relativamente próxima dessas iniciativas.

Manteve-se a grafia "Joseph" para o prenome de Josef Mengele, e ficaram inalteradas as datas errôneas da partida para Auschwitz (20 em vez de 22 de fevereiro de 1944) e da libertação (17 em vez de 27 de janeiro de 1945). O número dos homens admitidos em Monowitz para os trabalhos forçados foi fixado em 95 e não 96 (como se afirma nesse depoimento, bem como em alguns testemunhos prestados por Primo Levi): para esses detalhes fatuais, ver pesquisas de Liliana Picciotto, cf. *Il libro della memoria. Gli ebrei deportati dall'Italia (1943-1945)* [1991, edição assinada Liliana Picciotto Fargion] (ed. atual.: Milão: Mursia, 2002, pp. 48-9). Para a idade da pessoa mais idosa do comboio (89 anos) e da mais nova (dois meses de vida), remete-se, porém, à legenda que acompanha o apêndice "O trem para Auschwitz". Respeita-se a disciplina das maiúsculas no texto, inclusive a variação Seleção/ seleção; idem para as outras particularidades ortográficas. No entanto, corrigiu-se um erro material de digitação na primeira linha do depoimento, *De Benetti* em lugar de *De Benedetti* (a ortografia com hífen é a preferida pelo interessado; com efeito, aparece também no "Relatório" escrito com Primo Levi em 1945-6).

## CARTA À FILHA DE UM FASCISTA QUE PEDE A VERDADE*

Título dos organizadores. Troca epistolar pública entre uma jovem leitora de *La Stampa* e Primo Levi. Em 29 de novembro de 1959, na seção "Specchio dei tempi" do jornal turinense, apareceu na página dois (indicada no sumário com as palavras "Esses documentos representam a verdade, nada mais do que a verdade") essa carta da aluna do segundo ano ginasial que assinava "A filha de um fascista que quer saber a verdade". Levi respondeu-lhe na mesma seção em 3 de dezembro, ainda na página dois; a marcação no sumário da seção dizia "Quinze anos atrás, no coração desta nossa Europa".

Em 14 de novembro de 1959, iniciara-se em Turim, no Palazzo Madama, o II Congresso da Aned, Associação Nacional de Ex-Deportados dos campos nazistas. No mesmo dia foi inaugurada no Palazzo Carignano a Exposição da Deportação, montada no andar térreo nas salas da União Cultural presidida por Franco Antonicelli. Era uma exposição itinerante cujo percurso começara quatro anos antes, em 8 de dezembro de 1955, em Carpi (no mesmo território, cabe repetir, surgira o campo de concentração de Fossoli). A temporada turinense foi a penúltima, depois de Ferrara, Bolonha, Verona, Roma, e antes de Cuneo. Em Turim, a exposição deveria ficar aberta apenas uma semana, mas o grande comparecimento do público levou a duas prorrogações, até 8 de dezembro de 1959, ao passo que a carta da estudante gerou uma centena de respostas que chegaram à *La Stampa* ou à Aned. Antes da carta de Levi, o jornal turinense já havia publicado, em "Specchio dei tempi" de 2 de dezembro, três réplicas à mensagem da jovem.

O interesse despertado pela exposição sobre a deportação levou a União Cultural a organizar entre 4 e 5 de dezembro de 1959, na sala contígua à exposição no Palazzo Carignano, duas noites de "Conversas com os jovens", que atraíram 1300 ouvintes na primeira noite e 1500 na segunda. Em seu papel de testemunha, Levi falou nas duas noites, respondendo às perguntas dos presentes: foi provavelmente sua primeira fala pública.

Grande parte das notícias aqui citadas deve-se ao ensaio de Elisabetta Ruffini, *Un lapsus di Primo Levi. Il testimone e la ragazzina* (Assessoria da Cultura do Município de Bérgamo — Isrec, Bérgamo [janeiro] 2006). A ela cabe também o mérito de ter reencontrado, em outubro de 2004, a troca epistolar entre a jovem estudante e Primo Levi: a estudiosa transmitiu os documentos a Alberto Cavaglion, que os publicou em *La Stampa* de 20 de janeiro de 2005, com o título da redação "1959, Levi responde à filha de um fascista que pede a verdade". Cavaglion iria retomá-los sucessivamente em três outros lugares: "Il mare richiuso", ensaio introdutório do catálogo *Immagini dal silenzio. La prima mostra nazionale dei Lager nazisti attraverso l'Italia 1955-1960* (orgs.

Mariza Luppi e Elisabetta Ruffini. Carpi: Nuovagrafica, [dezembro] 2005, pp. 6-15); o capítulo "In Italia le cose si sono svolte diversamente", de seu livro *Il senso dell'arca. Ebrei senza saperlo: nuove riflessioni* (Nápoles: Ed. l'ancora del mediterraneo, 2006, pp. 35-9); a intervenção "La cultura italiana del dopoguerra di fronte allo sterminio degli ebrei", na coletânea *L'intellettuale antisemita, Atti del convegno di studi (Saló, 21-23 de setembro de 2006)* (org. Roberto Chiarini, pref. Stefano Folli. Veneza: Marsilio, 2008, pp. 117-45).

## MILAGRE EM TURIM*

Assinado apenas com as iniciais "P.L.", em *resistenza. Notiziario Gielle* (Turim, XIII, 12, dez. 1959, p. 3). A revista tem formato de jornal; o trecho está impresso em itálico numa coluna, como matéria de primeira página.

O título parafraseia o do filme *Milagre em Milão*, escrito por Cesare Zavattini e dirigido em 1951 por Vittorio De Sica; no caso específico, "Milagre em Turim" faz alusão à Exposição da Deportação referida na nota anterior; Levi voltará ao tema com o artigo "O tempo das suásticas", ver *infra*.

Esse número de *resistenza* trazia um encarte de quatro páginas dedicado aos jovens e concebido de modo que podia ser distribuído separadamente da revista, como anunciava um breve editorial na primeira página da publicação principal. O artigo de Levi, porém, compartilhava a primeira página do encarte com um artigo de abertura, intitulado "La Resistenza, i giovani, la scuola", assinado pelo francesista Paolo Sereni e com um poema de Giuliana Beltrami, mulher de um membro da Resistência morto em combate. Nas três páginas seguintes liam-se contribuições de Norberto Bobbio, Angelo Del Boca, Sandro Galante Garrone e Maria Zini. O encarte trazia também um artigo intitulado "Auschwitz", assinado pelo magistrado Domenico Riccardo Peretti Griva e acompanhado por uma foto do campo de concentração, tirada por ele. No pé da página cinco, reproduzia-se — com o título *É isto um homem?* e com a assinatura completa, Primo Levi — o poema-epígrafe de sua obra-prima.

"Milagre em Turim" foi reencontrado graças a uma classificação de *resistenza. Notiziario Gielle* — que era o órgão dos ex-resistentes ligados ao movimento Justiça e Liberdade —, realizada pelo Istoreto piemontês para a história da Resistência e da sociedade contemporânea "Giorgio Agosti", dentro do projeto *Bruno Vasari: un percorso di ricerca (2008-2012)*, coordenado por Barbara Berruti.

Devemos dizer que as perguntas dos jovens visitantes da Exposição da Deportação, que Levi alinha sem separá-las com qualquer sinal de interrupção, encontrarão uma resposta em ordem, escrita no "Apêndice" preparado entre 1975 e 1976 para *É isto um homem?*, que ainda hoje acompanha as edições da obra.

O TEMPO DAS SUÁSTICAS

*Giornale dei Genitori* (Turim, II, 1, 15 de janeiro de 1960, p. 7), com o subtítulo "A exposição da deportação", agora em *Opere* (v. I, op. cit., pp. 1122-4). O título na capa da pasta é levemente diferente: *O tempo da suástica*.

A revista era dirigida por Ada Marchesini Gobetti. A exposição em que o artigo se inspira é a de Palazzo Carignano sobre a deportação; ver a nota "Carta à filha de um fascista que pede a verdade".

DEPOIMENTO PARA O PROCESSO EICHMANN*

Título dos organizadores. Texto de um depoimento prestado por Primo Levi, datado "Roma, 14 de junho de 1960" e reencontrado em Jerusalém por Margalit Shlain: "Yad Vashem Archive 0.31 — 14.28" é a fonte indicada pela estudiosa. A primeira das três folhas datilografadas traz, em hebraico e em inglês, o carimbo (parcialmente ilegível) "Yad Vashem — Jerusalem — The Central Arquives for the Disaster and the Heroism".

A abundância dos pontos de exclamação leva a supor que esse texto também tenha sido reunido por Massimo Adolfo Vitale: foi entregue aos colaboradores de Gideon Hausner, o procurador-geral do processo contra Adolf Eichmann, que o enviaram para a Procuradoria de Jerusalém, junto com outros testemunhos de judeus italianos, obtidos para o mesmo fim. Levi não foi chamado a Jerusalém para o debate, que começou em 11 de abril de 1961 diante da Corte distrital da cidade. Em 15 de dezembro seguinte decidiu-se pela condenação do acusado à morte.

Magalit Shlain deu notícia do depoimento de Levi no artigo (cuja redação original é em inglês) *Les Étapes de la réception de Primo Levi em Israël*, apresentado num congresso internacional organizado pela Fundação Auschwitz, pelo Governo da região de Bruxelas-Capital e pela Comissão comunitária francesa de Bruxelas-Capital; o congresso ocorreu em Bruxelas entre 12 e 14 de outubro de 2006. As atas foram publicadas, sob a direção de Phillipe Mesnard e Yannis Thanassekos, com o título *Primo Levi à l'œuvre. La Réception de la oeuvre de Primo Levi dans le monde* (Paris: Kimé 2008). A participação de Margalit Shlain está nas páginas 289-300 da tradução francesa de Isabelle Cluzel.

Em seu ensaio sobre a recepção de Levi em Israel, Margalit Shlain se limitara a apresentar um resumo do depoimento de Levi. O texto reencontrado por ela no Yad Vashem foi publicado pela primeira vez, com o título da redação "Odisseia Auschwitz" (L'Espresso, Roma, LIII, 38, 27 de setembro de 2007, pp. 49-50). Nas páginas 49-50 e 53, há um artigo de apresentação de Marco Belpoliti: "Memoria offesa e ritrovata" e, por fim, uma intervenção de Meron Raport, "Ma Israele lo ignoro", que se refere à fortuna crítica de Levi em Israel (pp. 53-4).

Com outro depoimento prestado em vista do processo Bosshammer (ver *infra*), o texto sobre Eichmann foi reapresentado com o título cumulativo "Due deposizioni giurate di Primo Levi" (In: Marco Belpoliti e Andrea Cortelessa, *Da una tregua all'altra*. Milão: Chiarelettere, 2010, pp. 16-7). Ambos os depoimentos citados estão, além disso, incluídos num apêndice do livro (patrocinado pela UCEI, União das comunidades judaicas italianas) *Processo Eichmann. Cinquanta chili d'oro. Gli ebrei, i nazisti, gli italiani* (org. Livio Crescenzi, pref. Anna Foa e Livio Crescenzi. Fidenza: Mattioli 1885, 2014, pp. 198-205), com o título "Testimonianze processuali di Primo Levi".

Deve-se notar que, no início do texto, dá-se o endereço de Levi como "C. Vittorio, 67" ao em vez do correto "Corso Re Umberto, 75". É o primeiro de uma série de erros fatuais que retificamos a seguir, acrescentando algumas informações essenciais: Cesare Vita é Cesare Vitta, operário; Luciana Nissim, ligada desde os anos da guerra a Franco Momigliano, economista e militante do Partido da Ação, casou-se com ele em 24 de novembro de 1946: logo após o casamento, ambos foram contratados pela Olivetti, Nissim como dirigente das creches da empresa e Momigliano como responsável pelas Relações internas; *Donne contro il mostro*, é o título do livro (Turim: Vincenzo Ramella editor, 1946) que reúne as memórias do campo de concentração de Luciana Nissim (Ricordi della casa dei morti) e de Pelagia Lewinska (*Venti mesi ad Oswiecim* [sic em vez de Oświęcim]); a data da captura de Levi e companheiros é 13 de dezembro e não 13 de setembro de 1943; o homem que se infiltrou em seu grupo com o falso nome de Meoli era Domenico De Ceglie, suboficial do exército de Saló; Arturo Foà, nascido em Cuneo em 1877, foi nacionalista e depois fascista militante, colaborador do jornal *Il Popolo d'Italia* fundado por Mussolini: deportado de Fossoli para Auschwitz, morreu durante o transporte; a viagem de deportação durou, como se sabe, quatro dias e quatro noites, da noite de 22 de fevereiro (partida da estação ferroviária de Carpi) à noite de 26 de fevereiro; as mulheres que, no transporte de Levi, forma admitidas no campo de concentração salvando-se do envio imediato às câmaras de gás foram 29 e não 26, enquanto sabemos que o número de homens é 95: ver *supra* a nota a Leonardo De Benedetti, "Denúncia contra dr. Joseph Mengele".

A data do poema "Per Adolf Eichmann" é 20 de julho de 1960. Levi teria incluído versos dedicados ao "precioso inimigo" em todas as três coletâneas: a que distribuiu em caráter privado aos amigos no final de 1970, num texto datilografado sem indicação de autor e sem título; a primeira *plaquette* com sua assinatura com título *L'osteria di Brema* , (Milão: Scheiwiller, [25 de abril] 1975); a coletânea geral *Ad ora incerta* (Milão: Garzanti, [10 de outubro] 1984). "Per Adolf Eichmann" se lê agora nas *Opere* (v. II, op. cit., p. 540).

TESTEMUNHO PARA EICHMANN*

*Il Ponte*. Florença, XVII, 4, abr. 1961, pp. 646-50.

Recuperado graças a uma pesquisa de Martina Mengoni, o texto foi publicado na parte não monográfica de um fascículo dedicado ao tema *Estados Unidos 1961*, com sobrecapa desenhada por Ben Shahn. Era antecedido por uma nota em itálico assinada *Il Ponte*:

> Diante dos infinitos documentos de acusação que são examinados no processo Eichmann, mais do que suficientes se se tratasse de decidir pelo simples destino de um homem, mesmo sendo ele um grande criminoso, parece-nos que a acusação mais forte pode se fundar em testemunhos como os de Primo Levi (lido em Turim na noite de 23 de fevereiro de 1961, durante uma reunião sobre Auschwitz e os campos de concentração nazistas). Seria demasiado simples se apenas um homem, três, quatro, cem ou alguns milhares de homens pudessem praticar tanto mal quanto foi praticado. A acusação, além de contra cada culpado, é contra uma sociedade, uma maneira de conceber a vida e a morte. E a acusação nasce da consciência de poder contrapor outra concepção, outra sociedade. O testemunho de Primo Levi nos faz compreender tanto a sociedade condenada quanto a sociedade humana que pode condená-la. Por isso somos gratos ao autor.

A conferência de 23 de fevereiro aconteceu na Galeria de Arte Moderna no corso Galileo Ferraris, 30; depois de uma aula introdutória de Paolo Serini, a palavra coube a Primo Levi, Leonardo De Benedetti (que retornou ao tema da organização higiênico-sanitária em Auschwitz), E. Maggio e Giuliana Tedeschi.

Para Karl Jaspers, remetemos a *Die Schuldfrage* (Heidelberg: Schneider, 1946; ed. it. *La colpa dela Germania*, trad. Renato De Rosa. Nápoles: Edizioni Scientifiche Italiane, [18 de abril], 1947). De Thomas Mann, ver o discurso

*Deutschland und die Deutschen*, que o escritor pronunciou em inglês (*Germany and the Germans*) na Biblioteca do Congresso de Washington em 29 de maio de 1945, na iminência de seu septuagésimo aniversário, em 6 de junho; publicado no número de outubro de 1945 da Neue Rundschau, editada em Estocolmo por Gottfried Bermann-Fischer, e agora reunida em *Gesammelte Werke in zwölf Bänden* (v. xi, *Rede und Aufsätze 3*, Frankfurt am Main: Fischer, 1960); a primeira versão italiana, de Lavinia Mazzucchetti, saiu no livro *Moniti all'Europa* (Milão: Mondadori [janeiro] 1947, pp. 357-80), com o título "La Germania e i Tedeschi". Mais adiante Levi cita Rudolf Höss, *Kommandant in Auschwitz* (Stuttgart: Deutsche Verlags-Anstalt, 1958; ed. it.: *Comandante ad Auschwitz*, trad. Giuseppina Panzieri Saija. Turim: Einaudi, 1960); na reimpressão de 1985, pela mesma editora, foram incluídos um prefácio de Levi e um artigo de Alberto Moravia.

## DEPORTAÇÃO E EXTERMÍNIO DOS JUDEUS*

"Storia dell'antifascismo italiano" (em Luigi Arbizani e Alberto Caltabiano (org.). *Testimonianze*, v. ii. Roma: Editori Riuniti, [10 de dezembro] 1964, pp. 168-75).

Levi foi chamado a falar sobre esse tema pelo Comitê para as celebrações bolonhesas do centenário da Unificação da Itália, que organizara um ciclo de doze palestras semanais, ocorridas entre 30 de janeiro e 24 de abril 1961 no Teatro Comunale de Bolonha. Em 13 de março, Enzo Enriques Agnoletti participou com *O nazismo e as leis raciais na Itália*. Após cada palestra, estava prevista a apresentação de um ou mais testemunhos. Falaram nessa ocasião, além de Levi, Giorgio Bassani (*O ataque fascista à Sinagoga de Ferrara*) e Giulio Supino (*Os italianos diante do racismo*).

A fórmula "palestras com testemunhos" fora elaborada por Franco Antonicelli, que em 1947 fora o primeiro editor de *É isto um homem?*. Antonicelli se inspirara num ciclo anterior de oito "palestras-entrevistas", organizado em Roma em 1959 pelo partido radical, ao qual também haviam aderido republicanos e socialistas. Disso resultaria um livro organizado por Piergiovanni Permoli *Lezioni sull'antifascismo* (Bari: Laterza, 1960). No ciclo de dez encontros que organizou em Turim na qualidade de fundador e presidente da União Cultural, Antonicelli optou por dar um destaque maior aos testemunhos incluídos no programa, com o qual colaboraram outras duas entidades político-culturais da cidade, o Círculo da Resistência e a Consulta. Os encontros foram realizados entre 11 de abril e 13 de junho de 1960, antes na Civica Galleria d'Arte Moderna, depois no Teatro Alfieri, de maior capacidade, configurando-se como um verdadeiro seminário de história contemporânea. Nesse caso, também nasceu um livro: *Trent'anni di storia italiana (1915-1945). Lezioni con testimonianze presentate da Franco Antonicelli* (Turim: Einaudi, 1962). O ciclo de que participou Primo Levi era, portanto, a terceira manifestação desse gênero com relevância nacional, e cujos materiais seriam reunidos em livro.

O texto de "Deportação e extermínio dos judeus" foi reencontrado por Alberto Cavaglion que o apresentou em *Lo Straniero* (Roma, xi 85, jul. 2007, pp. 7-12), com uma nota introdutória sua (pp. 5-7). Cavaglion depois incluiu o texto de Levi — acompanhando-o com a mesma apresentação — em apêndice a seu ensaio "Ultime notizie da Argon", na coletânea *Mémoire oblige. Riflessioni sull'opera di Primo Levi* (org. Ada Neiger. Trento: Università degli Studi de Trento/ Departamento de Estudos Literários, Linguísticos e Filológicos, 2009, pp. 47-55). Por fim, voltou a apresentá-lo, com o título "Testimonianza. Teatro Comunale di Bologna, 13 marzo 1961" e com uma "Nota al texto", em *Cultura della razza e cultura letteraria nell'Italia del Novecento*, organizado por Sonia Gentili e Simona Foà (Roma: Carocci, 2010, pp. 273-80).

A grafia adotada por Levi para *Arbeitslager* manteve-se inalterada, Sobibór, Majdanek, *Spezialist*. Analogamente, não interferimos na duração da viagem aqui declarada (três dias) e no número de homens selecionados para os trabalhos (aqui 96; ver *supra* a nota sobre "Depoimento para o processo Eichmann") e dos sobreviventes: quatro mulheres e dez homens segundo Levi, sendo que a pesquisa de Italo Tibaldi fixou os números em oito mulheres e dezesseis homens ainda em vida em 27 de janeiro de 1945, entre os 650 do transporte (ver a legenda que antecede "O trem para Auschwitz"). Respeitou-se também a oscilação no uso das maiúsculas, ex. partido/ Partido.

DECLARAÇÕES PARA O PROCESSO BOSSHAMMER*

Título dos organizadores. Texto publicado pela primeira vez em Constantino Di Sante, *Auschwitz prima de "Auschwitz"* (op. cit., pp. 154-5).

Uma folha, datilografada com assinatura autógrafa, em papel timbrado "Primo Levi/ Doutor em química/ Turim/ Corso Re Umberto, 75/ Tel. 686025". No pé da página a indicação também datilografada "Testemunho prestado no Centro de Documentação Judaica Contemporânea em data de 5 de dezembro de 1965".

Levi redigiu esse depoimento a pedido de Eloisa Ravenna, secretária geral do CDEC, com sede em Milão. Em 1964, o Tribunal de Dortmund se dirigira ao CDEC durante as investigações sobre o ex-*Sturmbannführer* [coronel] das SS Friedrich Bosshammer, colaborador direto de Eichmann, acusado da deportação de 3500 judeus italianos. O texto de Levi foi utilizado na fase inicial do processo, cuja competência passou em 1969 para o Tribunal de Berlim Oriental; ver, mais adiante, a nota sobre o "Depoimento para o processo Bosshammer". O documento está conservado no Arquivo CDEC, Milão (Fundo *Massimo Adolfo Vitale*, envelope seis, pasta 211).

A chegada de Primo Levi a Fossoli ocorreu em 21 de janeiro de 1944 e não em 27.


A DEPORTAÇÃO DOS JUDEUS

*Quaderni del Centro di Studi sulla deportazione e l'internamento*, v. 4 (Roma, 1967, pp. 64-5), republicado em *Opere*, (v. I, op. cit., pp. 1163-6).

A apresentação feita durante o congresso nacional da Associação de ex-internados, ocorrido em Turim em 21-24 de outubro de 1966, sobre o tema "problemas históricos, jurídicos, sanitários da deportação e internamento"; no número dos *Quaderni* está reunido — junto com outras seis contribuições de ex-deportados, entre os quais Giuliana Tedeschi — com o título geral de Testimonianze presentate il 23 ottobre 1966 nella riunione svoltasi nel Teatro dell'Istituto Bancario S. Paolo.

Foram respeitadas as particularidades ortográficas do texto, inclusive a inconstância no uso das maiúsculas, por exemplo: Alemães/ alemães.


QUESTIONÁRIO PARA O PROCESSO BOSSHAMMER —
LEONARDO DE BENEDETTI

Seis folhas datilografadas, numeradas, com carimbo pessoal "Dr. Leonardo DE BENEDETTI" impresso na primeira e última folha, sendo que nesta última aparecem, autografadas, a data "Turim, 5-VIII-'70" e a assinatura. O documento está conservado no Arquivo CDEC (Milão, Fundo *Processo Bosshammer*, envelope seis, pasta 56, "Respostas aos questionários divididos por comboios 1970-71"). Anna Segre incluiu um trecho no citado *Un coraggio silenzioso* (p. 31). Aqui o apresentamos pela primeira vez na íntegra.

O "Fragebogen/ Questionário" (esse é o cabeçalho bilíngue; corrigiu-se o erro de digitaçaa "Questionário") fora enviado, em forma datilografada e com os respectivos espaços a serem preenchidos com as respostas, às testemunhas italianas consultadas durante a fase de instrução. As perguntas, dezenove, eram formuladas em alemão e italiano. A primeira folha traz, no alto à esquerda, a sigla "1 Js 1/65 (RSHA)" que caracteriza todos os questionários distribuídos; nesse exemplar, é visível também o carimbo de recebimento "JUSTIZBEHÖRDEN BERLIN-MOABIT", acompanhado da data 10 de agosto de 1970.

Aqui e no questionário similar posterior, preenchido por Primo Levi, respeitaram-se escrupulosamente a ortografia e a gramática italiana das perguntas formuladas pelo magistrado alemão. Com efeito, o autor do questionário era o promotor público Dietrich Hölzner, do Tribunal de Berlim Oriental, que o enviou com uma carta de acompanhamento, ela também bilíngue. Transcreve-se — sempre mantendo a forma — o texto italiano da carta recebida por De Benedetti, datada "31. Juli 1970".

O documento está conservado na Biblioteca "Emanuele Artom" da Comunidade Judaica de Turim (fundo A VIII 322, "Leonardo De Benedetti. Documentos relativos ao seu internamento e variados"). Foi posto à disposição dos organizadores por Anna Segre, que forneceu também uma cópia — proveniente da mesma biblioteca — do questionário que De Benedetti preenchera a caneta antes de datilografá-lo.

> Exma. Senhora, Exmo. Senhor,
> contra o ex-*Sturmbannführer* das SS, Friedrich Bosshammer, está em curso um processo devido à participação no assassinato de diversos milhares de judeus italianos. Atualmente o processo está no estágio de investigação preliminar.
> De 1942 a 1944, o acusado Bosshammer foi colaborador de Adolf Eichmann em Berlim e a seguir, de fevereiro de 1944 até agosto do mesmo ano, foi chefe da seção "judeus" junto ao comandante da polícia de segurança e do SD [*Sicherheisdienst*: Serviço de segurança] na Itália, em Verona. Nessa qualidade, Bosshammer teria contribuído em grau considerável para a deportação e assassinato de milhares de judeus em Auschwitz, em 1944. (acréscimo dos autores)
> As atividades desenvolvidas por Bosshammer em Auschwitz e as respectivas consequências ainda necessitam de amplas elucidações. Entre outras coisas, é preciso apurar quando ocorreu cada um dos transportes, de que onde partiram, quantos homens foram deportados por vez e qual foi o destino dos deportados. Além disso, para mim é importantíssimo saber se e em que medida Bosshammer esteve em contato com os deportados antes de seu transporte.
> Dado seu próprio grave destino, suponho que será capaz de fornecer algumas informações ou que tenha consideração por meu pedido para ajudar-me em minha investigação. Pelo questionário anexado em duas cópias a essa carta surgirão todos os detalhes.

Ficarei muito grato se puder preencher uma cópia do questionário [...]

Agradeço antecipadamente e apresento minhas mais cordiais saudações.

Na versão datilografada, em alguns casos, De Benedetti refaz suas respostas à mão, mas sem deixar de lado nenhuma informação do primeiro rascunho e acrescentando outros detalhes. Aqui reproduzimos o texto datilografado, lembrando que a partida para Auschwitz da estação ferroviária de Carpi ocorreu em 22 e não em 21 de fevereiro de 1944, e que os selecionados para o trabalho no campo de concentração foram 95 homens e 29 mulheres. Lembra-se ainda de que o mais idoso do transporte não era Arturo Foà, que morreu durante a viagem (aliás, com 67 e não 75 anos), e que os sobreviventes foram 24 ao todo: ver a esse respeito a legenda que acompanha "O trem para Auschwitz" e a nota relativa ao "Depoimento para o processo Eichmann" de Primo Levi. Os pontos de interrogação que, na última resposta ao questionário, acompanham os nomes de alguns finados no campo de concentração ou de alguns sobreviventes constam do documento original.

### QUESTIONÁRIO PARA O PROCESSO BOSSHAMMER*

Inédito. Seis folhas datilografadas, numeradas, com assinatura autógrafa e com data datilografada "2 de setembro de 1970". A primeira folha traz no alto à esquerda os dizeres "Fragebogen/ Questionário" e a sigla "1 Js 1/65 (RSHA)". Cf. a nota anterior. O documento está conservado no Arquivo CDEC (Milão, Fundo *Processo Bosshammer*, envelope seis, pasta 56, "Respostas aos questionários divididas por comboios 1970-71").

Na resposta número dezesseis, Levi inverte o número dos homens selecionados para o trabalho: escreveu em diversas ocasiões que foram 96 em vez de 69, embora as pesquisas de Liliana Picciotto tenham fixado o número em 95, cf. a nota sobre o "Depoimento para o processo Eichmann". Os sobreviventes, como acabamos de dizer (ver a nota relativa ao questionário Bosshammer compilado por Leonardo De Benedetti), foram 24.

### DEPOIMENTO PARA O PROCESSO BOSSHAMMER*

Título dos organizadores. Texto do depoimento prestado em Turim em 3 de maio de 1971 no gabinete do juiz de instrução dr. Barbaro, perante o promotor público alemão Dietrich Hölzner. Levi falou por quatro horas, em italiano e alemão, com a assistência de um intérprete. Seu testemunho foi transcrito à mão — em dezesseis folhas de protocolo — por Eloisa Ravenna, que desde 1964 trabalhava como perita histórica do tribunal alemão. O manuscrito se conserva no Arquivo CDEC (Milão, Fundo *Processo Bosshammer*, envelope cinco, pasta 53). Condenado à prisão perpétua em abril de 1972 pelo Tribunal de Berlim Oriental, Friedrich Bosshammer morreu poucos meses depois da sentença.

A primeira notícia sobre a existência desse depoimento foi dada por Liliana Picciotto, trazendo um trecho como encerramento de seu artigo "Le informazioni sulla 'soluzione finale' circolanti in Italia nel 1942-1943" (*La Rassegna Mensile di Israel*, LVI, 2-3, maio-dez. 1989, pp. 331-6, 335-6); esse número, em grande parte dedicado a Primo Levi, foi publicado em novembro de 1990. A estudiosa retomou o mesmo trecho na primeira edição do citado *Libro della memoria* (p. 841), ainda extraindo do testemunho de Levi informações suplementares (apresentadas nas pp. 853-4 e 905). Dez anos mais tarde, com o título da redação "Primo Levi. Questo era un uomo", uma parte importante do depoimento foi publicada em *La Stampa* (25 de abril de 2001, p. 23); na mesma página lia-se um comentário de Marco Belpoliti, "La contabilità del male". Em versão integral e com o outro depoimento prestado em Roma em 14 de junho de 1960 para o processo Eichmann (vide *supra*), o documento foi reapresentado em Belpoliti e Cortellessa, *Da una tregua all'altra* (op. cit., pp. 25-6) e depois em *Processo Eichmann* (op. cit., pp. 201-5).

Em 4 de maio de 1971, os dois jornais de Turim dedicaram ao depoimento artigos detalhados: "Primo Levi scampato allo sterminio nazista depone sulla deportazione degli ebrei italiani", assinado por Jesse Spalding na *Gazzetta del Popolo* (com uma foto de Hölzner), e a crônica anônima "Primo Levi racconta al magistrato di Berlino gli orrori di Auschwitz", publicada em *La Stampa*. Ambos informam que Hölzner recebeu em homenagem de Levi uma cópia de *Ist das ein Mensch?*, anexada a seu dossiê: "Na Alemanha", explicou o magistrado, "não se encontra mais o livro; está esgotado". A versão alemã de *É isto um homem?* fora publicada em novembro de 1961 pela editora Fischer, de Frankfurt am Main, com tradução de Heinz Riedt.

O texto coligido por Eloisa Ravenna foi transcrito fielmente, corrigindo apenas os erros ortográficos em italiano ou alemão (*Bucherei* etc.), acrescentando entre colchetes alguma palavra faltante, colocando por extenso as abreviaturas usadas para anotar mais rápido as declarações feitas ao vivo. A especificação acrescentada em nota também foi feita por Eloisa Ravenna. O depoimento em que Levi indica a presença de dois militares das SS no trem para Auschwitz, antes vistos em Fossoli, não remonta a 1945: trata-se de seu primeiro testemunho para o processo Bosshammer, prestado em 5 de dezembro de 1965. O amigo médico que contara a Levi sobre a morte de uma pessoa durante a viagem é naturalmente Leonardo De Benedetti, que cita o detalhe no questionário de 5 de agosto de 1970: daí a correção que Levi pede que seja feita no questionário preenchido por ele, em 2 de setembro seguinte. A pesquisa realizada por Italo Tibaldi ("Primo Levi e i suoi 'compagni di viaggio': ricostruzione del trasporto da Fossoli ad Auschwitz", em Paolo Momigliano Levi e Rosanna Gorris (orgs.). *Primo Levi testimone e scrittore di storia*. Florença: Giuntina, 1999, pp. 149-232, 174) permite identificar o homem falecido durante o transporte como Arturo Foà (cf. a nota sobre "Depoimento para o processo Eichmann"), que ademais tinha 67 anos no momento da morte. Para a lista de 75 nomes (na verdade 76) entregue a Hölzner, ver o "Apêndice". O "'livro branco' publicado pelo governo inglês" pode ser identificado com boa margem de segurança como *Persecution of the Jews*, folheto (vinte páginas) da coleção Conditions in Occupied Territories (n. 6, His Majesty's Stationery Office, Londres). Sem data, o folheto foi impresso depois de 25 de fevereiro de 1943, dia em que se deu a deportação dos últimos judeus noruegueses, informada à página quize. O subtítulo descritivo da coleção era "A series of reports issued by the Inter-Allied Information Committee, London". Essa publicação também é mencionada no início do conto *Potássio*, em *Tabela periódica*: "um *Livro Branco* inglês, chegado da Palestina, em que se descreviam as 'atrocidades nazistas'; acreditáramos apenas pela metade, mas era suficiente".

A EUROPA DOS CAMPOS DE CONCENTRAÇÃO*

Título dos organizadores. Com o título "Presentazione" no folheto *Museo Monumento al Deportato politico e razziale nei campi di sterminio nazisti* (org. Licia [sic: Lica] e Albe Steiner. Centro stampa Comune di Carpi, s.d. [mas: outubro de 1973], pp. [2-4]). O texto ressurgiu graças a uma pesquisa realizada pelo Centro Internacional de Estudos Primo Levi.

Como se sabe, situava-se no território de Carpi o campo de concentração para judeus de Fossoli. O texto de Levi foi escrito para a inauguração do Museu-Monumento, criado justamente em Carpi no Castello dei Pio. A decisão fora tomada em dezembro de 1961, e os trabalhos se iniciaram em 1963. Na inauguração, que ocorreu em 14 de outubro de 1973, discursaram o presidente da república Giovanni Leone, o presidente da câmara Sandro Pertini e o senador Umberto Terracini na qualidade de presidente da ANPPIA, Associação nacional perseguidos políticos italianos antifascistas. O museu abrigava, entre outras coisas, grafites feitos pela Cooperativa dos pedreiros de Carpi a partir de desenhos de Corrado Cagli, Renato Guttuso, Fernand Léger, Alberto Longoni,

Pablo Picasso. A montagem contara com a colaboração do arquiteto Lodovico Belgiojoso e do artista gráfico Albe Steiner, ao passo que o poeta e diretor Nelo Risi escolhera trechos de cartas de condenados à morte da Resistência europeia para gravar nas paredes das salas na altura dos olhos.

## ASSIM FOI AUSCHWITZ

*La Stampa*, 9 de fevereiro de 1975, p. 1, agora em *Opere*, v. I, pp. 119-93.

É o editorial do jornal, acompanhado pelo subtítulo "Trinta anos depois, para não esquecer" e ilustrado com um mapa europeu dos campos de concentração nazistas que reproduz aquele feito por Levi para a edição escolar de *É isto um homem?* (Turim: Einaudi 1973, coleção Leituras para o ginasial, n. 24). Numa carta de 29 de março de 1975 à prima Anna Foa, com o sobrenome de casada Tona e residente em Cambridge, Massachusetts, Levi declara que a figura "reproduz, com algumas variantes, um mapa que estava incluído no folheto *Le Camp de concentration de Oświęcim-Brzezinka*, de Jan Sehn, 1957, Warszawa (Varsóvia) Wydawnictwo Prawnicze". A carta de Levi é citada graças à gentileza de Manuela Paul, filha da destinatária.

Desprovido do mapa, o artigo foi reapresentado com o título "Dal fascismo ai campi di concentramento", subtítulo: "La strategia dell'ordine" (*Triangolo Rosso*, Milão, v. II, n. 2-3, fev.-mar., 1975, p. 3). Esse número da revista da Aned era dedicado em grande parte aos trinta anos de libertação dos campos de extermínio: aqui a ocorrência é citada explicitamente, ao contrário do que ocorre no jornal; em 1975, de fato, a data de 27 de janeiro não era um marco compartilhado pelo povo.

O texto de Louis Aragon citado por Levi é a estrofe de abertura do *Prélude à La Diane française*: "*L'homme où est l'homme l'homme L'homme/ Floué roué troué meurtri/ Avec le mépris pour patrie/ Marqué comme un bétail et comme/ Un bétail à la boucherie*" [O homem onde está o homem o homem O homem/ Roubado supliciado perfurado assassinado/ Tendo o desprezo por pátria/ Marcado como gado e como/ Gado levado ao matadouro]. Escritos nos anos 1943-4, os poemas de amor e de Resistência da coletânea *La Diane française* foram publicados por Éditions Pierre Seghers (Paris, 1945). Para William L. Shirer remete-se à *Ascensão e queda do Terceiro Reich* [1960] (ed. bras.: Rio de Janeiro: Agir, 2008); a obra também está incluída na bibliografia que acompanha a edição escolar de *É isto um homem?*. "Ordine Nuovo" e "Ordine Nero", que Levi escreve sem aspas nem maiúsculas, eram nos anos 1970 os nomes de duas organizações da extrema direita neonazista, em conluio com os serviços secretos italianos e responsáveis por atentados terroristas sanguinários.

Em vista da finalidade de divulgação desse artigo de primeira página, preferiu-se deixar em itálico a palavra *Lager*, embora em 1975 já fosse repertório linguístico comum.

DEPORTADOS POLÍTICOS*

*Torino contra il fascismo. Testimonianze*, org. Prefeitura e Comitê para as Iniciativas Antifascistas da Cidade de Turim. Turim, 1975, pp. 167-72.

O livro, publicado em abril de 1975, traz na capa e no frontispício a frase xxx *aniversário da Libertação*; reproduz-se uma parte dos textos que tinham sido reunidos vinte anos antes em *Torino. Rivista mensile della Città e del Piemonte* (XXXI, 4, abr. 1955): a edição monográfica especial pelos dez anos da Libertação onde aparecera "Aniversário" (*vide supra*). Para Levi, seria incongruente reapresentar "Aniversário" em 1975, já defasado em relação a seu pensamento e em relação ao clima político-civil. Daí provavelmente a decisão de escrever um texto novo, reencontrado durante pesquisas realizadas pelo Centro Internacional de Estudos Primo Levi.

Também "Deportados políticos", como o anterior "Assim foi Auschwitz", vem acompanhado por um mapa (dessa vez sintético, feito à mão livre) que mostra o "Deslocamento de campos de concentração alemães".

Foram diretamente corrigidos os erros ortográficos nos nomes Flossembur, Rawensbruck, Sachsenhasen, provavelmente imputáveis a quem compôs a contribuição de Levi; inversamente, as formas híbridas "Arbeit Kommando" e "Kommandos" permaneceram inalteradas.

ESBOÇO DE TEXTO PARA O INTERIOR DO BLOCK ITALIANO EM AUSCHWITZ

Texto preparado para o Memorial italiano no campo de concentração de Auschwitz. Aqui se reproduz a versão que Primo Levi confiou em 1980 a Gabriella Poli: é a cópia fotostática de duas folhas datilografadas, sem assinatura, com a data "8 de novembro de 1978", conservadas no Centro Internacional de Estudos Primo Levi (Turim, *Fundo Gabriella Poli*, em fase de reorganização, pasta "Originais, cópias de autênticos, traduções"). Na primeira folha, com a grafia de Poli, está escrito "original". O texto está reproduzido em Gabriella Poli e Giorgio Calcagno, *Echi di una voce perduta. Incontri, interviste e conversazioni con Primo Levi* (Milão: Mursia, 1992, pp. 174-6). Abaixo segue a reconstituição dos fatos no estágio atual dos conhecimentos.

Em 6 de setembro, Primo Levi foi convidado por Gianfranco Maris, presidente da Aned, para fazer parte do comitê operacional para um Memorial italiano em Auschwitz; o convite fora deliberado em 27 de julho pelo Comitê de presidência da associação. Levi aceitou "com muito prazer, esperando estar ao nível da tarefa", e, durante uma reunião ocorrida em 7 de outubro na sede milanesa da Aned, ficou encarregado de "redigir um texto-base sobre o qual prosseguiria a discussão". Levi apresentou-o na reunião seguinte, que aconteceu em Turim em 13 de novembro: foi aprovado e enviado aos outros membros do comitê.

Infelizmente, o texto que começou a circular a partir daquele momento — e do qual decorreria grande parte dos trabalhos realizados posteriormente pelo Comitê, assim como as primeiras publicações impressas — é uma transcrição anexada às atas de 13 de novembro, que foi enviada no dia seguinte, junto com a ata, a todos os membros do Comitê: uma transcrição imperfeita que consistia em duas folhas datilografadas, numeradas, sem assinatura, com a data "8 de novembro de 1978", intituladas "Esboço de texto para o interior do Blok [sic] italiano em Auschwitz". Esse erro presente no título é apenas o primeiro de uma série de erros de vários tipos. Essa transcrição incorreta foi feita provavelmente sobre a versão atestada pelo *Fundo Poloi*, isto é, sobre o texto que Levi apresentou na Aned em 13 de novembro de 1978.

Se a cópia defeituosa foi, como já se disse, a de maior circulação — e sobre a qual acabou por se basear (como veremos) a inscrição que foi exposta no Memorial italiano —, o próprio texto apresentado por Levi em 13 de novembro de 1978, editado, ficou equivalente às atas do trabalho preparatório do Memorial. De fato, nos arquivos do Instituto para a história da época contemporânea (Isec) de Sesto San Giovanni conserva-se também uma cópia igual à do *Fundo Poli* (faz parte do *Fundo Aned*, série Secretaria nacional, envelope doze, pasta 69, "Auschwitz 1977-1979", contendo a correspondência com o Comité International d'Auschwitz); um documento análogo se encontra descrito também em Elisabetta Ruffini e Sandro Scarrocchia, "Il Blocco 21 di Auschwitz. Un cantiere di riflessione e di lavoro attivato dalla Isrec e Scuola di Restauro dell'Accademia di Brera" (*Studi e ricerche di storia contemporânea*, v. XXXVII n. 69, jun. 2008, pp. 9-32: 21-22). A esse ensaio — e a uma outra pesquisa sobre isso, desenvolvida por Ruffini para nosso uso — deve-se parte das informações aqui apresentadas.

Nenhuma das versões do "Esboço" conhecidas até agora, corretas ou incorretas, contém a assinatura de Levi, que talvez a tenha omitido por *understatement*, tendo aceitado participar de um trabalho coletivo para o qual lhe fora encomendado um "texto de base". Nenhuma hipotética redação original do texto foi encontrada em seu arquivo pessoal; agradecemos vivamente a seu filho Renzo por ter efetuado a pesquisa. No arquivo do escritor não está documentado sequer o posterior *iter* do texto, nem suas relações com a Aned e com outros componentes do comitê empenhado em construir o Memorial. Consta apenas um trecho extraído de uma entrevista concedida a Silvia Giacomini: "Deixei de encarnar o sobrevivente desde que escrevo, mas continuo a sê-lo. Na próxima semana, irei me encontrar com Nelo Risi e Lodovico Belgiojoso para organizar um *memorial* italiano em Auschwitz" ("Il mago Merlino e l'uomo fabbro". *La Repubblica*, Roma, 24 de janeiro de 1979, agora em Primo Levi, *Conversazioni e interviste 1963-1987*, org. Marco Belpoliti. Turim: Einaudi, 1997, pp. 119-20).

A ideia de montar um Memorial italiano em Auschwitz remontava a 1969-70, mas, devido à lentidão dos promotores e aos obstáculos burocráticos, a fase operacional teve início apenas em 1978. A obra envolveu, além de Levi, o arquiteto Lodovico Belgiojoso (de origem judaica, sobrevivente de Mauthausen) com o escritório milanês BBPR, o artista Mario Samonà, o diretor e poeta Nelo Risi, o músico Luigi Nono. No início de 1979, as duas páginas que a Aned havia encomendado a Levi serviram de base para um "roteiro" que se prestaria como fio condutor histórico-narrativo para a obra em construção. O resultado desse trabalho pode ser talvez identificado em seis folhas datilografadas, precedidas por uma página em frontispício que traz o título "Scenario per un Memorial a ricordo degli italiani caduti a Oswiecim"; a data é "Milão, março de 1979". O "Scenario", que se abre com uma rápida apresentação geral, está dividido em quatro partes: o projeto do Memorial ilustrado por Belgiojoso, o texto de Levi (no ponto II, sob o título "A trama"), uma breve síntese do trabalho de Mario Samonà, por fim (ponto IV, título "O comentário") uma seleção de frases — citações de Heine, Mussolini, Matteotti, Parri, Goebbels, Bobbio, ou extraídas do Manifesto fascista da raça e da Bíblia — da qual o próprio Samonà se serviria como modelo para suas intervenções gráficas.

Embora a autoria e a finalidade do "Scenario" se mantenham incertas, ele pode explicar quatro detalhes, que serão descritos de modo analítico. O primeiro se refere ao texto reencontrado no *Fundo Poli*, que apresenta uma divisão em oito parágrafos numerados à mão: os números foram acrescentados por Primo Levi; a letra é dele. Os números, para maior clareza gráfica, vêm acompanhados por grandes colchetes delimitando os blocos do texto. É nessa fase (e estamos no segundo detalhe) que adquire forma a fisionomia definitiva do oitavo e último parágrafo destinado a ser exposto no Memorial. A frase inicial "Neste local, onde nós inocentes fomos mortos, chegou-se ao limite da barbárie", é acrescentada ao parágrafo anterior através de uma curva manuscrita, de modo que a ligação se torna "Visitante, observe os restos". (Neste livro preferimos respeitar os pontos finais do texto datilografado, sem levar em conta os posteriores retoques à mão).

A numeração acrescentada, o sublinhado gráfico dos blocos de texto, a nova estrutura dos dois parágrafos finais, tudo leva a crer (é o terceiro detalhe) que essas intervenções pretendiam unir o texto às divisões do percurso expositivo que Belgiojoso e Samonà iriam montar. Por outro lado, o próprio Levi teria explicado a Poli que cada um dos oito parágrafos "devia levar à compreensão do material documental (*Echi di una voce perduta*, p. 174). Com efeito, eles ressoam, um após o outro, as citações mencionadas no "Scenario", a começar pela de Heine: "quem queima livros, acaba por queimar homens". Quarto e último detalhe: o "Scenario" contém uma particularidade ortográfica que contrasta com os hábitos de Levi, mas que reencontraremos em seu texto exposto no interior do Memorial italiano: a substituição do topônimo germanizado Auschwitz pelo original polonês Oświęcim. O próprio Levi é definido, na folha dois do "Scenario", como "sobrevivente de Oswiecim" (sem os diacríticos). A variante se explica pelo fato de que esse texto destinava-se ao ministério da Arte e da Cultura, para obter seu beneplácito. Em 4 de julho de 1979, todavia, o comitê operacional decidiu que "provisoriamente os dizeres [seriam] reduzidos ao essencial" (última frase de Levi, mas nunca citada): de fato, entre os materiais enviados pelo correio diplomático ao Ministério polonês incluiu-se somente o parágrafo final do "Esboço" redigido em 8 de novembro de 1978, que naquela versão começa — e o elemento pareceria corroborar a reconstituição aqui esboçada — com as palavras "Visitante, observe os restos".

A primeira publicação integral do "Esboço" (falamos novamente da transcrição "incorreta") se deu num folheto, organizado por Lica Steiner a pedido da Aned, sob o patronato do Presidente da República, que traz a data "abril de 1980". Era intitulado *Memorial. In onore degli italiani caduti nei campi di sterminio nazisti*, e pretendia, justamente, celebrar a inauguração do Memorial. O texto de Levi ocupava a nona das 24 páginas não numeradas; a impressão fora feita em fevereiro de 1980 em Sesto S. Giovanni, na Artigrafiche G. Beverasco. O livreto se abria com o editorial "Auschwitz: por quê?" de Maris e continha contribuições de Lodovico Belgiojoso ("Il progetto") e de Mario Samonà ("L'affresco"), ambos com acompanhamento iconográfico. Aqui o texto de Primo Levi trazia sua assinatura, era intitulado "Al visitatore" e apresentava (à parte a correção dos erros mais evidentes do texto datilografado da Aned) uma variante significativa: da fórmula "as leis raciais de Mussolini" desaparecera o adjetivo *raciais*. Ignora-se quem fez a correção e atribuiu o título; as duas modificações estão presentes numa cópia conservada numa pasta de "rascunhos" do verão de 1979, destinada a Lica Steiner. Cabe notar que *raciais* já viera destacado com uma moldura nas folhas do "Scenario", onde apresentavam o texto preparado por Levi.

O Memorial italiano foi inaugurado em 13 de abril de 1980. Levi não quis estar presente (ver Ian Thomson, *Primo Levi*. Londres: Hutchinson, 2002, pp. 430-1). Embora os documentos não atestem com clareza, as autoridades polonesas não queriam que se desse destaque à origem judaica da quase totalidade das vítimas: a parte conclusiva do texto apresentado por Levi em 1978 não fazia referências concretas aos fatos históricos e, portanto, foi aceita. Mas essas linhas escritas em prosa sofreriam uma última manipulação: foram transformadas num texto em versos, e se desconhece quem fez a distribuição dos cortes; constava também a anunciada variação do topônimo, Oświęcim em vez de Auschwitz. Assim encurtada e reelaborada, a contribuição de Levi foi gravada em letras maiúsculas numa lápide, sem assinatura. Eis a transcrição:

> *Visitante,*
> *observe os restos deste campo*
> *e reflita:*
> *de qualquer país que venha,*
> *você não é um estranho.*
>
> *Faça com que sua viagem*
> *não tenha sido inútil,*
> *que nossa morte*
> *não tenha sido inútil.*
>
> *Para você e para seus filhos,*
> *as cinzas de Oświęcim*
> *servem como advertência:*
> *faça que o fruto horrendo do ódio,*
> *cujos vestígios você aqui vê,*
> *não dê novas sementes,*
> *nem amanhã nem nunca.*

Vale a pena chamar a atenção para dois detalhes da lápide, já presentes no texto da Aned de 1978: o indicativo *valgono* [servem] em lugar de *valgano* [sirvam] e o acento grave na conjunção "né" [nem]. Ambos levam a supor a intervenção de uma mão não italiana, ainda mais que, à esquerda do texto de Levi, está gravada sua versão em polonês, sempre em letras maiúsculas.

Depois da cerimônia inaugural, a Aned propôs novamente o texto "longo" de Levi, aqui também acompanhado pela assinatura, num número de sua publicação mensal *Triangolo Rosso, Especial sobre Auschwitz*, que continha diversas fotografias da cerimônia e uma imagem da lápide em versos. O folheto de doze páginas traz a indicação "7º ano", mas não especifica o mês da impressão. O texto de Levi está na segunda página, com um novo título editorial: *Visitante, observe e reflita*. Também dessa vez o texto segue o teor datilografado da Aned, e também aqui não consta o adjetivo "raciais" para as "leis de Mussolini".

Ausente por vontade própria da cerimônia de Auschwitz-Oświęcim, Levi entregou à sua amiga Gabriella Poli, redatora da *La Stampa*, o esboço acordado em 1978, "caso ela quisesse utilizá-lo no momento da inauguração". O aval do autor conferido ao "Esboço" presente no *Fundo Poli* levou os organizadores a publicá-lo, mesmo que com as cautelas sugeridas por esta nota. O texto reproduzido em *Ecchi* conserva os números acrescentados à mão por Levi: e coincide, salvo o desaparecimento do título provisório e da data, com aquele incluído no primeiro volume das *Opere* organizado em 1977 por Marco Belpoliti (pp. 1335-6), onde tem o título "Al visitatore".

Durante a entrevista de 1984, Levi teria reivindicado também a autoria da breve epígrafe exposta em Auschwitz: "A escrita da lápide que está na entrada do 'memorial' dos italianos não está assinada, mas é minha. Posso ditar-lhe as palavras". Segue — em prosa — o texto, em que o verbo *sirvam* está no lugar que lhe compete: ver Giulio Nascimbeni, "Levi: l'ora incerta della poesia" (*Corriere della Sera*, 28 de outubro de 1984), agora em *Conversazioni e interviste* (op. cit., p. 140).

EM AUSCHWITZ, UM COMITÊ SECRETO DE DEFESA

*Ha Keillah*, Turim, v. IV, n. 4, abr. 1979, p. 6; agora em *Opere*, v. I, op. cit., pp. 1262-3.

O episódio será retomado em *Os afogados e os sobreviventes* no início do capítulo "A vergonha", cf. *Opere* (v. II, pp. 1047-8).

Do comitê clandestino de defesa também fazia parte Hermann Langbein (1912-95), militante comunista, prisioneiro político em Dachau, Auschwitz e Neuengamme, autor em 1972 de *Menschen in Auschwitz* (Viena: Europa Verlag): um livro que Levi sugeriu à Einaudi antes mesmo que chegasse às livrarias. A sugestão não foi aceita; os direitos da obra foram comprados em 1974 pela Mursia, que o publicaria — submetido a cortes autorizados pelo autor e com um prefácio de Levi, agora em *Opere* (v. II, op. cit., pp. 1245-8) — apenas em 1984, com o título *Uomini ad Auschwitz*. O tema de Langbein e sua atividade no "Grupo de Combate Auschwitz", ou seja, no comitê clandestino, já fora abordado por Levi, antes do prefácio supracitado, na página com que apresentava Langbein na "antologia pessoal" *La ricerca delle radici* (Turim: Einaudi [21 de fevereiro] 1981, p. 221): na qual, antes das delongas editoriais, quis traduzir pessoalmente algumas páginas de *Menschen in Auschwitz*.

*Gli altri. Periodico di tutti gli emarginati dalla società* (Gênova, IV, 3, 3, II trimestre 1979, pp. 12-3); agora em *Opere* (v. I, pp. 1283-4). Subtítulo: "holocausto". Sumário: "O testemunho do escritor Primo Levi sobre a época em que ele também, como judeu, era um 'outro'. 650 deportados, muitas crianças, foram seus companheiros de viagem em direção ao campo de concentração; somente 23 retornaram". Acompanha o artigo uma breve nota bibliográfica com o título "Quem é".

Carta aberta a Rosanna Benzi, genovesa, fundadora e diretora da revista. Nascida em 1946, Rosanna Benzi tivera poliomielite aos catorze anos. Desde então viveu prisioneira de um pulmão de aço até seu falecimento em 1991.

## LEMBRANÇA DE UM HOMEM BOM

*La Stampa*, 21 de outubro de 1983, p. 3, subtítulo: "História de um médico, entre os poucos sobreviventes de Auschwitz"; agora em *Opere* (v. II, pp. 1194-6). Escrito à morte de Leonardo De Benedetti, cujo nome, porém, não aparece em momento algum no jornal turinense.

A lembrança foi reapresentada poucas semanas mais tarde em *Triangolo Rosso*, (Milão, v. X, n. 11-12, nov.-dez. 1983, p. 10), com o título *Leonardo De Benedetti uomo medico deportato*. Depois do falecimento de Levi, o texto foi retomado no livro *Primo Levi per l'Aned, l'Aned per Primo Levi* (org. Bruno Vasari. Milão: Angeli, 1997, pp. 53-4), antes de reaparecer nas *Opere*.

Levi dedicou ao amigo outra breve lembrança: *Leonardo De Benedetti* (*Ha Keillah*, Turim, a. IX, n. 2, v. 43, dezembro 1983, p. 3, agora em *Opere* (v. II, pp. 1197-8). Eis a transcrição:

> Em 16 de outubro, doutor Leonardo De Benedetti morreu inesperadamente, na Casa de repouso israelita onde vivia há diversos anos. Tinha 85 anos; outrora médico em Rivoli, em 1943 fora preso durante uma tentativa de fuga da pátria e deportado para Auschwitz, onde perdera a mulher. No campo de concentração, sua qualidade de médico não fora reconhecida; havia passado quase um ano, suportando a fome, o frio, o esforço e a reclusão com uma serenidade e uma força de espírito singulares, que se transmitiam a quem tinha ocasião de falar com ele. Libertado em janeiro de 1945 pelo exército soviético, recebera a incumbência de organizar uma enfermaria no campo de trânsito de Katowice: não havia muitos meios, mas sua força de vontade era grande, e a notícia do médico ita-

liano que dava ouvidos a todos e tratava todos gratuitamente espalhou-se num círculo amplo, a ponto de recorrerem a ele os ex-prisioneiros não só italianos, mas também estrangeiros, muitos cidadãos poloneses, e até alguns militares soviéticos.

Depois de uma longa e aventurosa viagem de volta à pátria, estabeleceu-se em Turim e retomou o exercício da profissão. Sua paciência, experiência e humanidade eram tão grandes que todos os seus clientes, em curto espaço de tempo, tornavam-se amigos e se dirigiam a ele em busca de conselho e ajuda. Não gostava da solidão, e morou antes com parentes, depois com uma família de amigos: o doutor Arrigo Vita e suas duas irmãs. Estes desapareceram um a um, e doutor De Benedetti se viu só. Até os oitenta anos, idade em que se retirou da profissão, foi médico atento e estimadíssimo da Casa de repouso, onde decidiu se estabelecer na tristeza serena de quem sabe não ter vivido em vão; mas nunca esteve ali sozinho, todos os dias, até o último deles, recebia visitas e convites de parentes afeiçoados, de amigos, de colegas, de companheiros de prisão. Recebia também uma volumosa correspondência, também de países distantes, porque quem o conhecera não o esquecia: e a todos, mesmo aos inoportunos, respondia com meticulosa diligência.

Na primavera passada tivera alguns sinais da enfermidade à qual sucumbiria depois: tratara-se com o discernimento que sua longa experiência lhe ditava e continuara a viver em paz de espírito, sem imprudências e sem temores. A morte o pegou súbita e misericordiosa, sem fazê-lo sofrer. Era um homem corajoso e gentil, que fora de preciosa ajuda para muitos e jamais pedira ajuda a ninguém.

Primo Levi lembrou Leonardo também em público: em 28 de outubro de 1983, antes de começar sua participação no congresso internacional *O dever de testemunhar*, que ocorreu em Turim no palácio Lascaris, sede do Conselho Regional Piemonte. Nessa ocasião leu uma redação parcial de "A memória da ofensa", futuro primeiro capítulo de *Os afogados e os sobreviventes*, já com o título definitivo. Ver o volume das atas: *Il dovere di testimoniare* (Turim: Conselho Regional do Piemonte, [julho] 1984, p. 97).

Para as seleções a que Leonardo De Benedetti conseguira escapar, ver o texto da "Denúncia contra dr. Joseph Mengele", que oferece uma resenha mais completa e multifacetada.

## À NOSSA GERAÇÃO...

Texto da intervenção pronunciada por Primo Levi em sua última aparição pública, em 22 de novembro de 1986. Levi participou do congresso *História vivida. Do dever de testemunhar aos testemunhos orais no ensino da história da Segunda Guerra Mundial*, organizado pela Aned. O encontro ocorreu entre 21 e 22 de novembro de 1986, em Turim, no Palazzo Lascaris.

Levi apresentou "À nossa geração..." como prefácio a um texto que redigira cerca de um ano antes, para uma edição conjunta de *É isto um homem?* e *A trégua*, publicada nos Estados Unidos: *Survival in Auschwitz. The Rewakening. Two Memoirs*, lançada em janeiro de 1986 por Summit Books, de Nova York. Levi, de fato, enriquecera esse *twin volume* com o "Apêndice" escrito em 1976 para a edição escolar de *É isto um homem?*, que já há tempos acompanhava todas as novas edições italianas do livro, incluídas as destinadas ao mercado normal. Como se sabe, o "Apêndice" contém as respostas a oito perguntas que lhe eram frequentemente dirigidas pelos leitores. Para pôr esse instrumento à disposição do novo público anglófono, Levi fez algumas alterações no "Apêndice", inclusive para que abrangesse as duas obras editadas por Summit Books: não só *É isto um homem?*, mas também *A trégua*. O novo texto foi incluído ao término do livro, com o título "Afterword: The Author Answers to His Reader's Questions". A tradução foi feita por Ruth Feldman, que já fizera as versões dos poemas e alguns contos de Levi para o inglês. Levi comentou as alterações do texto de 1976 em duas cartas a Feldman, conservadas em fotocópia na *Ian Thomson Collection*, "Papers re Primo Levi Biography", na Wiener Library de Londres. Em 18 de junho de 1985, ao mandar-lhe o posfácio, explicava: "como verá, tentei adaptá-lo ao leitor americano adulto em lugar do estudante italiano". Em 10 de julho, reforçava o conceito: "Como você deve ter notado, tentei eliminar o caráter escolar do antigo posfácio e adaptá-lo ao público adulto americano". A redação do "Apêndice" destinado ao público anglófono não foi retomada nas edições individuais de *Survival in Auschwitz* e *The Reawakening*, tampouco em edições italianas da obra de Levi.

No congresso turinense *História vivida*, distribuíram-se ao público cópias do texto preparado por Levi para os leitores americanos e do capítulo "Cartas de alemães" de *Os afogados e os sobreviventes*. Levi menciona esses documentos em sua breve intervenção oral. "À nossa geração..." (com título acompanhado por aspas) foi impresso em fevereiro de 1988, dez meses após sua morte, nas atas do congresso turinense: *Storia vissuta. Dal dovere di testimoniare alle testimonianze orali nell'insegnamento della storia della 2ª guerra mondiale* (Milão: Angeli, 1988, pp. 113-4, agora em *Opere*, v. II, pp. 1351-2). Apresentava (nas pp. 114-33) o texto redigido para o livro americano, como *Le risposte dell'autore alle domande dei lettori*; mas — como o título indica claramente — numa retroversão para o italiano. O equívoco deriva da ausência do original datilografado e preparado por Levi para Ruth Feldman e pela impossibilidade de consultar o autor. Mesmo sendo óbvio, cabe especificar que o livro *Two Memoirs* não traz as duas páginas de "À nossa geração...": consideramos válido reconstituir os acontecimentos editoriais para evitar equívocos sobre os textos respectivamente presentes em *Storia vissuta*, em *Two Memoirs* e nas *Opere* de Primo Levi.

O título entre aspas "À nossa geração..." foi atribuído pelos organizadores de *Storia vissuta*. Para a publicação em *Assim foi Auschwitz*, o texto foi localizado em cópia datilografada, conservada no Centro Internacional de Estudos Primo Levi (Turim, *Fundo Gabriella Poli*, em fase de reorganização, pasta "Congresso internacional sobre a deportação com apresentação de Primo Levi, 21-22 de novembro de 1986"). São duas folhas redigidas com o programa de vídeo-texto, datados "Turim, 3 de novembro de 1986" e com o cabeçalho "Primo Levi/ Corso Re Umberto 75/ 10128 Turim", ao qual se segue o número de telefone. O texto datilografado não traz título: decidimos retomar "À nossa geração...", renunciando às aspas.

*Os afogados e os sobreviventes*, ao qual Levi faz explícita alusão na última parte de sua fala, fora publicado por Einaudi na segunda quinzena de maio de 1986.

# Agradecimentos

Os organizadores do livro e o Centro Internacional de Estudos Primo Levi agradecem vivamente, antes de mais nada, aos herdeiros de Leonardo De Benedetti e de Primo Levi por sua generosidade, pelos materiais e informações que colocaram à disposição e pelo apoio oferecido em todas as fases desta iniciativa.

Nossa gratidão a todas as pessoas e instituições que colaboraram com referências e também com pesquisas em favor de nosso trabalho: em primeiro lugar, mencionamos Anna Segre, a quem devemos uma parte significativa dos documentos de e sobre Leonardo De Benedetti. Entre os herdeiros dos parentes e amigos de Levi, agradecemos também a Manuela Paul, filha de Anna Foa Yona.

Agradecemos de coração a Michele Sarfatti e Laura Brazzo, respectivamente diretor e arquivista da Fundação Centro de Documentação Judaica Contemporânea (CDEC), Milão, pelas pesquisas várias vezes realizadas em nosso benefício, pela generosidade de disponibilizar fontes e pela autorização de reproduzir (também fotograficamente) documentos de De Benedetti e de Levi conservados em seu instituto; os mesmos agradecimentos dirigimos à Fundação Memória da Deportação, Milão, a seu diretor Massimo Castoldi e à sua arquivista Vanessa Matta, pelos materiais preservados no *Fundo Italo Tibaldi*, e pela autorização de reproduzi-los.

Elisabetta Ruffini, diretora do Instituto Bergamasco pela história da Resistência e da época contemporânea (ISREC), desenvolveu pesquisas relacionadas, fornecendo-nos uma quantidade notável de material de arquivo, além do proveito que tivemos com seus estudos sobre o Memorial italiano em Auschwitz. Recebemos, além disso, referências úteis de Marzia Luppi, diretora da Fundação Fossoli, Carpi, e de Franca Ranghino e Silvana Barbalato, bibliotecária e arquivista do Centro de Estudos Piero Gobetti de Turim. Nosso agradecimento também à Biblioteca de Medicina e Farmácia da Universidade de Pisa.

Em Turim, pudemos sempre contar com os funcionários do Instituto piemontês para a história da Resistência e da sociedade contemporânea "Giorgio Agosti" (Istoreto): aqui agradecemos especialmente à vice-diretora Barbara Berutti, ao responsável pelos arquivos Andrea D'Arrigo, à bibliotecária Cristina Sara e a Tobia Imperato. Entre as instituições turinesas, nossos agradecimentos também à biblioteca do Departamento de Anatomia, Farmacologia e Medicina Legal da Universidade de Turim. Por fim, manifestamos nossa gratidão a Marco Luzzati, que dirige o Arquivo das Tradições e do Costume Judeus "Benvenuto e Alessandro Terracini", pela presteza com que nos forneceu as cópias completas do "Relatório" e das "Informações" que Primo Levi redigiu em 1945 para a Comunidade Judaica de Turim.

A preparação deste livro deve muito aos estudos e pesquisas de Marco Belpoliti e Alberto Caviglion, aos quais cabe o mérito de terem reencontrado uma parcela significativa dos textos aqui incluídos, quando se incumbiram de sua primeira publicação ou reimpressão.

Dirigimos um agradecimento especial à doutora Martina Mengoni pelos artigos que reencontrou e pelas pesquisas que realizou em colaboração com nosso Centro.

Embora a organização deste livro seja assinada pelo diretor e pelo consultor literário do Centro Primo Levi, ela é fruto do trabalho de equipe de todos os colaboradores do Centro; sem a assistência — técnica e científica — de Daniela Muraca e de Cristina Zuccaro, em especial, teria sido impossível dar uma forma completa a esta coletânea.

Por fim, um agradecimento informal a Patrizia Mascitelli, Laura Piccarolo e Maria Teresa Polidoro, da editora Einaudi, pela atenção com que acompanharam a obra em todas as etapas de sua elaboração.

Fabio Levi agradece a Marina Levi; Domenico Scarpa agradece a Martina Mengoni pelas iluminadoras trocas de ideias e a Marina Mendolia pelo ouvido atento.

1ª EDIÇÃO [2015] 4 reimpressões

ESTA OBRA FOI COMPOSTA POR OSMANE GARCIA FILHO EM ELECTRA E
IMPRESSA PELA GRÁFICA BARTIRA EM OFSETE SOBRE PAPEL PÓLEN SOFT
DA SUZANO S.A. PARA A EDITORA SCHWARCZ EM MARÇO DE 2024

A marca FSC® é a garantia de que a madeira utilizada na fabricação do papel deste livro provém de florestas que foram gerenciadas de maneira ambientalmente correta, socialmente justa e economicamente viável, além de outras fontes de origem controlada.